Español sin barreras

L'espagnol sans barrières

Español sin barreras

L'espagnol sans barrières

Guide d'espagnol

en français

Marie-Christine Merceur
Marie Fortes

Guía de español para hablantes de francés

ESPASA

Director Editorial: Víctor Marsá
Coordinadora Editorial: Alegría Gallardo
Editora: Paloma Grande
Documentación y contenidos: Marie Fortes, Marie-Christine Merceur
Asesoría y conceptualización: Patricia Martín Muñoz-Baroja, M.ª Jesús Romo
Diseño de interior: Juan Pablo Rada; adaptación Safekat, S. L.
Diseño de cubierta: Juan Pablo Rada

Depósito legal: M. 35.010-2005
I.S.B.N.: 84-670-1966-2

Impreso en España / Printed in Spain
Preimpresión: Safekat, S. L.
Impresión: Unigraf, S. L.

Editorial Espasa Calpe, S. A.
Complejo Ática, Edificio 4
Vía de las Dos Castillas, 33
28224 Pozuelo de Alarcón (Madrid)

Table des Matières

Cuprins

Índice

Présentation

Tu viens d'arriver en Espagne à la recherche de nouvelles opportunités, la valise pleine d'illusions et de projets. Tu ne manques pas d'enthousiasme mais tu sais que tu as un grand défi à relever: tu es dans un nouveau pays aux coutumes différentes. Te voilà face à une autre culture, à une autre langue... Comment te faire comprendre et comment comprendre ce que tu entends, ce que tu vois? Ce petit **Guide d'espagnol** a été conçu pour t'aider à dépasser ces premières barrières, idiomatiques et culturelles et faciliter ainsi ton adaptation à la réalité espagnole. C'est pourquoi nous l'avons appelé ***Espagnol sans barrières.***

Tu y trouveras des ressources et des solutions claires pour pouvoir t'exprimer, dès ton arrivée, dans les principales situations que tu seras amené à vivre lorsque tu t'installeras en Espagne: dire qui tu es, parler de toi et de ta famille, demander des indications, utiliser le transport public, chercher un logement, faire des achats, te rendre à une agence bancaire ou à un bureau de poste, manger à l'extérieur, chercher du travail, demander de l'aide, aller chez le médecin, faire des démarches diverses... Nous avons essayé de considérer toutes ces situations et pour chacune d'entre elles de trouver la phrase opportune et le mot précis pour te faire comprendre et même pour pouvoir comprendre en partie ce que tu entendras et ce que tu liras.

Tout au long du *Guide* tu trouveras également beaucoup d'informations utiles qui t'aideront à te débrouiller dans la vie quotidienne avec plus d'aisance et de confiance: des habitudes sociales ou culturelles espagnoles qui peuvent te paraître bizarres, comment voyager moins cher, quelles sont les démarches à faire pour trouver un appartement, les horaires des commerces et de certains services publics, des renseignements sur des aspects juridiques et administratifs, où se rendre en cas de besoin...

Ce **Guide d'espagnol** est constitué de sept grandes sections thématiques où ont été regroupés des phrases et le vocabulaire le plus appropriés pour communiquer dans différentes situations: *Espagnol de base, Déplacements, Hébergement et Logement, Achats, Services, Urgences* *et santé, Intégration socio-professionnelle.* Chacune de ces sections est identifiée à l'aide d'un icône: il te sera facile de t'y déplacer et de situer ce dont tu as besoin pour communiquer.

En ouvrant chacune de ces sections, tu pourras distinguer les parties suivantes:

Mots dont tu peux avoir besoin. Un vocabulaire complet adapté à chaque situation: le mot précis pour chaque moment.

Ce que tu peux dire. Un répertoire de phrases sélectionnées pour que tu puisses t'exprimer dans les situations quotidiennes les plus diverses. À côté de chaque phrase en français (Vous pouvez m'aider?), tu trouveras sa traduction en caractère gras (**¿Me puede ayudar?**) et au-dessous, en gris, tu verras une transcription qui a pour but de t'aider à prononcer (*¿Me puɛ́de ayudÁr?*). Ce dernier outil facilitera, nous le souhaitons, ta prononciation et la compréhension de ton interlocuteur.

Ce que tu peux entendre. Des phrases qu'il te faudra peut-être comprendre dans une situation concrète: des questions ou des réponses possibles de tes interlocuteurs, des messages oraux de caractère général que tu pourrais entendre à travers les haut-parleurs d'une gare des trains / d'autobus ou d'un aéroport...

Ce que tu peux voir. Des messages écrits (affiches, panneaux, enseignes) que tu pourras rencontrer dans différentes situations: dans un supermarché, dans une station de métro, sur un formulaire, sur la route...

Avertissement. Information pratique et ponctuelle à propos d'aspects sociaux, culturels, administratifs ou légaux qui interviendront dans ta vie quotidienne.

Pour conclure, à la fin du *Guide*, nous te proposons deux annexes pratiques:

Tu dois savoir. Un chapitre contenant des informations générales qui te seront très utiles: des données de base sur l'État espagnol, sur la régularisation légale et administrative des étrangers en Espagne et des adresses importantes (celles des ambassades et des consulats de la majorité des pays francophones; des organismes s'occupant d'immigrants et des associations d'immigrants de la plupart des pays francophones fonctionnant sur le territoire espagnol).

Dictionnaire d'urgence. C'est un petit dictionnaire bilingüe (français-espagnol / espagnol-français) qui contient plus de 2000 mots indispensables. Tu n'y trouveras pas le vocabulaire spécifique puisqu'il apparaît dans chacune des sections thématiques. Par exemple, tout le vocabulaire concernant les aliments se trouve aux pages 90-92, dans la section *Achats*.

Ce guide t'accompagnera tout au long du nouveau parcours que tu as entrepris.
Garde-le dans la poche: il sera un bon allié.

Prononciation

Pour t'aider à prononcer les phrases ou le vocabulaire dans ce guide, nous avons ajouté leur transcription; tu la reconnaîtras facilement car elle est en italique.

Nous avons choisi une graphie que tu pourras consulter dans les tableaux qui figurent ci-dessous.

Nous nous basons sur la prononciation du français en te donnant des exemples afin que tu puisses reconnaître facilement de quel son il s'agit, par exemple:

La graphie ***e*** correspond à la prononciation du *é* du mot ***é**l**é**phant*.
La graphie ***s*** correspond à la prononciation du *s* du mot ***s**ouris*.

Sais-tu que certains sons espagnols n'existent pas en français? Qu'à cela ne tienne! Nous avons essayé de profiter de la richesse linguistique des divers pays francophones et lorsqu'il était possible d'établir un rapport avec la prononciation espagnole, nous l'avons fait. Ainsi, la graphie ***j*** correspond à la prononciation du [h] arabe de *Mo**h**amed* par exemple.

L'accent tonique est représenté de la façon suivante: Á, É, Í, Ó, Ú. Observe ces exemples: Áblo, anndÉnn, bÍbo, Óra, Último. Il est essentiel de le prononcer correctement. Il ne porte pas toujours d'accent graphique mais il répond à des règles. Justement pour t'éviter d'avoir à apprendre ces règles, nous avons décidé de le représenter de manière très visible. Petit à petit, tu assimileras inconsciemment les règles d'accent tonique et tu n'auras plus besoin de notre indication.

Clés de prononciation

Voyelles

Concernant les voyelles, nous voudrions surtout attirer ton attention sur deux points:

- la graphie ***e*** doit toujours se prononcer comme le *é* de *été* car le son de [heureux] n'existe pas.

- la graphie ***u***, correspond au son de *cou* ou *fou* car le son de [tutu] n'existe pas non plus!

Consonnes

Il existe trois difficultés majeures concernant la prononciation des consonnes:

- les **r** (simple et double). Il vaut mieux essayer de les prononcer davantage comme un *l* que comme un *r* français, le son en est plus proche.
- le **j** (la fameuse «jota») et le *g* suivi de *i* ou de *e*. Pour obtenir ce son, il faut que l'air passe entre l'arrière-langue et le palais.
- le **z** ou le **c** devant *e* ou *i*. Ce son n'existe pas en français sauf chez certaines personnes présentant un petit défaut de prononciation (ceux qui zozotent!), mais dans ta langue il existe peut-être un son se rapprochant du «th» anglais.

Association de lettres

Lorsque les voyelles **a**, **e**, **i**, **o**, **u** sont suivies d'un double *n* ou *m*, c'est pour te rappeler **d'oublier totalement le son nasal** qui existe en français lorsque ces lettres sont associées à un *n* ou parfois un *m*. Il s'agit peut-être là de la plus grande difficulté pour un apprenant francophone, mais tu arriveras bien à faire l'impasse sur les nasales!

- **Consonnes**

Graphie	Graphie dans ce livre	Exemples
b	*b*	**b**ol
c+e/c+i	*ç*	comme le **th** anglais de ***th**ink*
c+a/c+o/c+u/k/q	*k*	**c**ar
ch	*tch*	comme s'il y avait un «t» devant ch. **Tch**ad, match ma**ch**o
d	*d*	**d**ormir
f	*f*	**f**ilm

g+e/g+i/+j	*j*	comme **r** de **r**hume, plus au fond de la gorge
g+a/o/u	*g*	**g**are
h		ne se prononce pas
j	*j*	comme **r** de **r**hume, plus au fond de la gorge
l	*l*	**l**ire
ll	*y*	plus ou moins comme **Y**ann, **y**aourt
m	*m*	**m**aman
n	*n*	**n**uage
p	*p*	**p**a**p**a
r	*r*	**r** roulé
rr	*rr*	**r** très roulé
s	*s*	**s**ouris
t	*t*	**t**emps
v	*b*	**b**leu
w	*b*	**b**leu
x	*ks*	**t**axi
y	*y*	**Y**ann, **y**aourt
z	*ç*	comme le **th** anglais de ***th**ink*

- **Voyelles**

Graphie française	Graphie dans ce livre	Exemples
a	*a*	a
e	*e*	éléphant
i	*i*	isla
o	*o*	auto
u	*u*	roue
en	*enn*	ennemi
an	*ann*	année
on	*onn*	honneur

Ñ? Espagnol de base

Cette partie va traiter d'une manière genérale, les usages sociaux espagnols qui pourraient être différents de ceux de ton pays d'origine. Tu vas peut-être trouver les Espagnols un peu trop spontanés voire curieux, tu peux aussi estimer qu'ils abordent des sujets plutôt personnels. Ne t'en fais pas, ça fait partie de leur caractère, ce n'est pas de l'indiscrétion mais plutôt une manière de prendre contact et d'entamer une conversation. !

! L'espagnol est disponible, n'hésite pas à le solliciter si tu as besoin d'aide ou de renseignements. Si tu lui demandes une indication dans la rue, il te donnera des explications détaillées pour que tu puisses atteindre ton objectif. Il peut même t'accompagner un bout de chemin et te demander d'où tu viens, s'intéresser à ton pays d'origine ou à tes impressions sur l'Espagne. Il ne s'agit pas d'une curiosité malsaine, c'est au contraire une manière de prendre contact et de savoir comment tu te sens dans son pays. Il y a toujours des exceptions qui confirment la règle, mais l'Espagnol sera toujours prêt à t'aider.

1 Espagnol de base

1.1 Se présenter

Se présenter. En espagnol, il existe deux manières de s'adresser à une personne: le tutoiement, grâce au pronom «*tú*» (tu), qui est la plus utilisée et le vouvoiement, grâce au pronom «*usted*» (vous), réservée aux relations formelles, aux personnes âgées ou aux supérieurs hiérarchiques.

Dans un contexte informel, entre amis, les Espagnols ne se présentent qu'en donnant leur prénom. Pour se saluer, ils se font la bise (une sur chaque joue) chez les femmes ou entre hommes et femmes. Deux hommes, eux, se serreront plus facilement la main, ou se prendront dans les bras et se donneront une tape sur l'épaule, s'ils se connaissent bien.

Dans un contexte plus formel, ou dans le milieu professionnel, on se serre la main (homme ou femme), on donne son nom et son prénom ou seulement son nom pour se présenter (Je suis María / Pedro González - Je suis Madame / Monsieur González).

Mots dont tu peux avoir besoin

Se référer à soi et à quelqu'un?		
je, moi	**yo**	*io*
tu, toi	**tú**	*tu*
il / elle / vous - lui / elle/ vous	**el / ella / usted**	*ɛl / ɛya / ustɛd*
nous	**nosotros / nosotras**	*nosótros / nosótras*
vous	**vosotros / vosotras**	*vosótros / vosótras*
ils / elles / vous - eux / elles / vous	**ellos / ellas / ustedes**	*ɛyos / ɛyas / ustɛ́des*
Les tiens		
ami/-e	**amigo/-a**	*amigo/-a*
cousin/-e	**primo/-a**	*primo*
femme, épouse	**mujer, esposa**	*mujɛ́r / espósa*
fils/fille	**hijo/-a**	*ijo/-a*
frère/sœur	**hermano/-a**	*ermᴀno*
grand-père/grand-mère	**abuelo/-a**	*abuɛ́lo/-a*
mari, époux	**marido, esposo**	*marido / espóso*
mère	**madre**	*mᴀ́dre*
neveu/nièce	**sobrino/-a**	*sobrino/-a*
oncle/tante	**tío/-a**	*tio/-a*
père	**padre**	*pᴀdre*
petit-fils/petite-fille	**nieto/-a**	*niɛ́to/-a*

Tes coordonnées		
adresse	**dirección**	*direkçiónn*
âge	**edad, años**	*edád, ágnos*
célibataire	**soltero/-a**	*soltέro/-a*
divorcé/-e	**divorciado/-a**	*diborçiádo/-a*
marié/-e	**casado/-a**	*kasádo/-a*
nationalité	**nacionalidad**	*naçionalidád*
nom(s) de famille	**apellido(s)**	*apeyido(s) kasádo/-a*
numéro de téléphone	**teléfono**	*telέfono*
pays (Sénégal, Algérie, Cameroun)	**país (Senegal, Argelia, Cameroun)**	*pais (senegál, arjέlia, kamerúnn)*
prénom	**nombre**	*nómmbre*
profession	**profesión**	*profesiónn*
séparé/-e	**separado/-a**	*separádo/-a*
veuf/-ve	**viudo/-a**	*biúdo/-a*
ville, village	**ciudad, pueblo**	*çiudád, puέblo*

Ce que tu peux dire

Je m'appelle Oman / Hadiya	**Me llamo Oman / Hadiya** *Me yámo Ománn / jadiya*
Je suis Tarik / Aawiya	**Soy Tarik / Aawiya** *Sói tárik / aauiya*
Je suis marocain/-e, du Maroc	**Soy marroquí, de Marruecos** *Soi marrokí, de marruέkos*
J'ai 34 ans	**Tengo 34 años** *Tέnngo treinnta i kuátro ágnos*
Je suis marié,-e / célibataire / séparé,-e / divorcé,-e / veuf,-ve	**Estoy casado,-a / soltero,-a / separado,-a / divorciado,-a / viudo,-a** *Estói kasád,-a / soltέro,-a / separádo,-a / diborçiádo,-a / biúdo,-a*
J'ai trois enfants: deux fils et une fille	**Tengo tres hijos: dos hijos y una hija** *Tέnngo trέs ijos: dós ijos i una ija*
Je n'ai pas d'enfants	**No tengo hijos** *No tέnngo ijos*
Je suis mécanicien / cuisinier / seveur/-euse	**Soy mecánico / cocinera / camarero/-a** *Sói mekániko / kocinero / kamarέro/-a*
Je travaille dans la construction	**Trabajo en la construcción** *Trabájo enn la konnstrukçiónn*
Je suis au chômage	**Estoy en paro** *Estói enn páro*

1 Espagnol de base

Ce que tu peux entendre

¿Hablas español?	Tu parles espagnol?
¿Cómo te llamas?	Comment tu t'appelles? / Quel est ton prénom?
¿Cómo te apellidas?	Quel est ton nom?
¿Cuántos años tienes? / ¿Qué edad tienes?	Quel âge as-tu?
¿Cuál es tu dirección? / ¿Dónde vives?	Quelle est ton adresse? / Où habites-tu?
¿Cuál es tu teléfono?	Quel est ton numéro de téléphone?
¿Cuál es tu profesión? / ¿A qué te dedicas?	Quelle est ta profession? / Tu fais quoi?
¿Cuál es tu nacionalidad? / ¿De dónde eres?	Quelle est ta nationalité? / D'où viens-tu?
¿Estás casado,-a / soltero,-a?	Tu es marié/-e, célibataire?
¿Tienes hijos? ¿Cuántos/-as?	Tu as des enfants? Combien?

1.2 Salutations

Saluer. Entre jeunes et dans un contexte amical, on utilise normalement «*¡Hola!*» (Salut!). Pour des relations plus sérieuses, il vaut mieux utiliser: «*Buenos días*» (Bonjour), le matin (de 7h00 à 14h00); «*Buenas tardes*» (Bonjour), l'après-midi (de 15h00 à environ 21h00); et «*Buenas noches*» (Bonsoir), le soir et la nuit (de 21h00 à 24h00).

Ce que tu peux dire

Salut !	**¡Hola!** *ÓlA*
Bonjour	**Buenos días** *Buɛnos días*
Bonsoir	**Buenas tardes** *Buɛnas tArdes*
Bonsoir, bonne nuit	**Buenas noches** *Buɛnas nótches*
Je m'appelle Idriss, et vous?	**Me llamo Idriss, ¿y tú / usted?** *Me yAmo ídriss i tú / ustɛ́d*
Comment vas-tu / allez-vous?	**¿Qué tal estás (tú) / está (usted)?** *Kɛ́ tAl estÁs (tú) estÁ (ustɛ́d)*

[Très] bien, merci, et toi / vous?	**[Muy] bien, gracias, ¿y tú / usted?** *[mui] biɛnn, gráçias, i tú / ustɛd*
Je te / vous présente ma femme / mon mari / ma fille / mon fils / ma sœour / mon frère / mon ami,-e	**Te / le presento a mi marido / mujer / hijo,-a / hermano,-a / amigo,-a** *Te / le presɛnnto a mi marido / mujɛr / ijo,-a / ermᴀno,-a / amigo,-a*
Voilà ma femme / mon mari / ma fille / mon fils / ma sœur / mon frère / mon ami,-e	**Este,-a es mi marido / mujer / hijo,-a / hermano,-a / amigo,-a** *ɛste,-a es mi marido / mujɛr / ijo,-a / ermᴀno,-a / amigo,-a*
Ravi/-e	**Encantado/-a** *Ɛnnkanntᴀdo/-a*
C'est un plaisir	**Es un placer** *Ɛs unn plaçɛr*
Très heureux/-euse	**Mucho gusto** *Mútcho gusto*
Le plaisir est pour moi	**El gusto es mío** *Ɛl gústo es mío*

Prendre congé. Si un espagnol te dit *«Hasta luego»*, *«Nos vemos»*, *«Ya hablaremos»* ou *«Nos llamamos»* il ne s'engage pas à te téléphoner ou te revoir le plus tôt posible. Ce sont des expressions de salutations conventionnelles qui ne doivent pas être prises au sens littéral. C'est une porte ouverte à une nouvelle rencontre mais pas forcément immédiate.

Ce que tu peux dire

Au revoir	**¡Adiós!** *Adiós*
À plus tard	**¡Hasta luego!** *ᴀsta luɛgo*
À bientôt	**¡Hasta pronto!** *ᴀsta pronnto*
À demain / à un autre jour	**¡Hasta mañana! / ¡hasta otro día!** *ᴀsta magnᴀna / ᴀsta ótro día*
À la prochaine	**¡Hasta la vista!** *ᴀsta la bísta*
On se reverra	**Nos vemos** *Nos bɛmos*
Je t'appelle	**Te llamo** *Te yᴀmo*

1.3 Expressions de courtoisie

Remercier

Ce que tu peux dire

Merci / merci beaucoup	**Gracias / muchas gracias / muchísimas gracias** *GrÁçias / mutchas grÁçias / mutchisimas grÁçias*
Vous êtes très aimable	**Es usted muy amable** *Ɛs ustɛ́d mui amÁble*
Non, merci	**No, gracias** *No, grÁçias*
Non, je vous remercie	**No, se lo agradezco** *No, se lo agradɛ́çko*
De rien	**De nada** *De nÁda*
Il n'y a pas de quoi	**No hay de qué** *No Ai de kɛ́*
S'il vous plaît / s'il te plaît	**Por favor** *Por fabór*
Avec plaisir	**Con mucho gusto** *Konn mútcho gústo*
Ne vous dérangez pas	**No se moleste** *No se molɛ́ste*

S'excuser. L'usage de «*Perdón*» o «*Perdone*» est très habituel non seulememt pour s'excuser mais aussi comme un joker courtois pour aborder un inconnu, pour lui demander quelque chose, pour demander à quelqu'un de vous laisser passer dans un autobus par exemple, etc. On peut utiliser de la même manière la formule «*Disculpe*».

Ce que tu peux dire

Pardon / Pardonnez-moi / Pardonne-moi	**Perdón / perdone (usted) / perdona (tú)** *Perdónn / perdone (ustɛ́d) / perdóna (tú)*
Excusez-moi / Excuse-moi	**Disculpe (usted) / Disculpa (tú)** *Diskúlpe (ustɛ́d) / diskúlpa (tú)*
Je suis désolée	**Lo siento** *Lo siɛ́nnto*

Je regrette	**Lo lamento** *Lo lamɛ́nnto*
Je n'ai pas fait exprès	**Ha sido sin querer** *A sido sinn kerɛ́r*
Excusez-moi de vous déranger	**Siento molestarle** *siɛ́nnto molestárle*

Ce que tu peux entendre

No se preocupe	Ne vous inquiétez pas
No importa	Ce n'est pas grave
Le puede pasar a cualquiera	Ça arrive à n'importe qui

1.4 Affirmations et négations

Comment affirmer?

Ce que tu peux dire

Oui	**Sí** *Sí*
Bien sûr	**Claro** *Kláro*
D'accord	**De acuerdo** *De akuɛ́rdo*
Bien entendu	**Por supuesto** *Pòr supuɛ́sto*
Quelque chose	**Algo** *Algo*
Quelque	**Algún.../alguno,-a** *Algúnn / Alguno,-a*
Je crois que oui	**Creo que sí** *Krɛ́o ke sí*
Je pense que oui	**Pienso que sí** *Piɛ́nnso ke sí*
Je le sais	**Sé que sí** *Sɛ́ ke sí*
Je comprends	**Entiendo** *Ɛnntiɛ́nndo*
Ça se peut	**Puede ser** *Puɛ́de sɛ́r*

C'est vrai	**Es verdad** *Es berdÁd*
Peut-être oui	**Quizás sí** *KiçÁs sí*
Je suis sûr/-e	**Estoy seguro-a** *Estói segúro,-a*

Comment nier?

Il y a plusieurs manières de nier et tout dépend du contexte et des interlocuteurs. Si tu n'acceptes pas une proposition, il vaut mieux que tu montres ta reconnaissance malgré tout et pour cela, tu utiliseras *«no, gracias»* (non merci). Si tu veux te montrer catégorique, tu pourras dire *«no, para nada / no, de ningún modo / no, ni hablar»* (non, pas du tout / non, pas question). Il est plutôt rare de nier en n'utilisant que la particule *«no»*.

Ce que tu peux dire

Non	**No** *no*
Pas question	**De ningún modo / ni hablar** *De ninngÚnn módo / ni ablÁr*
Pas du tout	**Para nada** *PÁra nÁda*
Je ne suis pas d'accord	**No estoy de acuerdo** *No estói de akuɛrdo*
Jamais	**Jamás, nunca** *JamÁs / nunnka*
Rien	**Nada** *NÁda*
Aucun/-e	**Ningún.../ninguno/-a** *Ninngúnn / ninngúno/-a*
Personne	**Nadie** *NÁdie*
Même pas	**Ni siquiera** *Ni sikiɛra*
Je ne crois pas	**No creo** *No krɛo*
Je ne pense pas	**No pienso** *No piɛnnso*
Je ne sais pas	**No sé** *No sɛ́*

Je ne comprends pas	**No entiendo** *No enntiɛ́nndo*
Je ne parle pas espagnol	**No hablo español** *No ʌblo espagnól*
Ce n'est pas possible	**No puede ser** *No puɛ́de sɛ́r*
Ce n'est pas vrai	**No es verdad / Es falso / No es cierto** *No es berdʌd / es fʌ́lso / no es çiɛ́rto*
Peut-être pas	**Quizá no** *Kiçʌ́ no*
Je ne suis pas sûr/-e	**No estoy seguro/-a** *No estói segúro/-a*

1.5 Interrogations et exclamations

Comment demander? Des questions comme «*¿Qué?*» ou «*¿Cómo?*» ne s'utilisent pas toujours pour demander quelque chose de concret. Elles peuvent aussi nous démontrer que notre interlocuteur n'a pas compris ce qu'on voulait lui dire et qu'il voudrait qu'on lui répète la question posée. !

Ce que tu peux dire

Comment? / quoi?	**¿Qué?** *¿Kɛ́?*
Qu'est-ce que c'est?	**¿Qué es esto?** *¿Kɛ́ es ɛ́sto?*
Qu'est-ce que ça veut dire?	**¿Qué significa esta palabra?** *¿Kɛ siknifíka ɛsta palʌ́bra?*
Quelle heure est-il?	**¿Qué hora es?** *¿Kɛ óra es?*
À quelle heure part le train / l'autobus?	**¿A qué hora sale el tren / el autobús?** *¿A kɛ́ óra sʌle el trɛ́nn / el autobús?*

! On peut utiliser «*¿Qué?*» o «*¿Cómo?*» pour exprimer notre étonnement par rapport à quelque chose. C'est donc une manière de demander plus d'informations ou une explication plus détaillée sur un sujet. Par exemple:
— Hay huelga de metro *(Il y a grève de métro).*
—¿Qué? *(Quoi?)*
—Empieza a las ocho de la mañana hasta las ocho de la tarde, tenemos que ir en autobús. *(Elle est prévue de huit heures à vingt heures. On va devoir partir en bus.)*

1 Espagnol de base

Pourquoi?	**¿Por qué?** *¿Pór kɛ?*
Pourquoi n'y a-t-il pas d'autobus aujourd'hui?	**¿Por qué no hay autobuses hoy?** *¿Pór kɛ no ái autobús oi?*
Quand?	**¿Cuándo?** *¿Kuánndo?*
Quand le magasin ouvre-t-il?	**¿Cuándo abre esta tienda?** *¿Kuánndo ábre ɛsta tiɛnnda?*
Combien?	**¿Cuánto?** *¿Kuánnto?*
C'est combien?	**¿Cuánto es?** *¿Kuánnto es?*
Qui?	**¿Quién?** *Kiɛnn*
Qui est le responsable?	**¿Quién es el encargado?** *Kiɛnn es el ennkargádo*
Où?	**¿Dónde?** *¿Dónnde?*
Où est la gare?	**¿Dónde está la estación de tren?** *¿Dónnde está la estaçionn de trɛnn?*
C'est par où?	**¿Por dónde debo de ir?** *¿Pór dónnde dɛbo ir?*
Lequel / laquelle / lesquels / lesquelles?	**¿Cuál? ¿Cuáles?** *¿Kuál? / ¿Kuáles?*
Quel est le bus qui va dans le centre?	**¿Cuál es el autobús que va al centro?** *¿Kuál es el autobús ke ba al çɛnntro?*
Lesquelles sont tes affaires?	**¿Cuáles son tus cosas?** *¿Kuáles sonn tus kosas?*
Comment?	**¿Cómo?** *¿Kómo?*
Comment puis-je aller à la mairie?	**¿Cómo puedo ir al ayuntamiento?** *¿Kómo puɛdo ir al ayunntamiɛnnto?*
Comment dit-on *marché* en espagnol?	**¿Cómo se dice (marché) en español?** *¿Kómo se diçe (marché) enn espagnól?*

■ **Comment s'exclamer?** La plupart des exclamations commencent par: «*¡Qué!*». **!**

> **!** Il y a des expressions comme «*¡Qué tontería!*» (Quelle bêtise!) qui s'utilisent pour relativiser. Il ne faut pas les considérer comme des expressions de mépris.
> L' expression «*¡Qué lío!*» (Quelle histoire!) est utilisée pour indiquer que ce qu'on entend nous paraît confus.

Ce que tu peux dire

Que c'est joli!	**¡Qué bonito!** *¡Kɛ bonito!*
Que c'est laid!	**¡Qué feo!** *¡Kɛ fɛo!*
Que c'est bon!	**¡Qué rico!** *¡Kɛ riko!*
Quelle horreur!	**¡Qué horror!** *¡Kɛ orròr!*
Quelle chance!	**¡Qué suerte!** *¡Kɛ suɛrte!*
Quelle bêtise!	**¡Qué tontería!** *¡Kɛ tonnteria!*
Quel histoire!	**¡Qué lío!** *¡Kɛ lio!*
Quelle honte!	**¡Qué vergüenza!** *¡Kɛ berguɛnnça!*
Quel dommage!	**¡Qué pena!** *¡Kɛ pɛna!*
Quel problème!	**¡Qué fastidio!** *¡Kɛ fastidio!*
Quel bruit!	**¡Qué ruido!** *¡Kɛ ruido!*
C'est merveilleux!	**¡Es maravilloso!** *¡Ɛs marabiyóso!*

1.6 Demander de l'aide ou des renseignements

Se faire comprendre. Si tu dois t'adresser à un inconnu pour lui demander quelque chose, il vaut mieux que tu abordes cette personne en utilisant des formules comme *«Por favor»*, *«Perdone»* ou *«Disculpe»*. Pour mettre fin à un échange, il ne faut pas oublier de dire «Gracias».

Ce que tu peux dire

S'il vous plaît / Excusez-moi, vous pourriez m'aider?	**Por favor / Perdone, ¿me puede ayudar?** *Pòr fabòr / perdòne, ¿me puɛde ayudár?*
Je suis désolé/-e, je ne parle pas bien l'espagnol. Vous pouvez m'aider?	**Lo siento, no hablo bien español. ¿Me entiende usted?** *Lo siɛnnto, no áblo biɛnn espagnòl. ¿Me entiɛnnde ustɛ́d?*

1 Espagnol de base

Vous parlez une autre langue: l'anglais, le français?	**¿Habla usted otra lengua: inglés / francés...?** *¿Ábla ustéd ótra lénngua: innglés / frannçés?*
S'il vous plaît, vous pourriez répéter?	**Por favor, ¿podría repetirlo?** *Pór fabór, ¿podría repetírlo?*
Vous pourriez parler plus doucement?	**¿Podría hablar más despacio?, por favor** *¿Podría áblar más despáçio?, pór fabór*
Vous pourriez me le dessiner / me l'écrire / me le mimer?	**¿Me lo podría dibujar / escribir / mostrar por señas?** *¿Me lo podría dibujár / eskribír / mostrár pór ségnas?*
S'il vous plaît, vous pourriez m'écrire cette adresse?	**Por favor, ¿le importaría escribirme aquí la dirección?** *Pór fabór, ¿le importaría eskribírme akí la direkçiónn?*
Qu'est-ce que ça veut dire?	**¿Qué significa esta palabra?** *¿Ké siknifika ésta palábra?*
Comment ça se dit *aide* en espagnol?	**¿Cómo se dice (aide) en español?** *¿Kómo se diçe (aide) enn espagnól?*
Comment ça se prononce?	**¿Cómo se pronuncia?** *¿Kómo se pronúnnçia?*
Vous êtes madame Gómez / monsieur Gómez?	**¿Es usted la señora Gómez / el señor Gómez?** *¿És ustéd la segnóra gómeç / el segnór gómeç?*
Pourriez-vous dire à monsieur Martínez que je suis ici, s'il vous plaît?	**Por favor, ¿puede decirle al señor Martínez que estoy aquí?** *Pór fabór, ¿ puéde deçírle al segnór martíneç ke estói akí?*
Excusez-moi, pourriez-vos me dire à quelle heure ouvrent les banques?	**Perdone, ¿podría decirme cuándo abren los bancos?** *perdóne, ¿podría deçírme kuánndo ábrenn los bánnkos?*

Ce que tu peux entendre

¿Le puedo ayudar?	Je peux vous aider
¿Qué desea usted?	Que désirez-vous
¿Buscaba algo / a alguien?	Vous cherchez quelque chose / quelqu'un?

1.7 Descriptions simples

Décrire des personnes

Mots dont tu peux avoir besoin

beau/belle	**guapo/-a**	*guÁpo/-a*
blond/-e	**rubio/-a**	*rúbio/-a*
brun/-e	**moreno/-a**	*morɛno/-a*
grand/-e	**alto/-a**	*Álto/-a*
grand/-e	**grande**	*grÁnnde*
gros/-se	**gordo/-a**	*górdo/-a*
jeune	**joven**	*jobɛ́nn*
laid/-e	**feo/-a**	*fɛo/-a*
maigre, mince	**flaco/-a, delgado/-a**	*flÁko/-a, delgÁdo/-a*
moyen/-ne	**mediano/-a**	*mediÁno/-a*
petit/-e	**bajo/-a**	*bÁjo/-a*
petit/-e	**pequeño/-a**	*pekɛ́gno/-a*
roux/rousse	**pelirrojo/-a**	*pelirrójo/-a*
vieux/vieille	**viejo/-a**	*biɛ́jo/-a*

Décrire des choses

Mots dont tu peux avoir besoin

Formes		
allongé/-e	**alargado/-a**	*alargÁdo/-a*
carré/-e	**cuadrado/-a**	*cuadrÁdo/-a*
ovale	**ovalado/-a**	*obalÁdo/-a*
rectangulaire	**rectangular**	*rektanngulÁr*
rond/-e	**redondo/-a**	*redónndo*
Tailles		
bas/-se	**bajo/-a**	*bÁjo/-a*
épais/-se	**grueso/-a**	*gruɛ́so/-a*
étroit/-e	**estrecho, -a**	*estrɛ́tcho/-a*
fin/-e	**fino/-a**	*fíno/-a*
grand/-e	**grande**	*grÁnnde*
haut/-e	**alto/-a**	*Álto/-a*
large	**ancho/-a**	*Ánntcho*
moyen/-ne	**mediano/-a**	*mediÁno/-a*
petit/-e	**pequeño/-a**	*pekɛgno/-a*
Couleurs		
blanc/-che	**blanco/-a**	*blÁnnko/-a*
bleu/-e	**azul**	*açúl*

1 Espagnol de base

châtain	**castaño/-a**	*kastAgno/-a*
gris/-e	**gris**	*gris*
jaune	**amarillo/-a**	*amariyo/-a*
marron	**marrón**	*marrónn*
mauve	**malva**	*mAlba*
noir/-e	**negro/-a**	*nɛ́gro/-a*
orange	**naranja**	*narAnnja*
rose	**rosa**	*rósa*
rouge	**rojo/-a**	*rójo/-a*
vert/-e	**verde**	*bɛ́rde*
Intensités		
clair/-e, pâle	**claro/-a, pálido/-a**	*klAro/-a, pálido*
foncé/-e	**oscuro/-a**	*oskúro/-a*
Conception et texture		
à carreaux	**a cuadros**	*a kuAdros*
à motifs	**estampado/-a**	*estammpAdo/-a*
à rayures	**a rayas**	*a rÁyas*
doux/douce	**suave**	*suAbe*
rêche	**áspero/-a**	*Áspero/-a*
uni/-e	**liso/-a**	*líso/-a*
Matières		
en argent	**de plata**	*de plAta*
en carton	**de cartón**	*de kartónn*
en coton	**de algodón**	*de algodónn*
en cuir	**de cuero**	*de kuɛ́ro*
en laine	**de lana**	*de lAna*
en métal	**de metal**	*de metAl*
en or	**de oro**	*de óro*
en plastique	**de plástico**	*de plAstiko*
en tissu	**de tela**	*de tɛ́la*
en verre	**de cristal**	*de kristAl*
Aspect et état		
joli/-e	**bonito/-a**	*bonito/-a*
moche	**feo/-a**	*fɛ́o/-a*
neuf/neuve	**nuevo/-a**	*nuɛbo/-a*
vieux/vieille	**viejo/-a**	*biɛ́jo/-a*

Ce que tu peux dire

Je suis / il, elle est grand,-e / petit,-e / de taille moyenne	**Soy / Es alto,-a / bajo,-a / de estatura mediana** *Sói / es Alto,-a / bAjo,-a / de estatúra mediAna*

Je suis / il, elle est brun,-e / blond,-e / châtain	**Soy / es moreno,-a / rubio,-a / castaño,-a** *Sói / es morɛ́no,-a / rúbio,-a / kastᴀgno,-a*
J'ai / il / elle a les cheveux longs / courts / frisés / raides	**Tengo / tiene el pelo largo / corto / rizado / liso** *Tɛnngo / tiɛ́ne el pɛlo lᴀrgo / korto / riçᴀdo / liso*
J'ai / il / elle a les yeux marron / noirs / verts / bleus	**Tengo / tiene los ojos marrones / negros / verdes / azules** *Tɛnngo / tiɛ́ne los ójos marrónes / nɛgros / bɛrdes / azúles*
Je / il / elle porte des lunettes	**Llevo / lleva gafas** *Yɛbo / yɛba gᴀfas*
Mon sac / porte-monnaie est en cuir / en tissu / en plastique	**Mi bolso / mi cartera es de piel / tela / plástico** *Mi bolso / mi kartɛ́ra es de piɛl / tɛla / plᴀstiko*

1.8 Localisations et orientations

Savoir localiser

Mots dont tu peux avoir besoin

à côté	**al lado**	*al lᴀdo*
à droite / à gauche	**a la derecha / izquierda**	*a la derɛ́tcha / içkiɛ́rda*
à l'angle	**en la esquina**	*enn la eskina*
à l'autre bout de la rue	**el otro lado de la calle**	*el ótro lᴀdo de la kᴀye*
à la fin	**al final**	*al finᴀ́l*
avenue	**avenida**	*abenida*
croisement	**cruce**	*krúçe*
droit	**recto**	*rɛ́kto*
en face	**en frente**	*enn frɛ́nnte*
espagnol	**español**	*espagnól*
faire le tour	**dar la vuelta**	*dᴀr la buɛ́lta*
feu	**semáforo**	*semᴀforo*
jusqu'à	**hasta**	*ᴀsta*
marcher dans la rue / aller sur la route	**ir por (la calle / la carretera)**	*ir pór (la kᴀ́ye / la karretɛ́ra)*
panneau	**señal**	*segnᴀ́l*
place	**plaza**	*plᴀ́ça*

pont	**puente**	*puɛnnte*
premier/-ère / deuxième	**primero,-a / segundo,-a**	*primɛro,-a / segunndo,-a*
rue	**calle**	*kAye*
tourner	**girar / torcer**	*jirAr / torçɛr*
traverser	**cruzar**	*kruçAr*

Ce que tu peux dire

Comment puis-je aller au centre-ville?	**¿Cómo puedo llegar al centro de la ciudad?** *¿Kómo puɛdo yegAr al çɛnntro de la çiudAd?*
Excusez-moi, la rue Cervantes?	**Disculpe, ¿la calle Cervantes?** *Diskúlpe, ¿la kAye çerbAnntes?*
Quelle direction dois-je prendre?	**¿En qué dirección tengo que ir?** *¿Ɛnn kɛ direkçiónn tɛnngo ke ir?*
C'est bien la route de Granada?	**¿Es esta la carretera de Granada?** *¿Ɛs ɛsta la karretɛra de granAda?*
C'est le bon chemin pour aller à la gare des bus?	**¿Voy bien para la estación de autobuses?** *¿Bói biɛnn pAra la estaçiónn de autobúses?*
Vous pourriez me l'indiquer sur la carte?	**¿Me lo puede indicar en el mapa?** *¿Me lo puɛde inndikAr enn el mApa?*
Vous pourriez me le mimer?	**¿Me lo puede indicar por señas?** *¿Me lo puɛde inndikAr pór sɛgnas?*
Vous pourriez me le dessiner sur ce papier?	**¿Me lo podría dibujar en este papel?** *¿Me lo podría dibujAr enn ɛste pApel?*
Merci pour votre aide	**Gracias por su ayuda** *GrAçias pór su ayúda*

Ce que tu peux entendre

A la derecha / izquierda	*A droite / à gauche*
Siga recto	*Continuez tout droit*
Gire / tuerza	*Tournez*
Lejos / cerca	*Loin / proche*
Aquí / ahí / allí	*Ici / là / là-bas*

1.9 Le calendrier: dates, saisons, se situer dans le temps

Les jours de la semaine

Mots dont tu peux avoir besoin

lundi	**lunes**	*lúnes*
mardi	**martes**	*mártes*
mercredi	**miércoles**	*miɛ́rkoles*
jeudi	**jueves**	*juɛ́bes*
vendredi	**viernes**	*biɛ́rnes*
samedi	**sábado**	*sábado*
dimanche	**domingo**	*dominngo*

Les mois de l'année

Mots dont tu peux avoir besoin

janvier	**enero**	*enɛ́ro*
février	**febrero**	*febrɛ́ro*
mars	**marzo**	*márço*
avril	**abril**	*abril*
mai	**mayo**	*máyo*
juin	**junio**	*júnio*
juillet	**julio**	*júlio*
août	**agosto**	*agosto*
septembre	**septiembre**	*septiɛ́mmbre*
octobre	**octubre**	*oktúbre*
novembre	**noviembre**	*noviɛ́mmbre*
décembre	**diciembre**	*diçiɛ́mmbre*

Les saisons. Le printemps dure du 21 mars au 21 juin, l'été du 21 juin au 21octobre, l'automne du 21 octobre au 21 décembre et l'hiver du 21 décembre au 21 mars.

Mots dont tu peux avoir besoin

printemps	**primavera**	*primabɛ́ra*
été	**verano**	*veráno*

automne	**otoño**	*otogno*
hiver	**invierno**	*innbiɛ́rno*

Se situer dans le temps

Mots dont tu peux avoir besoin

jour	**día**	*día*
après-midi, soir	**tarde**	*tArde*
nuit	**noche**	*notche*
aube	**madrugada**	*madrugAda*
lever du jour	**amanecer**	*amaneçɛ́r*
coucher du soleil	**anochecer**	*anotcheçɛ́r*
hier	**ayer**	*ayɛ́r*
aujourd'hui	**hoy**	*oi*
demain	**mañana**	*magnAna*
après-demain	**pasado mañana**	*pasAdo magnAna*
la semaine	**la semana**	*la semAna*
le week-end, la fin de semaine	**el fin de semana**	*el finn de semAna*
la semaine dernière	**la semana pasada**	*la semAna pasAda*
la semaine prochaine	**la semana próxima / la semana que viene**	*la semAna prɔ́ksima / la semAna ke biɛ́ne*
l'année	**el año**	*el Agno*
l'année dernière	**el año pasado**	*el Agno pasAdo*
l'année prochaine	**el año próximo / el año que viene**	*el Agno prɔ́ksimo / el Agno ke biɛ́ne*

Ce que tu peux dire

Quel jour on est aujourd'hui?	**¿A qué estamos hoy?** *¿A kɛ́ estAmos ói?*
Aujourd'hui, c'est (le) mardi 3 octobre 2005	**Hoy es martes 3 de octubre de 2005** *ói es mArtes tres de oktúbre de dos mil çínnko*
Demain, je ne travaille pas parce que c'est férié	**Mañana no trabajo porque es fiesta** *MagnAna no trabAjo pòrke es fiɛ́sta*
Cette semaine, je ne travaille que l'après-midi	**Esta semana trabajo sólo por las tardes** *ɛ́sta semAna trabAjo sólo pòr las tArdes*
Ça fait un an que je suis arrivé/-e en Espagne depuis hier	**Ayer hizo un año que llegué a España** *Ayer íço unn Agno ke yegɛ́ a EspAgna*

Mon père viendra l'an prochain	**El año próximo vendrá mi padre** *El ágno próksimo benndrá mi pádre*	

1.10 L'heure

Demander et dire l'heure. Pour dire l'heure, on se sert du verbe «*ser*» (être) tantôt au singulier, tantôt au pluriel. Lorsqu'il est une heure, il faut dire «*es la una*» mais de 2 heures à 12 heures, il faut dire «*son las...*». Pour midi, on peut dire «*es mediodía*» ou «*son las doce (del mediodía)*» et minuit «*es medianoche*» ou «*son las doce (de la noche)*».

De 13 heures à 23 heures, on utilise «*de la tarde*» ou «*de la noche*». On dira: «*Quedamos a las tres de la tarde*» (On se voit à 15 heures) ou «*Llegué a las 10 de la noche*» (Je suis arrivée à 22 heures).

L'espagnol n'utilise pas le substantif «hora/s» comme on le fait en français. On dira: «*Son las dos*» (Il est deux heures). En revanche, il est fréquent d'utiliser le mot «*minuto/s* dans les médias (radio, télévision)»: «*Son las dos y cinco minutos*» (Il est deux heures cinq). !

Mots dont tu peux avoir besoin

heure(s)	hora(s)	*óra(s)*
Une heure (du matin / de l'après-midi)	**La una (de la madrugada / de la tarde)**	*La una (de la madrugáda / de la tárde)*
Deux heures (du matin / de l'après-midi)	**Las dos (de la madrugada / de la tarde)**	*Las dós (de la madrugáda / de la tárde)*
Trois heures (du matin / de l'après-midi)	**Las tres (de la madrugada / de la tarde)**	*Las trés (de la madrugáda / de la tárde)*
Quatre heures (du matin / de l'après-midi)	**Las cuatro (de la madrugada / de la tarde)**	*Las kuátro (de la madrugáda / de la tárde)*
Cinq heures (du matin / de l'après-midi)	**Las cinco (de la madrugada / de la tarde)**	*Las çinnko (de la madrugáda / de la tárde)*

> **!** En Espagne, comme dans tous les pays de l'Union Européenne, il existe un horaire d'été et un horaire d'hiver. L'horaire d'été commence le dernier dimanche du mois de mars. On doit avancer nos montres d'une heure à ce moment-là. L'horaire d'hiver commence le dernier dimanche du mois d'octobre et à ce moment-là, on retarde nos pendules d'une heure. Les médias préviennent la population des changements d'heure qui se font toujours le week-end (dans la nuit de samedi à dimanche).

Six heures (du matin / de l'après-midi)	**Las seis (de la mañana / de la tarde)**	*Las séis (de la manÁna / de la tÁrde)*
Sept heures (du matin / du soir)	**Las siete (de la mañana / de la tarde)**	*Las siéte (de la manÁna / de la tÁrde)*
Huit heures (du matin / du soir)	**Las ocho (de la mañana / de la tarde)**	*Las ótcho (de la manÁna / de la tÁrde)*
Neuf heures (du matin / du soir)	**Las nueve (de la mañana / de la noche)**	*Las nuébe (de la manÁna / de la nóche)*
Dix heures (du matin / du soir)	**Las diez (de la mañana / de la noche)**	*Las diéç (de la manÁna / de la nóche)*
Onze heures (du matin /du soir)	**Las once (de la mañana / de la noche)**	*Las ónnçe (de la manÁna / de la nóche)*
Midi / minuit	**Las doce (de la mañana / de la noche)**	*Las dóçe (de la manÁna / de la nóche)*
minute(s)	minuto(s)	***minuto(s)***
pile	**en punto**	*enn púnnto*
cinq	**y cinco**	*I çínnko*
dix	**y diez**	*I diéç*
et quart	**y cuarto**	*I kuÁrto*
vingt	**y veinte**	*I béinnte*
vingt-cinq	**y veinticinco**	*I beintiçínnko*
et demie	**y media**	*I média*
moins vingt-cinq	**menos veinticinco**	*ménos beintiçínnko*
moins vingt	**menos veinte**	*ménos béinnte*
moins le quart	**menos cuarto**	*ménos kuÁrto*
moins dix	**menos diez**	*ménos diéç*
moins cinq	**menos cinco**	*ménos çínnko*
seconde(s)	segundo(s)	***segúnndo(s)***

Ce que tu peux dire

S'il vous plaît, quelle heure est-il?	**Por favor, ¿qué hora es?** *Pór fabór, ¿ké óra es?*
Il est une heure du matin / il est 13 heures	**Es la una de la madrugada / de la tarde** *Es la úna de la madrugÁda / de la tÁrde*
Il est deux heures / trois heures / quatre heures / il est 14 heures / 15 heures / 16 heures	**Son las dos / las tres / las cuatro ... (de la madrugada / de la tarde)** *Sonn las dós / las trés / las kuÁtro ... (de la madrugÁda / de la tÁrde)*
À quelle heure puis-je te téléphoner?	**¿A qué hora te puedo llamar?** *¿A ké óra te puédo yamÁr?*

Venez à trois heures	**Venga a las tres** *Bέnnga a las tres*
J'ai rendez-vous à une heure	**Tengo cita a la una** *Tέnngo çita a la úna*

1.11 Le climat

Le climat. En Espagne, les mois les plus chauds sont juin, juillet, août et la première quinzaine de septembre; les plus froids sont décembre, janvier, février et le début du mois de mars. Il existe tout de même de grandes différences entre le nord et le centre ou entre la côte et les terres. Le nord est froid et pluvieux, le centre se caractérise par des températures extrêmes (basses l'hiver et très élevées l'été). Le sud est sec et chaud avec des températures qui dépassent les 40°, l'été. Sur le littoral méditerranéen, les températures sont plutôt douces. Les Îles Canaries ont un agréable climat tropical toute l'année et il n'y a presque pas de différences entre l'hiver et l'été.

Mots dont tu peux avoir besoin

brouillard	**niebla**	*niέbla*
chaud	**calor**	*kalor*
froid	**frío**	*frio*
gel	**hielo**	*iέlo*
geler	**helar**	*elÁr*
grêle	**granizo**	*graniço*
grêler	**granizar**	*graniçÁr*
il fait lourd	**bochorno**	*botchórno*
neige	**nieve**	*niέbe*
neiger	**nevar**	*nebÁr*
pleuvoir	**llover**	*yobέr*
pluie	**lluvia**	*yúbia*

Ce que tu peux dire

Quel temps fait-il?	**¿Qué tiempo hace?** *Kε tiέmmpo Áçe*
Il fait (très) froid	**Hace (mucho) frío** *Áçe (mütcho) frío*

Il fait (très) chaud	**Hace (mucho) calor** *Áçe (mútcho) kÁlor*
Il fait lourd	**Hace bochorno** *Áçe botchórno*
Il pleut	**Está lloviendo / llueve** *estÁ yobiέnndo / yuέbe*
Il neige	**Está nevando / nieva** *estÁ nebÁnndo / niέba*
Il grêle	**Está granizando / graniza** *estÁ graniçÁnndo / graníça*
Il gèle	**Está helando / hiela** *estÁ elAnndo / iέla*

Déplacements

L'Espagne bénéficie d'un réseau de transports bien développé qui relie entre elles les différentes localités de la péninsule, et cette dernière aux territoires insulaires (Baleares et Canarias) ainsi qu'au nord de l'Afrique. Si tu as besoin de te déplacer d'une localité à l'autre, il existe plusieurs alternatives —autobus, train, avion, bateau...— qui sont commentées dans ce chapitre.

Quant au transport urbain, l'offre dépend de la taille et de l'infrastructure de ta commune de résidence. Toutes les villes espagnoles disposent de bus urbains. Des capitales telles que Madrid, Barcelona, Valencia et Bilbao disposent également de leur propre réseau de métro, qui comptent plusieurs lignes.

Le réseau routier espagnol est vaste ; il bénéficie de nombreuses voies express (à double ou triple voies, sans péage) et autoroutes (à péage) qui relient les principales villes à des capitales de provinces. !

! Le tramway est un moyen de transport urbain qui n'était plus utilisé depuis les années 60 environ mais qui a été remis au goût du jour et est actuellement utilisé dans plusieurs villes espagnoles.

2 Déplacements

2.1 Entrée au pays

À la douane. C'est la «Guardia Civil» qui fait partie des Corps de Sécurité de l'État espagnol, qui se charge du contrôle de l'entrée en Espagne. Ils portent un uniforme vert.

Ce que tu peux dire

Je suis desolé, je ne comprends pas	**Lo siento, no entiendo** *Lo siɛnnto, no entiɛ́nndo*
Vous pouvez répéter, s'il vous plaît?	**¿Puede repetir?, por favor** *¿Puɛ́de repetir?, por fabor*
J'aurais besoin d'un interprète	**Necesitaría un intérprete** *Neçesitaria un intɛ́rprete*
Je n'ai rien à déclarer	**No tengo nada que declarar** *No tɛ́nngo nᴀ́da ke deklarᴀ́r*
Je peux refermer mes bagages?	**¿Puedo cerrar mi equipaje?** *¿Puɛ́do çerrᴀrr mi ekipᴀ́je?*
Je n'ai que des affaires personnelles	**Sólo llevo objetos de uso personal** *Sólo yɛ́bo objɛtos de uso personᴀ́l*
Ça y est?	**¿Ya está?** *¿Ya estᴀ́?*
Où est l'arrêt de taxis / de bus?	**¿Dónde está la parada de taxis / de autobús?** *¿Donnde estᴀ́ la parᴀda de tᴀ́ksis / de autobús?*

Ce que tu peux entendre

Enséñeme la documentación	Montrez-moi vos papiers
Su pasaporte, por favor	Votre passeport, s'il vous plaît
Su apellido, nombre, dirección	Votre nom, prénom, adresse
¿Tiene algo que declarar?	Est-ce que vous avez quelque chose à déclarer?
Abra esta bolsa / esta maleta	Ouvrez ce sac, cette valise
¿Qué hay en estos paquetes?	Qu'est-ce qu'il y a dans ces paquets?
¿Tiene más equipaje?	Vous avez d'autres bagages?

Ce que tu peux voir

Aduana	Douane
Artículos para declarar	Articles à déclarer

Control de pasaporte	Contrôle des passeports
Guardia civil	Garde civile
Paso de la frontera	Poste frontière
Policía	Police
Salida	sortie

2.2 Te déplacer dans ta localité

Bouger au moindre prix. Beaucoup de villes disposent d'un ou de plusieurs systèmes de rabais qui permettent d'utiliser leurs moyens de transport public à un prix plus avantageux. En règle genérale, il existe deux modalités de remise:

- ***Par voyages.*** Ce sont des billets spéciaux qui te permettent d'effectuer un nombre déterminé de déplacements (en principe 10) à un tarif réduit. On peut se les procurer directement aux guichets sans avoir à présenter de papiers quelconques.
- ***Par périodes.*** Ils donnent droit à l'utilisation des différents moyens de transport public de ta localité autant de fois que tu voudras pendant un certain laps de temps (en principe un mois). C'est ce qu'on appelle le «abono transportes» et il en exite de divers types et prix, selon le moyen de transport ou le territoire (zones d'influence) qu'ils couvrent. On peut les obtenir aux guichets des gares et, dans certaines villes, également dans les bureaux de tabac ou les kiosques. Ils sont constitués de deux éléments indissociables que tu dois toujours porter ensemble: une *tarjeta de usuario,* une sorte de carte que tu dois faire faire uniquement la première fois que tu demandes l'abonnement et un *cupón mensual,* un ticket que tu devras acheter chaque mois. Dans certaines villes est en train de s'implanter un système de cartes rechargeables dans les guichets automatiques des banques et caisses d'épargne, pour l'usage de bus ou de transport urbain en général. !

Les deux modalités sont très pratiques surtout en cas d'utilisation fréquente du transport public et c'est toujours plus économique que payer chaque trajet. Renseigne-toi auprès de ta localité sur les modalités de remises existantes car elles sont assez variables d'un lieu à l'autre.

> **!** Le **abono transportes** est un document personnel et intransférable: il n'y a que toi qui pourra l'utiliser. Au moment de l'acheter pour la première fois, tu devras faire faire ta TARJETA DE USUARIO. Pour cela, tu devras apporter une photographie d'identité et une pièce d'identité (passeport, etc.).

2 Déplacements

Mots dont tu peux avoir besoin

abonnement transport mensuel	**abono transporte mensual**	*abono trannspórte mennsuÁl*
coupon	**bono**	*bóno*
Coupon de bus pour 10 trajets	**bonobús**	*bonobús*
Coupon de métro pour 10 trajets	**bonometro**	*bonomɛtro*
Coupon de transport	**bonotransporte**	*bonotrannspórte*
remise	**descuento**	*deskuɛnto*
ticket aller retour	**billete ida y vuelta**	*biyɛ́te ída i buélta*
ticket de 10 trajets	**billete de 10 viajes**	*biyɛ́te de diɛ́ç biÁjes*
ticket simple	**billete sencillo**	*biyɛ́te sennçiyo*

Ce que tu peux dire

S'il vous plaît, je voudrais faire la carte de transport	**Por favor, quiero hacerme el abono transportes** *Por fabór, kiɛ́ro açɛ́rme el abóno trannspórtes*
Je voudrais le billet de transport de ce mois-ci	**Quiero el cupón de transporte de este mes** *Kiɛ́ro el kupon de trannspórte de ɛ́ste mes*
Vous pouvez me donner un ticket de 10 trajets	**¿Me da un billete de 10 viajes?** *¿me da un biyɛ́te de diɛ́ç biÁjes?*

Autobus urbains. La plupart des villes espagnoles possèdent plusieurs lignes d'autobus urbains que l'on identifie à l'aide de numéros. C'est un moyen de transport bon marché pour se déplacer à travers la ville et également pour atteindre la périphérie et les localités limitrophes. Evidemment leur rapidité et ponctualité dépendent de la circulation; dans certaines villes des «voies bus» ont été habilitées afin de réduire ce problème. Il s'agit de lignes de circulation diurne même si quelques grandes villes offrent également un service d'autobus nocturnes appelés «búhos». !

! Les billets des autobus urbains s'achètent directement auprès du conducteur, en montant dans le bus. Si tu n'as pas d'abonnement de transport, il vaut mieux que tu aies de la monnaie car les billets de plus de 5 € ne sont pas acceptés. Garde ton ticket jusqu'à la fin du trajet au cas où un contrôleur te le demanderait.

Si tu disposes d'un coupon de 10 trajets ou d'un abonnement, tu dois le composter en entrant dans le bus dans la machine placée à cet effet près du chauffeur. C'est important de poinçonner le ticket car, si tu ne le fais pas, tu peux écoper d'une amende.

Mots dont tu peux avoir besoin

amende	**multa**	*multa*
arrêt	**parada**	*parAda*
autobus urbain	**autobús urbano**	*autobús urbAno*
bus de nuit	**búho**	*búo*
conducteur	**conductor**	*konnductor*
contrôleur	**revisor**	*rebisór*
horaires de bus	**horario de autobuses**	*orArio de autobuses*
montant exact	**importe exacto**	*immporte egçÁkto*
passager	**pasajero**	*pasajέro*
plan	**plano**	*plÁno*
sonnette	**timbre**	*timbre*
sortie d'urgence	**salida de emergencia**	*salida de emerjέnnçia*

Ce que tu peux dire

S'il vous plaît, où puis-je prendre le bus numéro 8?	**Por favor, ¿dónde puedo coger el autobús número 8?** *Por fabór, ¿donnde puέdo kojέr el autobús ótcho?*
Quel bus va ...?	**¿Qué autobús va a ...?** *¿Ke autobús ba a ...?*
Vous savez si le bus 10 passe par la Poste?	**¿Sabe si el autobús 10 pasa por Correos?** *¿SÁbe si el autobus diέç pÁsa por korrέos?*
Un ticket pour la rue Alcalá, s'il vous plaît.	**Un billete para la calle Alcalá, por favor** *Un biyέte pÁra la kÁye alkalÁ, por fabor*
Excusez-moi, c'est le bus qui va à l'aéroport?	**Disculpe, este es el autobús que va al aeropuerto?** *Diskúlpe, ¿έste es el autobús ke va al aeropuέrto?*
Je vais à la plaza de España. Vous pouvez me dire à quel arrêt je dois descendre?	**Voy a plaza de España. ¿Me puede decir en qué parada debo bajar?** *Boy a plÁça de espÁgna. ¿me puέde deçir enn ke parÁda dέbo bajAr?*
Combien d'arrêts y a-t-il jusqu'à la plaza del Ecuador?	**¿Cuántas paradas hay hasta la plaza del Ecuador?** *¿KuAntas parAdas ay Ásta la plÁça del ekuador?*

2 Déplacements

Ce que tu peux entendre

Su billete, por favor	Votre billet, s'il vous plaît
No lo ha picado	Vous ne l'avez pas composté
¿Hasta dónde va?	Jusqu'où allez-vous?
¿Dónde se baja?	Où descendez-vous?

Métro et tramway. Madrid, Barcelona, Bilbao et Valencia, et prochainement Mallorca (en 2008), possèdent un réseau de métro au nombre de lignes variable selon la ville. Les horaires et la fréquence des trains varient également d'une ville à l'autre: de 5 à 6 heures du matin à minuit ou 2 heures du matin. Il est possible d'obtenir un plan du métro de ta ville aux guichets: ils sont gratuits. Les tickets peuvent s'acheter aux guichets ou bien dans des machines dans le hall de la gare. Quelques villes espagnoles disposent également de tramway comme moyen de transport urbain et interurbain. !

Mots dont tu peux avoir besoin

ascenseur	**ascensor**	*asçennsor*
changement	**transbordo**	*trannsbórdo*
escalator	**escalera mecánica**	*eskaléra mekánika*
frein d'urgence	**freno de emergencia**	*fréno de emerjénnçia*
gare	**estación**	*estaçiónn*
ligne	**línea**	*línea*
métro	**metro**	*métro*
plan de métro	**plano del metro**	*pláno del métro*
quai	**andén**	*anndénn*
sortie d'urgence	**salida de emergencia**	*salída de emergénnçia*

! Certaines villes espagnoles disposent de tramway, soit comme alternative au métro, soit en complément de celui-ci. À A Coruña il existe une ligne touristique qui propose un parcours à travers divers points intéressants de la ville. À Bilbao et à Valencia, il opère en tant que complément du métro, reliant entre eux différents points de ces capitales. À Alicante et à Barcelona il relie ces capitales à d'autres localités de leur périphérie: celui d'Alicante unit cette ville à Denia et celui de Barcelona relie cette métropole à Baix Llobregat et à Besós.

Ce que tu peux dire

S'il vous plaît, où se trouve la bouche de métro la plus proche?	**Por favor, ¿dónde está la boca de metro más cercana?** *Por fabór, ¿donnde estᴀ́ la bóka de mɛtro mas çerkᴀ́na?*
Vous pouvez me donner un plan du métro?	**¿Me puede dar un plano del metro?** *¿Me puɛde dar un plᴀno del mɛtro?*
Quelle ligne je dois prendre pour aller à Lavapiés?	**¿Qué línea debo coger para ir a Lavapiés?** *¿Ke línea dɛbo cojɛr pᴀra ir a sol?*
Où est-ce que je change pour aller à Sol?	**¿Dónde hago transbordo para ir a Sol?** *¿Dónnde ᴀ́go trannsbordo pᴀ́ra ir a sol?*
C'est la bonne direction pour Plaza de Castilla?	**¿Ésta es la dirección para Plaza Castilla?** *¿ɛsta es la direkçiónn pᴀra plᴀ́ça castiya?*
À quelle heure ouvre / ferme le métro?	**¿A qué hora abren / cierran el metro?** *¿A ke óra ᴀbrenn / çiɛrrann el mɛtro?*
Où est-ce que je peux prendre le tramway pour la Torre de Hércules?	**¿Dónde puedo coger el tranvía para la Torre de Hércules?** *¿Donnde puɛdo kojɛr el trannbía pᴀra la torre de ɛrkules?*
C'est bien le tramway qui va à Besós?	**¿Éste es el tranvía que va a Besós?** *¿ɛste es el trannbia ke va a besós?*

Train de banlieue. Pour te déplacer à l'intérieur d'une même Communauté Autonome, tu peux choisir entre les autobus interurbains et les trains de banlieue. Le service des trains de banlieue est très fréquent et ils sont généralement très ponctuels. Tu peux demander les horaires et également un plan du réseau de trains de banlieue auprès des guichets ou aux points de renseignements de la gare. Ils sont tous deux gratuits. Les tickets s'achètent aux guichets de la gare; ils ne donnent pas droit à une place assise déterminée. !

Mots dont tu peux avoir besoin

arrivée / départ	**llegada / salida**	*yegᴀ́da / salida*
billet	**billete**	*biyɛte*

> **!** Une fois que tu as acheté le billet au guichet, tu dois passer par le tourniquet de la gare. Si tu as une carte d'abonnement, il faut la valider également en passant par le tourniquet.

2 Déplacements

billet aller / aller retour	**billete de ida / ida y vuelta**	*biyɛ́te de ída /ída i buɛ́lta*
contrôleur	**revisor**	*rebisór*
horaire	**horario**	*orᴀ́rio*
prix	**precio**	*prɛ́çio*
provenance / destination	**procedencia / destino**	*proçedɛ́nnçia*
quai / voie	**andén / vía**	*anndɛ́nn / bía*
retard	**retraso**	*retrᴀ́so*
train de banlieue	**tren de cercanías**	*trenn de çerkanías*
voyageur	**viajero**	*biajɛ́ro*

Ce que tu peux dire

S'il vous plaît, un billet aller / aller retour pour Móstoles	**Por favor, un billete de ida/ ida y vuelta para Móstoles** *Por fabór, un biyɛ́te de ída / ída i buɛ́lta pᴀ́ra Móstoles*
À quelle heure y a –t-il des trains pour San Cugat?	**¿A qué hora tengo trenes para San Cugat?** *¿A ke óra tɛ́nngo trɛ́nes pᴀ́ra sann kugᴀ́t?*
Quand part le premier / dernier train pour Pozuelo?	**¿Cuándo sale el primer / último tren para Pozuelo?** *¿Kuᴀ́ndo sᴀ́le el primɛ́r / último trenn pᴀ́ra Pozuɛ́lo?*
De quel quai part le train pour Santiago?	**¿De qué andén sale el tren para Santiago?** *¿De ke andɛ́nn sᴀ́le el tren pᴀ́ra sanntiᴀ́go?*
Où se trouve le quai numéro 3?	**¿Dónde está el andén 3?** *¿Donnde estᴀ́ el anndɛ́nn tres?*

Taxis. Les taxis sont un moyen de transport commode bien qu'ils soient passablement plus chers que le transport public. Les véhicules sont de couleur différente selon la ville: à Madrid, par exemple, ils sont blancs avec une rayure rouge alors qu'à Barcelona, ils sont noirs et jaunes. À côté du chauffeur doivent toujours apparaître dans un lieu visible pour le client, le numéro de licence, les données d'identification du chauffeur de taxi et le compteur indiquant le numéro de tarif applicable lors du trajet. La «prise en charge» suppose le départ du compteur à partir d'un montant fixe déterminé.

Il faut savoir qu'il existe un supplément pour les aéroports, les gares et gares routières ainsi que pour les bagages. Il existe par ailleurs des tarifs spéciaux, plus chers, pour les services effectués en horaire nocture ou les jours fériés. Il faut aussi payer un supplément lorsqu'on quitte la municipalité dans laquelle on est monté dans le taxi. Les tarifs spéciaux ainsi que les suppléments doivent également être bien visibles pour le client; on les trouve généralement sur les vitres arrière.

Pour appeler un taxi, il faut lever la main lorsque tu vois s'approcher un taxi libre (ils portent une lumière verte ou un panneau indiquant «Libre»). Tu peux également te diriger vers une station de taxis; tu sauras les reconnaître car ils sont signalés par un panneau bleu qui porte la lettre «T» en blanc. En outre, dans chaque ville, il existe différentes compagnies auxquelles tu peux téléphoner afin qu'elles t'envoient un taxi à domicile. Tu trouveras leur numéro dans les Pages Jaunes de ta ville. **!**

Mots dont tu peux avoir besoin

arrêtez-vous	**pare**	*páre*
bon marché	**barato**	*baráto*
cher	**caro**	*káro*
monnaie	**vuelta / cambio**	*buélta / kámmbio*
reçu / facture	**recibo / factura**	*reçíbo / faktúra*

Ce que tu peux dire

S'il vous plaît, savez-vous où il y a une station de taxis?	**Por favor, ¿sabe dónde hay una parada de taxis?** *Por fabór, ¿sábe donnde ay úna paráda de táksis?*
Gran Vía, 14, s'il vous plaît	**A Gran Vía 14, por favor** *A grann bia katórçe, por fabór*

! Il est important de savoir qu'au moindre doute, tu as le droit d'exiger au chauffeur une facture qui accrédite du service réalisé. Il doit y figurer: le trajet effectué (point de départ et d'arrivée), la date et somme payée, ainsi que les coordonnées de licence du taxi et la signature du chauffeur. Avec cette facture, tu peux faire une réclamation auprès des Bureaux des Consommateurs, tant à la Marie qu'à la Communauté Autonome du lieu où tu te trouves.

2 Déplacements

Emmenez-moi à cette adresse, s'il vous plaît	**Lléveme a esta dirección, por favor** *Yɛbeme a ɛ́sta direkçiönn, por fabör*
Bonjour, je vais dans la rue Tembleque	**Buenas tardes, voy a la calle Tembleque** *Buɛnas tᴀrdes, voy a la kᴀye temmlɛ́ke*
Vous pouvez vous arrêter ici?	**¿Puede parar aquí?** *¿Puɛ́de parᴀr aki?*
Mon amie descend en premier, ensuite nous continuons jusqu'à la rue...	**Mi amiga baja primero, luego seguimos hasta la calle...** *Mi amiga bᴀ́ja primɛ́ro, luɛ́go segimos ᴀsta la kᴀye ...*
Combien ça va coûter, plus ou moins?	**¿Cuánto va a costar más o menos?** *¿Kuᴀnnto va a kostᴀ́r mas o mɛ́nos?*
Par où ça circule le mieux?	**¿Por dónde iremos mejor?** *¿Por dönnde irɛ́mos mejör?*
C'est combien le supplément pour les bagages?	**¿Cuánto es el suplemento por equipaje?** *¿KuᴀÁnnto es el suplemɛ́nnto por ekipᴀje?*
Vous pouvez me faire un reçu / une facture, s'il vous plaît?	**¿Puede hacerme un recibo / factura?, por favor** *¿Puɛ́de açɛ́rme un reçíbo / faktura?, por fabör*

Ce que tu peux entendre

¿A qué dirección vamos?	À quelle adresse allons-nous?
¿Adónde vamos?	Où allons-nous?
¿Por dónde vamos?	Par où allons-nous?
¿Podría indicarme?	Vous pouvez m'indiquer?
Este camino es más corto / largo	Ce chemin est le plus court / long
Hay mucho tráfico	Il y a beaucoup de circulation

Ce que tu peux voir

Libre	Libre
Límite de tarifa para taxis	Tarif limite pour taxis
Ocupado	Occupé
Suplemento	Supplément
Tarifa	Tarif

2.3 Te déplacer dans le pays

Autocars interurbains. Si tu veux te déplacer à travers l'Espagne, c'est sans doute le moyen de transport le moins cher. Il existe de nombreuses compagnies d'autocars qui couvrent pratiquement tout le territoire espagnol. Dans toutes les villes il y a une gare routière où sont centralisées les différentes compagnies qui offrent leurs services de transport. Dans la gare routière, tu pourras te procurer les horaires des différentes compagnies. On peut également acheter les billets à la gare ou les réserver par téléphone ou à travers Internet et on les récupère aux guichets de la gare. Il vaut mieux acheter les billets à l'avance ou réserver en été, à Pâques, Noël et lors des ponts. Toutes les compagnies qui offrent de longs parcours ont équipé leurs autocars de télévision et d'air conditionné et, dans de nombreux cas, de toilettes. Il est interdit de fumer à l'intérieur des autocars. **!**

Mots dont tu peux avoir besoin

arrêt	**parada**	*parÁda*
arrivée	**llegada**	*yegÁda*
autobus / autocar	**autobús / autocar**	*autobús*
billet	**billete**	*biyɛ́te*
billet aller / aller retour	**billete ida / ida y vuelta**	*biyɛ́te ida / ida i buɛ́lta*
coffre	**maletero**	*maletɛ́ro*
conducteur	**conductor**	*konnduktör*
horaire	**horario**	*orÁrio*
passager	**pasajero**	*pasajɛ́ro*
quai	**andén**	*anndɛ́nn*
sortie	**salida**	*salída*
sortie d'urgence	**salida de emergencia**	*salída de emerjɛ́nnçia*

! La plupart des lignes de long parcours prévoient au moins un arrêt au milieu du trajet. Certaines compagnies d'autocars offrent des services «directs», c'est-à-dire, qui vont à destination sans effectuer d'arrêts intermédiaires. Ils sont bien sûr plus rapides que les services réguliers, mais aussi plus chers. Il faut s'informer sur les horaires de ces lignes directes car ça peut nous revenir beaucoup moins cher de prendre un billet pour les autocars qui font plusieurs arrêts tout au long du trajet.

2 Déplacements

Ce que tu peux dire

S'il vous plaît, où se trouve la gare routière?	**Por favor, ¿dónde está la estación de autobuses?** *Por fabór, ¿dónnde estÁ la estaçiónn de autobúses?*
A quel guichet je peux acheter un billet pour Lugo?	**¿En qué ventanilla puedo comprar un billete para Lugo?** *¿En ke ventaniya puɛ́do kommprÁr unn biyɛte pÁra Lúgo?*
Quelle compagnie va à Cadix?	**¿Qué compañía va a Cádiz?** *¿Ke kommpanía ba a kAdiç?*
Quel autobus est direct jusqu'à Alicante?	**¿Qué autobús va directo a Alicante?** *¿Ke autobús ba dirɛkto a AlikÁnnte?*
S'il vous plaît, vous pourriez me donner les horaires d'autocars pour Gerona?	**Por favor, ¿podría decirme los horarios de autobús para Gerona?** *Por fabór, ¿podría deçírme los orÁrios de autobús pÁra Jeróna?*
A quelle heure part le premier autocar pour Lérida?	**¿A qué hora sale el próximo autocar para Lérida?** *¿A ke óra sAle el autokÁr pÁra Lɛrida?*
Combien coûte un billet aller retour pour Valencia?	**¿Cuánto cuesta un billete de ida y vuelta a Valencia?** *¿KuÁnnto kuɛsta unn biyɛ́te de ída i vuɛlta a Valɛnnçia?*
Un billet aller / aller retour pour Bilbao, s'il vous plaît	**Un billete de ida / ida y vuelta a Bilbao, por favor.** *Un biyɛ́te de ída / ída i buɛlta a BilbAo, por fabór*
De quel quai part l'autobus pour Séville?	**¿De qué andén sale el autobús para Sevilla?** *¿De ke anndɛ́nn sAle el autobús pÁra Sebíya?*
A quelle heure il arrive à Séville?	**¿A qué hora llega a Sevilla?** *¿A ke óra yɛ́ga a Sebíya?*
Combien de temps dure le voyage?	**¿Cuánto tiempo dura el viaje?** *¿KuÁnnto tiɛmmpo dúra el biAje?*
Est-ce qu'il y a des toilettes dans l'autobus?	**¿Hay aseo en el autobús?** *¿Ay asɛ́os en el autobús?*

■ **Train.** Le réseau de chemins de fer espagnol (RENFE) est très développé, mais il ne dessert pas aussi bien ni aussi fréquemment les villes que l'autocar. En général il est plus cher que ce dernier mais également plus confortable. Outre les lignes conventionnelles de longues et moyennes distances, quelques lignes à haute vitesse (AVE) se sont développées mais elles se limitent à quelques villes et sont chères. Tous les trains sont équipés de toilettes, wagon-cafétaria et, pour les longues distances, d'un service audionet vidéo de films qui fonctionne à l'aide d'écouteurs fournis dans le train.

Sur les trajets de moins de cinq heures, il est interdit de fumer dans les wagons, à l'exception de la cafétéria; pour les trajets de durée supérieure, il existe des wagons spéciaux pour fumeurs. Les trains nocturnes disposent de wagons couchettes et lits à un tarif plus élevé que le tarif normal. Les billets peuvent être achetés à la gare, par téléphone ou par le biais d'Internet. Sur les billets de moyenne et longue distance figure un numéro de wagon et de place.

Par ailleurs, au nord de l'Espagne s'étend le réseau de voie étroite le plus long d'Europe. Près de 1200 kilomètres de ligne parcourent plusieurs communautés autonomes qui sont exploitées par la compagnie FEVE (Chemins de Fer à Voie Étroite). !

Mots dont tu peux avoir besoin

aller / aller retour	**ida / ida y vuelta**	*ida / ida i buɛ́lta*
arrivée / départ	**llegada / salida**	*yegáda / salída*
bagages	**equipaje**	*ekipáje*
billet	**billete**	*biyɛ́te*
chef de gare	**jefe de estación**	*jɛ́fe de estaçiónn*
consigne	**consigna**	*konnsíkna*
contrôleur	**revisor**	*rebisór*
couchette	**litera**	*litɛ́ra*
couloir / fenêtre	**pasillo / ventanilla**	*pasíyo / bentaníya*
horaire	**horario**	*orário*
monter dans le train	**subir al tren**	*subír al trenn*
place	**asiento**	*asiɛ́nnto*
provenance / destination	**procedencia / destino**	*proçedɛ́nnçia / destíno*

! Les chemins de fer à voie étroite [ferrocarriles de vía estrecha] (FEVE) couvrent deux routes fondamentales qui relient Ferrol et Bilbao (à travers le nord de la Galice, les Asturies, Cantabria et Vizcaya) ainsi que Bilbao et León (par les provinces de Vizcaya, Burgos, une petite partie de Cantabria, Palencia et León). En outre, FEVE possède une ligne de voyageurs dans la communauté autonome de Murcia qui relie Cartagena à Los Nietos.

2 Déplacements

quai/voie	**andén/vía**	*anndénn/ bía*
réservation	**reserva**	*resɛrba*
retard	**retraso**	*retrÁso*
supplément	**suplemento**	*suplemɛ́nnto*
TGV	**AVE**	*Ábe*
train / chemin de fer	**tren / ferrocarril**	*trenn / ferrokarríl*
voyageur	**viajero**	*biajɛro*
wagon cafétéria / restaurant	**vagón cafetería / restaurante**	*vagónn cafetería / restaurÁnnte*

Ce que tu peux dire

Où se trouve le bureau des renseignements?	**¿Dónde está la oficina de Información?** *¿Dónnde estÁ la ofiçína de innformaçiónn?*
Un billet aller / aller retour pour Saragosse	**Un billete de ida/ ida y vuelta para Zaragoza** *Un biyɛ́te de ida i buɛ́lta pÁra Çaragóça*
Je voudrais un billet pour Barcelona	**Quiero un billete para Barcelona** *Kiɛ́ro un biyɛte pÁra Barçelóna*
Combien coûte le billet pour Bilbao?	**¿Cuánto cuesta el billete para Bilbao?** *¿KuÁnnto kuɛsta el biyɛ́te pÁra BilbÁo?*
À quelle heure part le train pour Tolède?	**¿A qué hora sale el tren para Toledo?** *¿A ke óra sÁle el trenn pÁra Tolɛ́do?*
À quelle heure arrive-t-il à Gijón?	**¿A qué hora llega a Gijón?** *¿A ke óra yɛ́ga a jijónn?*
De quel quai part le train pour León?	**¿De qué andén sale el tren para León?** *¿De ke anndɛ́nn sÁle el trenn pÁra LeÓnn?*
Excusez-moi, c'est ma place	**Disculpe, este es mi sitio** *Diskúlpe, ɛ́ste es mi sitio*
Où sont les toilettes?	**¿Dónde están los servicios?** *¿Dónnde estÁnn los serbíçios?*
Vous savez où sont les consignes?	**¿Sabe dónde están las consignas?** *¿SÁbe dónnde estÁnn las konnsíknas?*
Où se trouve la cafét?	**¿Dónde está el vagón cafetería?** *¿Dónnde estÁ el bagónn kafetería?*

Ce que tu peux entendre

¿Billete de ida o de ida y vuelta?	Un billet aller simple ou aller retour?
¿Billete de primera o de segunda clase?	Un billet de première ou de seconde classe?

¿Asiento o litera?	Siège ou couchette?
El tren con destino a Almería tiene un retraso estimado de una hora.	Le train à destination d'Almería a un retard d'environ une heure
Está prohibido fumar	Il est interdit de fumer
Ese tren está completo	Le train est complet

Ce que tu peux voir

Acceso a vías	Accès aux voies
Andén / andenes	Quai/quais
Billetes	Billets
Cercanías	Trains de banlieue
Consigna	Consigne
Destino	Destination
Freno de emergencia	Frein d'urgence
Largo recorrido	Longue distance
Llegadas / Salidas	Arrivées / Départs
Oficina de Objetos Perdidos	Bureau des objets perdus
Procedencia	Provenance

Bateau. En Espagne, il existe des ferries que relient la péninsule aux Iles Baléares. Les ferries pour Ibiza et Mallorca partent des ports de Barcelona et de Valencia quatre fois par semaine et le trajet est d'environ quatre heures. Ils sont moins chers que l'avion. On peut également arriver en bateau aux Iles Canaries depuis la péninsule. Les bateaux partent de Cadix et le voyage ne se fait qu'une fois par semaine.

Les bateaux qui relient la péninsule au continent africain partent d'Alicante, Almería, Málaga, Algeciras et Tarifa, et ont pour destination les villes d'Orán, Melilla, Ceuta et Tánger. Les billets peuvent s'acquérir dans les ports de sortie et il est également possible de faire des réservations dans les agences de voyage ou par Internet. Dans les ferries, tu trouveras un service de cafétéria, le seul endroit à bord où l'on puisse fumer.

Mots dont tu peux avoir besoin

bateau	**barco**	*bárko*
billet	**billete**	*biyɛte*
bouée / gilet de sauvetage	**flotador / salvavidas**	*flotadór / salbabidas*
capitaine	**capitán**	*kapitánn*
compagnies maritimes	**compañías marítimas**	*kommpagnias marítimas*

équipage	**tripulación**	*tripulaçiónn*
ferry	**ferry**	*férri*
mal de mer	**mareo**	*maréo*
passager	**pasajero**	*pasajéro*
pont	**cubierta**	*kubiérta*
port	**puerto**	*puérto*

Ce que tu peux dire

S'il vous plaît, un billet pour Algeciras	**Por favor, un billete para Algeciras** *Por fabór, un biyéte pÁra Aljeçiras*
À quelle heure est le ferry pour Málaga?	**¿A qué hora es el ferry para Málaga?** *¿A ke óra es el férri pÁra MÁlaga*
Combien coûte le billet?	**¿Cuánto cuesta el billete?** *¿KuÁnnto kuésta el biyéte?*
Vous pouvez me dire à quelle heure part le prochain bateau?	**¿Me puede decir a qué hora sale el próximo barco?** *¿Me puéde deçir a ke óra sÁle el próksimo bÁrko?*
J'ai le mal de mer, vous avez un médicament?	**Estoy mareado, ¿tiene alguna pastilla?** *éstoy mareÁdo, ¿tiéne algúna pastíya?*

Avion. L'avion est sans doute l'option de transport la plus rapide, mais aussi la plus chère et la plus limitée. Tu pourras parfois trouver des offres de vols nationaux assez raisonnables mais ils se limitent à des lieux touristiques et hors-saison. Les principales villes espagnoles disposent d'aéroport. !

Mots dont tu peux avoir besoin

aéroport	**aeropuerto**	*aeropuérto*
atterrissage	**aterrizaje**	*aterriçÁje*
billet	**billete**	*biyéte*
ceinture de sécurité	**cinturón de seguridad**	*çinturónn de seguridÁd*
contrôle des passeports	**control de pasaportes**	*konntról de pasapórtes*

! Il y a des vols internationaux depuis les aéroports de Madrid, Barcelona, Alicante, Bilbao, Ibiza, Málaga, Palma de Mallorca, Santiago de Compostela, Sevilla, Valencia et Tenerife.

couloir	**pasillo**	*pasiyo*
décollage	**despegue**	*despεge*
enregistrement	**facturación**	*fakturaçionn*
excédent de bagages	**exceso de equipaje**	*ekçεso de ekipAje*
fenêtre	**ventanilla**	*benntaniya*
hôtesse de l'air	**azafata**	*açafAta*
vol national / international	**vuelo nacional / internacional**	*buεlo naçionAl / innternaçionAl*

Ce que tu peux dire

Le bureau des renseignements, s'il vous plaît	**La oficina de información, por favor** *La ofiçina de innformaçionn, por fabór*
Où arrivent les vols internationaux?	**¿Dónde llegan los vuelos internacionales?** *¿Dónnde yεgann los buεlos innternaçionAles?*
À quelle heure arrive le vol 725 de Tánger?	**¿A qué hora llega el vuelo 725 de Tánger?** *¿A ke óra yεga el buεlo 725 de TAnnjer?*
Le vol a-t-il du retard?	**¿Tiene retraso el vuelo?** *¿Tiεne retrAso el buεlo?*
Où se trouve la salle d'attente?	**¿Dónde está la sala de espera?** *¿Dónnde estA la sAla de espεra?*
Où sont les chariots?	**¿Dónde están los carritos?** *¿DÓnnde estAnn los karritos?*
On m'a cassé / perdu une valise	**Me han roto / perdido una maleta** *Me ann róto / perdido una malεta*
Où puis-je faire une réclamation?	**¿Dónde puedo reclamar?** *¿donnde puεdo reklamAr?*
Où est l'arrêt de métro / autobus / taxis?	**¿Dónde está la parada de metro / autobús / taxis?** *¿dónnde estA la parAda de mεtro / autobús / tAksis?*

Ce que tu peux entendre

El vuelo AF-725 con destino a Tánger tiene un retraso de 1 hora	Le vol AF-725 à destination de Tanger a une heure de retard
El vuelo AF-725 ha aterrizado	Le vol AF-725 a atterri

¿Puede describir su equipaje?	Pouvez-vous décrire vos bagages?
Rellene esta hoja de reclamaciones	Remplissez cette feuille de réclamations

Ce que tu peux voir

Llegadas nacionales / internacionales	Arrivées nationales / internationales
Número de vuelo	Numéro de vol
Oficina de información	Bureau des renseignements
Oficina de objetos perdidos	Bureau des objets perdus
Procedencia	Provenance
Puerta de embarque	Porte d'embarquement
Retraso	Retard
Sala de espera / llegadas	Salle d'attente / arrivées
Salidas nacionales / internacionales	Départs nationaux / internationaux
Vuelo cancelado	Vol annulé

2.4 Sur route

Conduire en Espagne. Le réseau de routes espagnol comprend des autoroutes à péage, des autoroutes libres, des voies express, des routes à double voie et des routes conventionnelles à double sens. Les autoroutes payantes sont signalées par des panneaux bleus et les sigles AP (Autoroute à Péage); il est possible de payer en liquide ou par carte. Sur les autoroutes et les voies express, on trouve des postes de secours (indiqués par les sigles SOS) tous les deux ou trois kilomètres, d'où il est possible de demander de l'aide à une centrale en cas de panne ou d'accident. !

Mots dont tu peux avoir besoin

amende	**multa**	*múlta*
assurance de la voiture	**seguro del coche**	*segúro del kòtche*
autoroute	**autopista**	*autopísta*
déviation	**desvío**	*desbío*

> **!** En Espagne, il est obligatoire d'avoir les triangles de signalisation et au moins un gilet réfléchissant dans la voiture; ceux-ci doivent être utilisés lors de panne ou d'accident ou chaque fois que l'on sort d'une voiture arrêtée sur la route. Ne pas les avoir dans la voiture peut donner lieu à une sanction.

gilet réfléchissant	**chaleco reflectante**	*tchalɛko reflektᴀnnte*
grue	**grúa**	*grua*
outils	**herramientas**	*erramiɛnntas*
papiers	**documentación**	*dokumenntaçiònn*
permis de circulation	**permiso de circulación**	*permíso de çirkulaçionn*
permis de conduire	**permiso / carnet de conducir**	*permíso / karnɛ́ de konnduçir*
poste de secours	**puesto de socorro**	*puɛ́sto de sokorro*
route	**carretera**	*karretɛra*
se perdre	**perderse**	*perdɛ́rse*
travaux	**obras**	*òbras*
triangle de signalisation	**triángulo de señalización**	*triᴀ́nngulo de segnaliçaçiònn*
voie express	**autovía**	*autobía*

Ce que tu peux dire

S'il vous plaît, où je peux prendre la route pour Vitoria?	**Por favor, ¿dónde tomo la carretera para Vitoria?** *Por fabór, ¿dònnde tòmo la karretɛra pᴀra Vitoria?*
C'est bien la route pour Almeria?	**¿Ésta es la carretera para Almería?** *¿ɛ́sta es la karretɛ́ra pᴀ́ra Almería?*
Excusez-moi, la sortie pour Alicante?	**Disculpe, ¿la salida para Alicante?** *Diskúlpe, ¿la salida pᴀra Almería?*
Je ne comprends pas bien l'espagnol. Vous pouvez me l'indiquer sur la carte? / vous pouvez me le dessiner ici?	**No entiendo bien español. ¿Me lo puede señalar en el mapa? / ¿Me lo puede dibujar aquí?** *No enntiɛ́nndo bien espagnòl.* *¿Me lo puɛ́de segnalᴀr en el mᴀ́pa? /* *¿Me lo puɛ́de dibujᴀ́r aki?*

Ce que tu peux voir

Área de descanso	Aire de repos
Área de servicio	Aire de service
Atención	Attention
Autopista de peaje	Autoroute à péage
Autovía	Voie express
Cambio de sentido	Changement de sens

2 Déplacements

Ceda el paso	Céder le passage
Centro ciudad	Centre ville
Circule despacio	Circulez lentement
Desvío	Déviation
Encienda las luces	Allumez vos phares
Entrada	Entrée
Escalón lateral	Marche latérale
Límite de velocidad	Vitesse limitée
Modere su velocidad	Ralentissez
Peaje	Péage
Polígono industrial	Polygone industriel
Posible doble carril	Double voie possible
Precaución	Prudence
Prohibido detenerse	Arrêt interdit
Recuerde	Rappel
Reduzca velocidad	Réduisez la vitesse
Retención	Bouchon
Retención desde el km 18 al 26	Bouchon depuis le km 18 jusqu'au km 26
Salida	Sortie
SOS	SOS
Uso obligatorio del cinturón	Ceinture obligatoire
Velocidad controlada por radar	Vitesse contrôlée par radar
Velocidad lenta	Vitesse lente
Velocidad limitada a 80	Vitesse limitée à 80
Vía de servicio	Voie de service
Zona industrial	Zone industrielle

À la station-service. Sur les autoroutes et voies express, il existe des stations-essence tous les 25 à 50 kilomètres. Sois prévoyant, en revanche, si tu vas utiliser des routes secondaires car sur ce type de routes, il est plus dificile de trouver des stations-essence et tu peux rencontrer des difficultés pour refaire le plein.

Mots dont tu peux avoir besoin

bidon d'huile	**lata de aceite**	*láta de açéite*
changer	**cambiar**	*kammbiár*
diesel	**gasoil**	*gasol*
essence	**gasolina**	*gasolina*
essence sans plomb	**gasolina sin plomo**	*gasolina sinn plômo*
essuie-glace	**limpiaparabrisas**	*limmpiaparabrisas*

faire le plein	**llenar (el depósito)**	*yɛ́nar (el depósito)*
lavage automatique	**lavado automático**	*labᴀdo automᴀtiko*
liquide de freins	**líquido de frenos**	*likido de frɛ́nos*
niveau d'huile	**nivel de aceite**	*nibɛl de açɛite*
niveau de liquide de freins	**nivel de líquido de frenos**	*nibɛl de likido de frɛ́nos*
pression des pneus	**presión de los neumáticos**	*presionn de los neumᴀtikos*
réservoir	**depósito**	*depósito*
tunnel de lavage	**túnel de lavado**	*túnel de labᴀdo*
vérifier	**comprobar**	*kommprobár*

Ce que tu peux dire

Où se trouve la station-service la plus proche?	**¿Dónde está la gasolinera más cercana?** *¿dónnde estᴀ la gasolinɛ́ra mas çerkᴀ́na?*
Vous pouvez me conduire jusqu'à la station-service la plus proche?	**¿Me puede llevar hasta la gasolinera más cercana?** *¿me puɛ́de yebᴀ́r ᴀsta la gasolinɛ́ra mas çerkᴀna?*
Faites le plein, s'il vous palît	**Llene el depósito, por favor** *Yɛne el depósito, por fabÜr?*
Mettez-moi 30 litres d'essence sans plomb	**Póngame 30 litros de gasolina sin plomo** *Pónngame 30 litros de gasolina sin plomo*
Mettez-moi 30 litres d'essence s'il vous plaît	**Póngame 30 euros de gasolina, por favor** *Pónngame 30 litros de gasolina, por fabor*
Donnez-moi un bidon d'huile, s'il vous plaît	**Déme una lata de aceite, por favor** *Dɛme una lᴀta de açɛite, por fabor*
Vous pouvez vérifier les pneus?	**¿Puede revisar las ruedas?** *¿Puɛ́de rebisᴀr las ruɛdas?*
Pourriez-vous nettoyer le pare-brise, s'il vous plaît?	**¿Podría limpiar el parabrisas, por favor?** *¿podría limmpiᴀr el parabrisas, por fabor?*
Vous pouvez vérifier l'huile?	**¿Puede comprobar el aceite?** *¿Puɛ́de kommprobᴀ́r el açɛite?*
C'est combien?	**¿Cuánto es?** *¿Kuᴀ́nnto es?*

2 Déplacements

Les toilettes, s'il vous plaît?	**¿Los servicios, por favor?** *¿Los serbiçios, por fabór?*
Je peux laver la voiture?	**¿Puedo lavar el coche?** *¿Puédo labár el kôtche?*

Si la Guardia Civil t'arrête. Ce Corps de Sécurité de l'État espagnol est également compétent en matière de circulation. Sa présence sur les routes espagnoles est permanente et ils sont généralement les premiers à venir en aide aux conducteurs en cas de panne ou d'accident. S'ils nous indiquent qu'il faut arrêter la voiture, il faut le faire immédiatement, sans mettre en danger les autres conducteurs.

Mots dont tu peux avoir besoin

(s')arrêter	**detener(se)**	*detenérse*
amende	**multa**	*múlta*
contrôle	**control**	*kronntrol*
excès de vitesse	**exceso de velocidad**	*ekçéso de beloçidád*
garde civile	**guardia civil**	*guárdia çibíl*
interprète	**intérprete**	*inntérprete*
outils	**herramientas**	*erramiénntas*
papiers	**documentación**	*dokumenntaçiónn*
permis de circulation	**permiso de circulación**	*permíso de çirkulaçionn*
permis de conduire	**permiso / carnet de conducir**	*permíso / kárne de konnduçír*

Ce que tu peux dire

Bonjour, que se passe-t-il?	**Buenos días, ¿qué sucede?** *Buénos días, ¿ke suçéde?*
J'ai commis une infraction?	**¿He cometido alguna infracción?** *¿e kometído algúna infrakçiónn?*
Voici les papiers de la voiture	**Aquí tiene la documentación del coche** *Akí tiéne la dokumenntaçionn del kótche*
Je voudrais un interprète	**Quisiera un intérprete** *Kisiéra un intérprete*
Je voudrais appeler un avocat	**Quisiera llamar a un abogado** *Kisiéra yamár a un abogádo*
Je voudrais consulter mon consulat	**Quisiera consultar con mi consulado** *Kisiéra konnsultár konn mi konnsuládo*

Ce que tu peux entendre

¡Alto! / ¡Pare!	Stop ! Arrêtez-vous !
Su documentación, por favor	Vos papiers, s'il vous plaît
¿Me puede enseñar su documentación y los papeles del vehículo?	Vous pouvez montrer vos papiers et ceux du véhicule?
Su permiso / carnet de conducir, por favor	Votre permis de conduire, s'il vous plaît
La documentación de su seguro, por favor	Vos papiers d'assurance, s'il vous plaît
Permiso de circulación	Permis de circulation
Todo está en orden, muchas gracias	Tout est en ordre, merci
Circula con exceso de velocidad	Vous circulez trop vite
Le voy a poner una multa	Vous allez avoir une contravention
Es un control de alcoholemia	C'est un test d'alcoolémie
Por favor, sople por aquí	S'il vous plaît, soufflez ici
Tiene usted una tasa de alcohol superior a la permitida	Vous avez un taux d'alcoolémie supérieur à celui qui est autorisé

En cas de panne. Si tu es en panne sur une route, il faut placer les triangles de signalisation visibles à environ 100 mètres de la voiture à l'arrêt.

Mots dont tu peux avoir besoin

huile (perte)	**aceite** (pérdida)	*açɛ́ite*
accélérateur	**acelerador**	*açeleradór*
amortisseurs (cassés)	**amortiguadores** (rotos)	*amortiguadóres (rótos)*
panne	**avería**	*aberia*
batterie (déchargée)	**batería** (vacía)	*bateria (baçia)*
bougies	**bujías**	*bujias*
carburateur	**carburador**	*karburadór*
ceinture de sécurité	**cinturón de seguridad**	*çinnturónn de seguridÁd*
réservoir à essence	**depósito de gasolina**	*depósito de gasolina*
embrayage (cassé)	**embrague** (roto)	*emmbráge (róto)*
rétroviseur (cassé)	**espejo** (roto)	*espɛ́jo (róto)*
frein à main (cassé)	**freno de mano** (roto)	*frɛ́no de máno (róto)*
cric	**gato**	*gÁto*
clignotant (ne fonctionne pas)	**intermitente** (no funciona)	*inntermitɛ́nnte (no funnçióna)*
essuie-glace	**limpiaparabrisas**	*limmpiaparabrisas*

coffre (ne s'ouvre pas)	**maletero** (no se abre)	*maletéro (no se Abre)*
mécanicien	**mecánico**	*mekAniko*
moteur (bruit, fumée)	**motor** (ruido, humo)	*motór (ruído, úmo)*
pneu (dégonflé, crevé)	**neumático** (sin aire, pinchado)	*neumAtiko (sin aíre, pinntchAdo)*
levier de vitesses (cassé)	**palanca de cambios** (rota)	*palAnnka de kAmmbios (róto)*
pare-brise (cassé)	**parabrisas** (roto)	*parabrisas (róto)*
pare-chocs	**parachoques**	*paratchókes*
radiateur (vide)	**radiador** (vacío)	*radiadór (baçío)*
rétroviseur	**retrovisor**	*retrobisór*
roue (crevée)	**rueda** (pinchada)	*ruéda (pinntchAda)*
triangles de signalisation	**triángulos de señalización**	*triAnngulos de segnaliçaçiónn*
tuyau d'échappement (cassé)	**tubo de escape** (roto)	*túbo de eskApe (róto)*
volant	**volante**	*bolAnnte*

Ce que tu peux dire

Je suis en panne	**Tengo una avería** *Ténngo úna abería*
Où se trouve le garage le plus proche?	**¿Dónde está el taller más cercano?** *¿dónnde estA el tayér mas çerkAno?*
Pourriez-vous me remorquer jusqu'à un garage?	**¿Podría remolcarme hasta un taller?** *¿podría remolkArme Asta un tayér?*
Pourriez-vous prévenir le service de secours sur route?	**¿Podría avisar al servicio de auxilio en carretera?** *¿podría abisAr al serbíçio de auksílio en karretéra?*
J'ai besoin d'une grue	**Necesito una grúa** *Neçesito úna grúa*
La voiture est en panne au kilomètre 205 de la A-1	**El coche se ha quedado parado en el kilómetro 205 de la A-1** *El kotche se a kedAdo parAdo en el kilómetro 205 de la A 1*
J'ai crevé un pneu	**Se me ha pinchado una rueda** *Se me a pinntchAdo úna ruéda*
Elle perd de l'huile	**Pierde aceite** *Pierde açÉite*
Ma voiture fait un bruit bizarre	**Mi coche hace un ruido raro** *Mi kótche Açe un ruído rAro*

De la fumée sort	**Sale humo** *SAle úmo*
Le clignotant ne marche pas	**No funciona el intermitente** *No funnçióna el inntermitɛnnte*
La courroie du ventilateur s'est cassée	**Se ha roto la correa del ventilador** *Se a rɔ́to la kɔ́rrea del bentiladɔ́r*
La voiture de démarre pas	**El coche no arranca** *El kɔ́tche no arrÁnnka*
Je n'ai plus de batterie	**Me he quedado sin batería** *Me e kedÁdo sinn batería*
Je n'ai plus d'essence	**Me he quedado sin gasolina** *Me e kedÁdo sinn gasolína*
Elle ne freine pas bien	**No frena bien** *Ne frɛ́na bienn*
J'ai cassé ma vitre avant / arrière	**Se me ha roto la luna delantera / trasera** *Se me a rɔ́to la lúna delanntɛ́ra / trasɛ́ra*
On m'a cassé la vitre	**Me han roto la ventanilla** *Se me a roto la benntaniya*
J'ai fermé la voiture avec les clefs à l'intérieur	**He cerrado el coche con las llaves dentro** *Ɛ çerrÁdo el kɔ́tche konn las yÁbes dɛnntro*
Pouvez-vous me faire une réparation provisoire?	**¿Me puede hacer una reparación provisional?** *¿Me puɛde açɛ́r úna reparaçiɔ́nn probisionÁl?*
Faites seulement les réparations indispensables	**Haga sólo las reparaciones imprescindibles** *Ága sɔ́lo las reparaciɔnes immpresçinndibles*
Pouvez-vous la réparer aujourd'hui?	**¿Lo puede arreglar hoy?** *¿Lo puɛde arreglAr oy?*
Combien de temps mettrez-vous à la réparer?	**¿Cuánto tardará en arreglarlo?** *¿kuÁnnto tardarA enn arreglÁrlo?*
Quand est-ce que ça sera prêt?	**¿Para cuándo estará?** *¿PÁra kuÁnndo estarÁ?*
Je peux attendre ici?	**¿Puedo esperar aquí?** *¿Puɛ́do esperAr akí?*
Il faut commander des pièces de rechange?	**¿Hay que pedir repuestos?** *¿Ay ke pedír repuɛ́stos?*
Voici la police d'assurance et les papiers de la voiture	**Aquí tiene la póliza del seguro y la documentación del coche** *Akí tiɛne la pɔ́liça del segúro i la dokumentaçiɔ́nn del kɔ́tche*

Ça va coûter combien?	**¿Cuánto va a costar?** *¿KuÁnnto ba a kostÁr?*
Vous pouvez me faire un devis?	**¿Me puede hacer un presupuesto?** *¿Me puɛde açɛr unn presupuɛsto?*
Vous pouvez me faire une facture?	**¿Me puede hacer una factura?** *¿Me puɛde açɛr úna faktúra?*

En cas d'accident. Lorsqu'il y a un accident, il faut appeler la Guardia Civil de Tráfico qui se chargera de diriger la circulation, d'aider les blessés, de coordonner les équipes d'urgence (pompiers ou ambulances) et de dresser le constat de l'accident. Il est obligatoire de disposer parmi les papiers d'une assurance au tiers (qui couvre les dommages et intérêts pouvant être occasionnés sur d'autres véhicules et personnes en cas d'accident). Il existe également des assurances tous risques qui couvrent les dommages propres et au tiers et qui sont beaucoup plus chères. !

Mots dont tu peux avoir besoin

accident	**accidente**	*akçidɛnnte*
ambulance	**ambulancia**	*ammbulÁnnçia*
assurance au tiers	**seguro a terceros**	*segúro a terçɛros*
assurance tout risque	**seguro a todo riesgo**	*segúro a tódo riɛsgo*
avocat	**abogado**	*abogÁdo*
blessé(s)	**herido(s)**	*erído(s)*
collision, entrer en collision	**choque / chocar**	*tchóke / tchokÁr*
constat	**atestado**	*atestÁdo*
constat d'accident	**parte de accidente**	*pÁrte de akçidɛnnte*
garde civile / agent de police	**guardia civil /** **agente de policía**	*guÁrdia çibîl /* *ajɛnnte de poliçía*
gilet réfléchissant	**chaleco reflectante**	*tchalɛko reflektÁnnte*
grue	**grúa**	*grúa*
médecin	**médico**	*mɛdiko*
mort(s)	**muerto(s)**	*muɛrto(s)*
permis de conduire	**permiso / carnet** **de conducir**	*permiso / kÁrne* *de konnduçír*

! Si tu as un accident sur route, et à condition que l'état des accidentés le permette, il est important de signaler la zone du sinistre à l'aide des triangles de signalisation et de revêtir le gilet réfléchissant en sortant de la voiture afin de prévenir les voitures pouvant circuler dans la zone et ainsi éviter de nouveaux accidents.

plainte	**denuncia**	*denunnçia*
poste de secours	**puesto de socorro**	*puɛsto de sokòrro*
remorquer	**remolcar**	*remolkᴀ́r*
responsabilité	**culpa**	*kúlpa*
témoins	**testigos**	*testígos*
triangle de signalisation	**triángulo de señalización**	*triᴀ́nngulo de segnaliçaçiònn*

Ce que tu peux dire

J'ai eu un accident	**He tenido un accidente** *Ɛ tenído unn akçidɛ̀nnte*
Il y a des blessés / morts	**Hay heridos / muertos** *Ay eridos / muɛ́rtos*
Vous pouvez appeler une ambulance / la Garde civile?	**¿Puede llamar a una ambulancia / a la Guardia Civil?** *¿puɛ́de yamᴀ́r a úna ammbulᴀ́nnçia / a la guᴀ́rdia çibíl?*
C'est grave?	**¿Es grave?** *¿es grᴀbe?*
Non, je ne suis pas blessé(e)	**No, no estoy herido,-a** *No, no estoy erido, -a*
Il faut appeler une grue	**Hay que llamar a la grúa** *Ay ke yamᴀ́r a la grúa*
Il faut placer le triangle de panne	**Hay que colocar el triángulo de avería** *Ay ke kolokᴀ́r el triᴀ́nngulo de aberia*
Vous devez porter le gilet réfléchissant	**Tiene que ponerse el chaleco reflectante** *Tiɛ̀ne ke ponɛrse el tchalɛ́ko reflektᴀ́nnte*
Il faut écarter la voiture	**Hay que apartar el coche** *Ay ke apartᴀ́r el kòtche*
Ce monsieur/cette dame est témoin	**Este señor,-a es testigo** *Éste segnór es testigo*
Je voudrais un interprète	**Quisiera un intérprete** *Kisiɛ̀ra unn inntɛ́rprete*
Quelle est votre compagnie d'assurance?	**¿Cuál es su compañía de seguros?** *¿Kual es su kommpagnia de segúros?*
Vous pouvez me donner votre numéro de police d'assurance?	**¿Me puede dar su número de póliza del seguro?** *¿Me puɛ́de dar su número de póliça del segúro?*

Il/elle est responsable	**Fue culpa suya** *Fue kúlpa súya*
Je ne l'ai pas vu	**No lo vi** *No lo bi*
J'avais la priorité	**Yo tenía preferencia** *Yo tenía preferénnçia*

Ce que tu peux entendre

¿Dónde ocurrió el accidente?	Où est arrivé l'accident?
¿Hay heridos / muertos?	Y a-t-il des blessés / des morts?
¿Cuándo ocurrrió?	Quand cela est-il arrivé?
¿Han rellenado el parte de accidente?	Avez-vous rempli le constat d'accident?
Acompáñeme a la comisaría	Accompagnez-moi au commissariat
Tiene que declarar / hacer una declaración	Vous devez déclarer / faire une déclaration

■ **Se garer en ville.** Dans de nombreuses villes espagnoles, il existe des rues et des zones de parking contrôlé où l'on peut seulement se garer pour un temps déterminé (de une heure et demie à deux heures). Elles sont signalées par les lignes vertes ou bleues et contrôlées au moyen de parcmètres. Si tu veux garer ta voiture dans une de ces zones, tu dois acheter un ticket du parcmètre et le laisser à l'intérieur de la voiture dans un lieu visible. En cas de dépassement du temps autorisé, il est possible que tu aies à payer une amende ou que tu te retrouves sans ta voiture, emportée par le camion de la fourrière ! Ces zones contrôlées sont payantes de lundi à vendredi entre 9h00 du matin et 8h00 du soir.

Il existe également des parkings souterrains (publics ou privés) dont les tarifs sont nettement plus élevés que ceux des places de parking de rue. ■

! Ne gare surtout pas ta voiture là où il y a un trait jaune ! Il s'agit généralement de zones de chargement et déchargement de marchandises ou de **bateaux** (zones réservées aux sorties de garages) et il est possible que le camion de la fourrière emporte ton véhicule très rapidement si tu le laisses là.

Si par malchance le camion de la fourrière a emporté ton véhicule, tu devras te rendre au dépôt de la mairie et payer le service de fourrière (environ 90 €, selon la ville) et par ailleurs, payer la contravention.

Ce que tu peux dire

Savez-vous s'il y a un parking par ici?	**¿Sabe si hay un aparcamiento por aquí?** *¿SÁbe si ay unn aparkamiénnto por akí?*
Vous avez de la monnaie pour le parcmètre?	**¿Tiene cambio para el parquímetro?** *¿Tiéne kÁmmbio pÁra el parkímetro?*
Où y a-t-il un distributeur automatique?	**¿Dónde hay una máquina expendedora?** *¿Donnde ay una mÁkina ekspenndedora?*
Vous avez vu un contrôleur?	**¿Ha visto a un controlador?** *¿A bisto a unn konntroladòr?*
La grue a emporté ma voiture	**La grúa se ha llevado mi coche** *La grúa se a yebÁdo mi kòtche*
Vous savez où est la fourrière?	**¿Sabe dónde está el depósito de coches?** *¿SÁbe donnde estÁ el depósito de kòtches?*

Ce que tu peux voir

Caja	Caisse
Entrada	Entrée
Libre	Libre
Ocupado	Occupé
Plazas aparcamiento	Places de parking
Salida	Sortie
Salida de emergencia	Sortie d'urgence
Servicios	Toilettes
Vado	Sortie de garage

Hébergement et Logement

Pour te loger dès ton arrivée en Espagne, si tu n'as pas d'amis ou de connaissances qui puissent t'héberger en attendant ton installation dans le pays, tu devras chercher une chambre dans un des établissements du réseau hôtelier espagnol. Dans ce chapitre, tu trouveras des renseignements et quelques phrases qui te permettront de te faire comprendre dans le cas où tu devrais recourir à ce type de logement provisoire. !

Une fois que tu seras établi, il te faudra chercher un appartement à louer ou à partager. Tu trouveras également ici quelques tuyaux pour ta recherche de logement. Il faut savoir qu'en Espagne trouver un appartement à louer peut se révéler très compliqué. L'offre est peu abondante et, en plus, les différences de prix d'une ville à l'autre sont très importantes. Les villes les plus chères sont Madrid, Barcelona et San Sebastián. Dans les capitales de provinces plus petites, en revanche, les prix sont plus abordables.

! Dans de nombreuses villes, il existe également des **auberges municipales**, gratuites, où, en cas d'urgence, on peut passer une nuit ou deux. Tu peux te renseigner sur leur emplacement, leurs horaires et leurs conditions aux mairies correspondantes ou à travers des associations d'émigrants.

3 Hébergement et Logement

3.1 Hébergement provisoire: hôtels et pensions

Le réseau hôtelier espagnol. Il existe trois types d'établissements fondamentaux: des hôtels (de 1 à 5 étoiles), ce qu'on appelle des «hostales» de moindre catégorie et des pensions. Les **hôtels** sont les plus chers mais aussi ceux qui offrent les meilleurs services; il faut généralement réserver à l'avance. Les **hostales** sont de catégorie inférieure et en règle générale, il est posible d'y trouver des chambres sans réserver. Mais le logement le plus économique est sans aucun doute **la pension**. Les services y sont de moindre qualité (on y trouve rarement une salle de bains dans les chambres) et il faut parfois payer à l'avance, mais beaucoup d'entre elles offrent des petits-déjeuners et des repas à un prix assez raisonnable. **!**

Mots dont tu peux avoir besoin

«petit hôtel»	**hostal**	*ostᴀ́l*
bagages	**equipaje**	*ekipᴀje*
chambre (simple / double)	**habitación (simple / doble)**	*abitaçionn (simmple / dóble)*
clé	**llave**	*yᴀ́be*
demi-pension	**media pensión**	*mɛ́dia pennsiónn*
dîner	**cena**	*çɛ́na*
douche / baignoire	**ducha / bañera**	*ducha / bagnɛ́ra*
hôtel	**hotel**	*otɛ́l*
lavabo	**lavabo**	*labᴀbo*
lit	**cama**	*kᴀ́ma*
lit supplémentaire	**cama supletoria**	*kᴀ́ma supletória*
pension	**pensión**	*pennsiónn*
pension complète	**pensión completa**	*pennsiónn kommplɛ́ta*
petit-déjeuner	**desayuno**	*desayúno*
prix par chambre	**precio por habitación**	*prɛ́çio por abitaçiónn*
réceptionniste	**recepcionista**	*reçepçionista*
reçu / facture	**recibo / factura**	*reçibo / faktúra*
repas	**comida**	*komida*
salle de bains	**cuarto de baño**	*kuᴀ́rto de bᴀgno*

! Une fois que vous aurez obtenu une chambre dans un établissement hôtelier quelconque, vous devrez remplir une fiche comportant vos données personnelles. Dans la partie *Ce que tu peux voir*, nous te présentons toutes les données généralement sollicitées sur cette fiche.

téléphone	**teléfono**	*telɛfono*
toilettes	**servicios**	*serbiçios*

Ce que tu peux dire

Je cherche un logement pour cette nuit	**Busco alojamiento para esta noche** *Búsko alojamiɛnnto para ɛsta nɔtche*
Y a-t-il un endroit bon marché pour dormir près d'ici?	**¿Hay un lugar barato para dormir cerca de aquí?** *¿Ay unn lügar barᴀto pᴀ́ra dormir çɛrka de akí?*
Comment peut-on aller jusque là?	**¿Cómo se puede llegar allí?** *¿Kômo se puɛde yegᴀ́r ayí?*
Avez-vous des chambres libres?	**¿Tiene habitaciones libres?** *¿Tiɛne abitaçiones libres?*
J'ai réservé une chambre au nom de ...	**Tengo una habitación reservada a nombre de ...** *Tɛ́nngo una abitaçiònn reserbᴀ́da a nòmmbre de ...*
Je peux réserver une chambre pour samedi?	**¿Puedo reservar una habitación para el sábado?** *¿Puɛ́do reserbᴀ́r una abitaçiònn pᴀ́ra el sᴀ́bado?*
Avez-vous une chambre pour 3 personnes?	**¿Tiene una habitación para 3 personas?** *¿Tiɛne una abitaçiònn pᴀ́ra tres persónas?*
Combien coûte la chambre par nuit?	**¿Cuánto cuesta la habitación por noche?** *¿Kuᴀ́nnto kuɛsta la abitaçiònn por nôtche?*
Elle est trop chère, vous en avez une autre moins chère?	**Es demasiado cara, ¿tiene otra más barata?** *Ɛs demasiᴀdo kᴀ́ra, ¿tiɛ́ne ótra mas barᴀta?*
Est-ce que je dois laisser un acompte?	**¿Tengo que dejar una señal?** *¿TƐ́nngo ke dejᴀr una segnᴀl?*
Est-ce que mon petit garçon paie aussi?	**¿Mi hijo pequeño tiene que pagar?** *¿Mi ijo tiɛ́ne ke pagᴀ́r?*
Je voudrais une chambre individuelle / double / à trois lits	**Quería una habitación individual / doble / con tres camas** *Kería úna abitaçiònn ínndibiduᴀ́l / doble / konn tres kᴀ́mas*

3 Hébergement et Logement

Je voudrais une chambre avec salle de bains	**Quería una habitación con cuarto de baño** *Kería una abitaçiònn konn kuArto de bÁgno*
Je voudrais une chambre pour 2 nuits	**Quería una habitación para 2 noches** *Kería úna abitaçiónn pÁra dos nòtches*
Je ne sais pas combien de temps je vais rester	**No sé cuanto tiempo me voy a quedar** *No se kuÁnnto tiémmpo me boy a kedÁr*
Le petit-déjeuner est-il compris dans le prix?	**¿El desayuno está incluido en el precio?** *¿El desayúno estÁ innkluído en el préçio?*
Vous avez un service de déjeuners et de dîners également?	**¿Dan también comidas y cenas?** *¿Dan tammbiénn komídas i çénas?*
Combien coûte le petit-déjeuner / le déjeuner / le dîner?	**¿Cuánto cuesta el desayuno / la comida / la cena?** *¿KÁnnto kuésta el desayúno / la komída / la çéna?*
Les toilettes sont dans la chambre?	**¿El baño está en la habitación?** *¿El bÁgno estÁ en la abitaçiònn?*
Je peux voir la chambre?	**¿Puedo ver la habitación?** *¿Puédo ver la abitaçiónn?*
J'ai demandé une chambre à une personne / double / à trois lits	**Pedí una habitación sencilla / doble / con tres camas** *Pedí úna abitaçiònn sennçíya / dóble / konn tres kÁmas*
Avez-vous une chambre plus grande?	**¿Tiene una habitación más grande?** *¿tiéne una abitaçiónn mÁs grÁnnde?*
Il y a un autre hôtel / pension près d'ici?	**¿Hay otro hotel / hostal / pensión cerca de aquí?** *¿Ay ótro otél / ostÁl / pennsiónn çérka de akí?*
Oui, nous la gardons / je la garde	**Sí, nos la quedamos / me la quedo** *Si, nos la kedÁmos / me la kédo*
Elle ne me plaît pas beaucoup, c'est possible d'en changer?	**No me gusta mucho, ¿sería posible cambiarla?** *No me gústa mÚtcho, ¿sería posíble kammbiArla?*
Pourriez-vous m'appeler à 7 heures du matin?	**¿Podría llamarme a las 7 de la mañana?** *¿Podría yamArme a las siéte de la magnAna?*
L'hôtel / pension est ouvert(e) toute la nuit?	**¿El hotel / hostal / pensión está abierto toda la noche?** *¿El otél / ostÁl / pennsiònn esta abiérto/-a tóda la nòtche?*

Ce que tu peux entendre

Buenos días, ¿qué desea usted?	Bonjour, que désirez-vous?
¿Tienen una reserva?	Avez-vous une réservation?
No tenemos nada libre	Nous n'avons rien de libre
Lo siento, está lleno / completo	Je suis désolé, c'est plein / complet
No nos quedan habitaciones individuales / dobles	Il ne nous reste pas de chambres individuelles / doubles
Lo siento, pero no hay otra habitación disponible	Je regrette mais il n'y a pas d'autre chambre disponible
¿Cuántos días se va a quedar?	Combien de jours allez-vous rester?
¿Habitación individual o doble?	Chambre à une personne ou double?
¿Me deja su documentación / pasaporte?	Vous pouvez me laisser vos papiers / votre passeport?
Son 50 euros la noche para 2 personas	C'est 50 euros la nuit pour 2 personnes
Rellene esta ficha / formulario / impreso, por favor	Remplissez cette fiche / formulaire / imprimé, s'il vous plaît
Tenga, firme aquí, por favor	Tenez, signez ici, s'il vous plaît
Aquí tiene la llave de su habitación	Voici la clé de votre chambre
Su hijo pequeño puede tener una cama gratuita en el dormitorio	Votre petit garçon peut avoir un lit gratuit dans la chambre
Su habitación es la 124, en el primer piso	Votre chambre est la 124, au premier étage
Por aquí / por allí, por favor	Par ici / par là, s'il vous plaît
Hay que salir antes de las 12	Il faut partir avant midi
Hay que pagar por adelantado	Il faut payer à l'avance
Hay que pagar al contado	Il faut payer comptant

Ce que tu peux voir

Apellidos	Noms
Nombre	Prénom
Domicilio / dirección	Domicile / adresse
Calle / número	Rue / numéro
Ciudad / Población	Ville / localité
País	Pays
Nacionalidad	Nationalité
Fecha de nacimiento	Date de naissance
Lugar de nacimiento	Lieu de naissance
Número de pasaporte	Numéro de passeport
Fecha y firma	Date et signature

3 Hébergement et Logement

Séjour: imprévus et plaintes. Dans tous les établissements hôteliers, les clients trouveront à leur disposition des feuilles de réclamations où ils pourront exprimer brièvement le motif de leur plainte, en cas de manières incorrectes ou si les services offerts ne l'étaient pas dans de bonnes conditions.

Mots dont tu peux avoir besoin

air conditionné	**aire acondicionado**	*aire akonndiçionÁdo*
ampoule	**bombilla**	*bommbiya*
baignoire	**bañera**	*bagnέra*
bidet	**bidet**	*bidέ*
bruit	**ruido**	*ruído*
cassé / abîmé	**roto / estropeado**	*rόto / estropeÁdo*
chauffage	**calefacción**	*kalefakçiónn*
clé	**llave**	*yÁve*
couverture	**manta**	*mÁnnta*
cuvette / water	**retrete / váter / inodoro**	*retrέte / bÁter / inodóro*
douche	**ducha**	*dutcha*
drap(s)	**sábana(s)**	*sÁbana(s)*
eau froide / chaude	**agua fría / caliente**	*Água fría / kaliέnnte*
lampe	**lámpara**	*lÁmmpara*
lavabo	**lavabo**	*labÁbo*
lit	**cama**	*kÁma*
oreiller	**almohada**	*almoÁda*
porte	**puerta**	*puέrta*
prise électrique	**enchufe**	*enntchufe*
robinet	**grifo**	*grífo*
sale	**sucio**	*súcio*
savon	**jabón**	*jabónn*
serviette(s)	**toalla(s)**	*toÁya(s)*

Ce que tu peux dire

Auriez-vous une couverture supplémentaire, s'il vous plaît?	**¿Tendría una manta más, por favor?** *¿Tenndría una mÁnnta mas por fabór?*
Vous pouvez me donner un autre oreiller?	**¿Me puede dar otra almohada?** *¿Me puέde dar ótra almoÁda?*
Il n'y a pas d'eau chaude	**No hay agua caliente** *No ay Água kaliέnnte*
On ne peut pas dormir à cause du bruit	**No podemos dormir por el ruido** *No podέmos dormír por el ruido*

La chambre n'a pas été nettoyée	**No han limpiado la habitación** *No ann limmpiAdo la abitaçionn*
Le chauffage ne marche pas	**La calefacción no funciona** *La kalefakçionn no funnçiona*
Le lit fait beaucoup de bruit	**La cama hace mucho ruido** *La kAma Açe mutcho ruido*
J'ai perdu la clé	**He perdido la llave** *Ɛ perdido la yAbe*
Je ne peux pas ouvrir la porte de la chambre	**No puedo abrir la puerta de la habitación** *No puɛdo abrir la puɛrta de la abitaçiónn*
Les couvertures / draps sont sales	**Las mantas / sábanas están sucias** *Las mÁnntas / sÁbanas estÁnn súçias*
Il n'y a pas de serviettes / d'eau chaude / de couvertures / de savon	**No hay toallas / agua caliente / mantas / jabón** *No ay toAyas / Agua kaliɛnnte / mÁnntas / jabónn*
Le chauffage / la prise / l'air conditionné ne fonctionne pas	**La calefacción / el enchufe / el aire acondicionado no funciona** *La kalefakçionn / el enntchúfe / el aire akonndiçionAdo no funnçióna*
La fenêtre ne ferme pas bien	**La ventana no cierra bien** *La benntAna no çiɛrra bienn*
Le lavabo / la douche est bouché(e)	**El lavabo / la ducha está atascado** *El labAbo / la dútcha estA ataskAdo/-a*
Il n'y a pas de lumière	**No hay luz** *No ay luç*
Le robinet fuit	**El grifo gotea** *El grifo gotɛa*
J'ai vu des cafards / petites bêtes dans la chambre	**He visto cucarachas / bichos en la habitación** *Ɛ visto kukarAchas / bitchos en la abitaçionn*
Je voudrais changer de chambre	**Quisiera cambiar de habitación** *Kisiɛra kammbiAr de abitaçiónn*
Je voudrais parler avec le directeur	**Quisiera hablar con el director** *Kisiɛra ablAr konn el director*
Je veux le livre des réclamations	**Quiero el libro de reclamaciones** *Kiɛro el libro de reklamaçiónes*

3 Hébergement et Logement

Ce que tu peux entendre

¿A qué hora quiere que le despertemos?	À quelle heure doit-on vous réveiller?
¿Qué ocurre?	Que se passe-t-il?
¿Tiene algún problema?	Vous avez un problème?
¿Va todo bien?	Tout va bien?
¿Necesita algo?	Vous avez besoin de quelque chose?
Disculpe, no disponemos de otra habitación	Désolé, nous n'avons pas d'autre chambre
De acuerdo	D'accord
Puede desayunar desde las 8 hasta las 10:30	Vous pouvez prendre le petit-déjeuner de 8 h00 à 10h30
Ahora lo arreglamos	On s'en occupe tout de suite
Disculpen las molestias	Excusez-nous

Départ

Ce que tu peux dire

Nous partons / je pars demain matin	**Nos vamos / me voy mañana por la mañana** *Nos bÁmos / me boy magnÁna por la magnÁna*
Nous partons / je pars maintenant	**Nos vamos / me voy ahora** *Nos bÁmos / me boy aóra*
Vous pouvez nous donner la note?	**¿Podría darnos la cuenta?** *¿Podría dArnos la kuÉnnta?*
On voudrait rester une nuit de plus, c'est possible?	**QuisiÉramos quedarnos una noche más, ¿es posible?** *KisiÉramos kedÁrnos úna nótche mas, ¿es posible?*
À quelle heure faut-il laisser la chambre?	**¿A quÉ hora hay que dejar la habitación?** *¿A ke óra ay ke dejAr la abitaçiónn?*
Où pouvons-nous laisser les bagages jusqu'à notre départ?	**¿Dónde podemos dejar el equipaje hasta que nos vayamos?** *¿dónnde podÉmos dejÁr el ekipAje asta ke nos bayAmos?*
J'ai téléphoné 3 fois	**He llamado 3 veces por teléfono** *É yamÁdo tres bÉçes por telÉfono*

Pouvez-vous nous faire une facture?	**¿Nos puede hacer una factura?** *¿Nos puɛde açɛr una faktura?*
Je crois qu'il y a une erreur dans la note	**Creo que hay un error en la cuenta** *Krɛo ke ay un ɛrror en la kuɛnnta*
Vos pouvez nous donner un reçu plus détaillé?	**¿Puede darnos un recibo más detallado?** *¿Puɛde daʀnos un reçibo mas detayÁdo?*
Voici les clés	**Aquí están las llaves** *Aki estann las yÁbes*

Ce que tu peux entendre

Les vamos a hacer una factura	Nous allons vous faire une facture
Disculpen, nos hemos equivocado	Pardon, nous nous sommes trompés
Tienen que dejar la llave	Vous devez laisser la clé
Espero que haya disfrutado de su estancia	J'espère que vous avez apprécié votre séjour

3.2 Logement

Chercher un logement. Le logement en Espagne est cher par rapport à d'autres pays européens. Qu'ils soient en location ou propriétaires, le logement emporte une grande part des revenus des Espagnols. En outre, comme les Espagnols préfèrent acheter plutôt que louer, l'offre de logements en location est moindre que dans d'autres pays.

Pour trouver un appartement à louer, on peut recourir aux agences immobilières, aux journaux ou à travers Internet. Dans les petites annonces, on trouve généralement une section appelée «Vivienda» ou «Alquiler». Les offres de location sont souvent classées par prix (du plus petit au plus grand) puis sous-classées par quartiers ou zones.

Les petites annonces sont publiées tant par des particuliers que par des agences immobilières. C'est souvent meilleur marché de louer directement aux propriétaires (on distingue leurs annonces grâces aux mots «Particulier...» ou «Propriétaire...»), étant donné qu'il n'y a pas d'intermédiaires. Les agences immobilières, en revanche, facilitent assez la recherche de logement et les démarches de la location mais elles empochent une commission, ce qui renchérit le prix final.

Au moment de la location, on peut nous demander une caution ou un aval bancaire et il vaut mieux faire un contrat de bail afin d'éviter de futurs problèmes. C'est aussi plus pratique de faire une assurance-logement, même en location, pour couvrir les petites pannes ou les incendies. Ce type d'assurance n'est pas trop onéreux. !

Mots dont tu peux avoir besoin

[appartement] meublé	[piso] amueblado	[piso] amueblÁdo
[appartement] vide	[piso] vacío	[piso] baçío
agence immobilière	agencia inmobiliaria	ajɛ́nnçia inmobiliÁria
appartement	apartamento	apartamɛnnto
appartement	piso	piso
ascenseur	ascensor	asçennsór
caution	fianza	fiÁnnça
centre	centro	çɛ́nntro
chambre / pièces	habitación / habitaciones	abitaçiónn / abitaçiones
chauffage	calefacción	kalefakçiónn
contrat	contrato	konntrÁto
couloir	pasillo	pasiyo
cuisine	cocina	koçína
escalier	escalera	eskalɛ́ra
étage	planta	plÁnnta
fenêtre	ventana	benntÁna
gauche	izquierda	içkiɛ́rda
gaz butane	butano	butÁno
gaz naturel	gas natural	gas naturÁl
intérieur / extérieur	interior / exterior	innteriór / eksteriór
locataire	inquilino / arrendatario	innkilíno / arrenndatÁrio
louer / loyer	alquilar / alquiler	alkilÁr / alkilɛ́r
particulier	particular	partikulÁr
petites annonces	anuncios por palabras	anúnnçios por palÁbras

!

À la signature du bail, on peut te demander 1 ou 2 mois de **fianza** (l'équivalent de 1 ou 2 mois de loyer). Cette somme est retenue par la personne qui le loue au cas où il y aurait des dommages dans l'appartement ou si une mensualité n'était pas payée; elle est restituée lorsqu'on quitte le logement. En l'absence de feuille de paye on peut également te demander, à titre de garantie, un **aval bancario**, c'est-à-dire, une somme d'argent déposée sur un compte bancaire à laquelle on ne peut toucher pendant toute la durée de la location.

C'est généralement le propriétaire qui paie la **comunidad de vecinos**. Il faut toujours s'en informer avant de signer le contrat.

propriétaire	propietario / arrendador	*propietArio / arrenndadòr*
rénover	renovar	*renovÁr*
salle à manger	comedor	*komedòr*
salon	salón	*salònn*
salon salle à manger	salón comedor	*salònn komedòr*
studio	estudio	*estùdio*
syndicat de propriétaires	comunidad de vecinos	*komunidad de beçinos*
terrasse	terraza	*terrÁço*
toilettes	baño	*bAgno*

Ce que tu peux voir

A.a. (armario empotrado)	Placard
A.c. (aire acondicionado)	Air conditionné
Anticipo / xx meses de anticipo	Acompte (avance) / xx mois d'acompte
Apartamento	Appartement
Ascensor	Ascenseur
Aseo	Toilettes
Ático	Dernier étage
Av./avda. (avenida)	Avenue
B^{o} (barrio)	Quartier
Balcón / balcones	Balcon / balcons
Baño(s) completo(s)	Salle de bains complète
C/ (calle)	Rue
Caldera gas	Chaudière à gaz
C.i./ Calef. Indiv. (calefacción individual)	Chauffage individuel
C.c. (calefacción central)	Chauffage central
Céntrico	Dans le centre
Coc. (cocina)	Cuisine
Cocina amueblada	Cuisine aménagée
Comunicado	Desservi
Contrato	Contrat
Ctra. (carretera)	Route
Dcha. (derecho/-a)	Droit / e
Dorm. (dormitorio)	Chambre à coucher
Edif. (edificio)	Bâtiment
En perfecto estado	En parfait état
Estudio	Studio
Ext. (exterior)	Extérieur
Fianza	Caution
Garaje	Garage

3 Hébergement et Logement

G.n. (gas natural)	Gaz naturel
Gta. (glorieta)	Rond-point
Hab. (habitación)	Chambre (pièce)
Horno	Four
Inmobiliaria	Agence immobilière
Int. (interior)	Intérieur
Izq. (izquierda)	Gauche
Junto a metro	Près du métro
Jardín	Jardin
Lavadora	Machine à laver
Luminoso	Lumineux
Llamar a partir de las xx horas	Appeler à partir de xx heures
m^2	Mètre carré
Nevera	Réfrigérateur
Nueva construcción	Construction nouvelle
Nuevo	nouveau
Orientación norte / sur / este / oeste	Orientation nord / sud / est / ouest
Parqué / parquet	Parquet
Patio	Cour
Piso / planta	Etage
Planta baja	Rez-de-chaussée
Plza. (plaza)	Place
Puerta blindada	Porte blindée
Rda. (ronda)	Boulevard périphérique
Ref. (referencia)	Référence
Renovado / reformado	Rénové, retapé
S/n (sin número)	Sans numéro
Salón / salón-comedor	Salon / salon-salle à manger
Se alquila piso	Appartement à louer
Secadora	Sèche-linge
Seminuevo	Rénové
Tel. (teléfono)	Téléphone
Tendedero	Etendoir, séchoir
Terraza	Terrasse
Terraza acristalada	Véranda
Trastero	Débarras
Trv. (travesía)	Passage
Urb. (urbanización)	Urbanisation
Ventanas climalit	Double-vitrage
Vitrocerámica	Vitrocéramique
Zona	Zone
Zona ajardinada	Zone aménagée en espaces verts

Ce que tu peux dire

Vous louez un appartement?	**¿Alquilan un piso?** *¿Alkilonn un piso?*
J'appelle pour l'annonce concernant l'appartement	**Llamaba por el anuncio del piso** *YamAba por el anunnçio del piso*
Je cherche un appartement à louer	**Estoy interesado en alquilar el piso** *Estoy interesAdo en alkilAr el piso*
C'est vous le/la propriétaire?	**¿Es usted el propietario,-a?** *¿Es ustɛ el propietArio?*
Combien de mètres fait-il?	**¿Cuántos metros tiene?** *¿KuAnntos mɛtros tiɛne?*
Il y a combien de chambres?	**¿Cuántas habitaciones tiene?** *¿KuÁnntas abitaçiÓnes tiɛne?*
C'est combien par mois?	**¿Cuánto cuesta al mes?** *¿KuAnnto kuɛsta al mes?*
La «comunidad» est comprise?	**¿Está incluida la comunidad de vecinos?** *¿EstA innkluida la komunidAd de beçinos?*
Il faut laisser une caution?	**¿Hay que dejar fianza?** *¿Ay ke dejAr fiAnnça?*
Combien de mois de caution?	**¿Cuántos meses de fianza?** *¿KuAnntos meses de fiAnnça?*
Est-il bien desservi?	**¿Está bien comunicado?** *¿EstA bien komunikAdo?*
C'est près du métro / de la gare?	**¿Está cerca del metro / de la estación?** *¿EstA çɛrka de la estaçionn?*
C'est meublé / vide?	**¿Está amueblado / vacío?** *¿EstA amueblAdo / baçio?*
Est-ce qu'il y a une machine à laver et un frigo?	**¿Tiene lavadora y frigorífico / nevera?** *¿Tiɛne labadóra i frigorifiko?*
C'est du chauffage central ou individuel?	**¿Tiene calefacción central / individual?** *¿Tiɛne kalefakçionn çenntrAl / inndibiduAl?*
C'est du gaz naturel?	**¿Tiene gas natural?** *¿Tiɛne gas naturAl?*
C'est à quel étage?	**¿Qué planta / piso es?** *¿Ke plAnnta / piso es?*
C'est intérieur ou extérieur?	**¿Es interior o exterior?** *¿Es innteriÓr o eksterior?*
Il y a un ascenseur?	**¿Tiene ascensor?** *¿Tiɛne asçennsor?*
Quand pouvons-nous le voir?	**¿Cuándo podemos verlo?** *¿KuAnndo podɛmos bɛrlo?*

C'est le propriétaire qui paie la «comunidad», n'est-ce pas?	**¿La cuota de Comunidad de Vecinos corre por cuenta del propietario, verdad?** *¿La kuôta de komunidád de beçínos kôrre por kuénnta del propietário, berdád?*
Quand pourrions-nous signer le contrat?	**¿Cuándo podríamos firmar el contrato?** *¿Kuánndo podríamos firmár el konntráto?*

Ce que tu peux entendre

Sí, está en alquiler	Oui, il est à louer
Está alquilado ya	Il est déjà loué
Son xx meses de fianza	C'est XX mois de caution
Pedimos aval bancario	Nous demandons un aval bancaire
Pedimos contrato de trabajo y nóminas	Nous demandons un contrat de travail et des feuilles de paye
Podemos verlo cuando usted quiera	On peut le voir quand vous voudrez
Sólo por las tardes / mañanas	Seulement l'après-midi / le matin
Quedamos a las 8 para verlo	On se retrouve à 8 h 00 pour le voir

Achats

Pour faire des achats en Espagne, il y a une grande variété d'établissements: des magasins de quartier, des marchés, des supermarchés, des boutiques, des grandes surfaces, des centres commerciaux. La majorité des magasins, les marchés et certains supermarchés ferment de 14h00 à 17h00. Seules, les grandes surfaces ouvrent de 10h00 à 22h00, du lundi au samedi et parfois même les jours fériés. Dans les supermarchés et les grandes surfaces, on peut se servir soi-même et on paie aux caisses qui se trouvent à la sortie. !

! **Conserve toujours ton ticket de caisse!**
Si tu veux changer un produit ou un article car tu doutes de son état ou de sa qualité, on va te demander le ticket de caisse ou une facture. S'il s'agit d'un vêtement, il ne faut surtout pas enlever les étiquettes.

4 Achats

4.1 Où acheter

Faire des courses. Si tu habites dans une ville, tu auras le choix. Tu pourras faire tes courses dans des magasins de quartier, des supermarchés ou des grandes surfaces (celles-ci se trouvent normalement en banlieue). Pour savoir où acheter tel ou tel produit et connaître les avantages de certains établissements, nous te présentons, de manière générique, les principaux commerces, ci-dessous:

- **Magasins.** En Espagne, tu peux trouver des petits magasins de quartier, en général spécialisés, qui vendent un type concret de produits. Ce sont des commerces familiaux dans lesquels l'attention au public est directe. Par exemple, dans une *droguería* (une droguerie), tu trouveras des produits d'entretien, dans les *estancos* (bureaux de tabac) du tabac, des cigarettes, des timbres, des enveloppes et dans une *mercería* (mercerie) des aiguilles, du fil, de la laine et même des sous-vêtements.

En ce qui concerne l'alimentation, chaque commerce a sa spécialité: dans une *charcutería* (charcuterie), on t'offrira tout type de charcuteries et de fromages; dans une *casquería* (triperie) des viscères de porc, de vache ou de mouton, dans *una tienda de variantes* (magasin spécialisé en condiments variés) des fruits secs, des légumes au vinaigre, des pickles et des friandises.

- **Marchés couverts.** Le marché couvert est une concentration d'établissements d'alimentation de base. Chacun de ces établissements porte le nom de *puesto* (étal). Ces marchés sont ouverts du lundi au vendredi et le samedi matin. Il existe un horaire d'été et un horaire d'hiver et les marchés ferment à l'heure du repas. Certains sont aussi munis d'un parking gratuit pour une heure de stationnement, sous présentation des tickets de caisse.
- **Marchés en plein air.** Dans les petites villes, les villages ou même dans certains quartiers des grandes villes, on fixe un jour par semaine (habituellement le samedi ou le dimanche) pour installer un marché en plein air. La mairie autorise les vendeurs ambulants à vendre tout type de produits. On y trouve de tout: des produits alimentaires aux vêtements, à un prix normalement plus avantageux que dans les commerces traditionnels. Ceci dit, tous les produits doivent avoir un prix établi affiché. Certaines personnes prennent plaisir à marchander surtout, si elles achètent de grandes quantités ou plus d'un produit.
- **Supermarchés, hypermarchés, grandes surfaces, centres commerciaux.** D'une manière générale, dans ces établissements, on peut acheter des produits alimentaires, des produits d'entretien, de toilette personnelle, des vêtements, de la lingerie, des articles de papeterie, etc. L'horaire est flexible et varie en fonction des établissements: certains ferment à l'heure du repas, de 14h00 à 17h00 (certains supermarchés, en l'occurrence) et

d'autres ont un horaire continu de 10h00 à 22h00 (la majorité des hypermarchés et des grandes surfaces).

Dans un supermarché, il y a des *secciones* (rayons) et non pas des *puestos* (étals). C'est un self-service: on prend les produits qu'on veut, on les met dans un panier ou dans un charriot (caddy) et on les paie à la caisse de sortie. Au rayon des fruits et légumes, pour des raisons d'hygiène, il faut mettre des gants plastique pour se servir. On met les produits dans une poche et on les pèse soi-même. Ceci dit, il existe encore dans certains supermarchés, des étals de boucherie, de charcuterie, de poissonnerie, de volailles, de boulangerie et de fruits et légumes où on te servira.

Tous ces établissements ont leur marque propre qu'on appelle **marques blanches**, celles-ci sont normalement meilleur marché. !

Mots dont tu peux avoir besoin

bijouterie	**joyería**	*joyeria*
blanchisserie	**lavandería**	*labannderia*
boucherie	**carnicería**	*karniçeria*
boulangerie	**panadería**	*panaderia*
boutique de vêtements	**tienda de ropa**	*tiɛ́nnda de ropa*
bureau de tabac	**estanco**	*estᴀ́nnko*
centre commercial	**centro comercial**	*çɛ́nntro komerçiᴀl*
charcuterie	**charcutería**	*tchakuteria*
confiserie	**confitería**	*konnfiteria*
crèmerie	**lechería / productos lácteos**	*letcheria*
droguerie	**droguería**	*drogeria*
grand magasin	**gran almacén**	*grᴀnn almaçɛ́nn*
hypermarché	**hipermercado**	*ipermerkᴀdo*
marchand de fruits et légumes	**frutería**	*fruteria*
marchand de journaux	**kiosco**	*kiosko*
marchand de volailles	**pollería**	*poyeria*

! **Changements et remboursements.** La majorité des commerces acceptent de changer un produit défectueux ou qui ne satisfait pas le client pour une raison justifiable. Quant aux remboursements, seuls les hypermarchés et les grandes surfaces rendent l'argent si le client ne veut plus du produit acheté. Dans certains petits commerces, au lieu de rembourser, on donne au client un bon d'achat, de la même valeur que l'article, utilisable dans le commerce durant une durée déterminée qui figurera sur ce bon. Pour tout changement ou remboursement, le ticket de caisse sera exigé.

marché [couvert]	**mercado**	*merkÁdo*
marché [en plein air]	**mercadillo**	*merkadiyo*
papeterie	**papelería**	*papelería*
pâtisserie	**pastelería**	*pastelería*
poissonnerie	**pescadería**	*peskadería*
supermarché	**supermercado**	*supermerkÁdo*
teinturier	**tintorería**	*tinntorería*
triperie	**casquería**	*kaskería*

4.2 Produits alimentaires

Chacun son tour. Actuellement, la plupart des supermarchés et des hypermarchés sont munis d'un appareil électronique qui distribue des numéros d'ordre d'arrivée au rayon ou à l'étal. Ceci dit, dans les magasins de quartier, dans les marchés et à certains rayons alimentaires des supermarchés et des hypermarchés, il faut encore «*pedir la vez*» [demander son tour], c'est-à-dire demander l'ordre dans lequel les clients seront servis. On pose des questions comme «*¿Quién es el último?*» ou «*¿Quién da la vez?*» [Vous êtes le dernier / la dernière?] pour savoir qui passera avant nous. On se doit donc de «*dar la vez*» [dire qu'on est le dernier] au client qui se mettra à demander son tour. Les Espagnols/-es sont très tatillons/-es à ce propos et il n'est pas bien vu de ne pas suivre ce rituel social: il faut être très attentif, demander son tour et le céder aussitôt.

Ce que tu peux dire

Qui cède son tour?	**¿Quién da la vez?** *¿Kiénn da la beç?*
Qui est le dernier / la dernière?	**¿Quién es el último / la última?** *¿Kiénn es el último / la última?*
Le dernier / la dernière, s'il vous plaît?	**¿El último / la última?, por favor** *¿El último / la última?, pór fabór*
Excusez-moi, vous êtes le dernier / la dernière?	**Disculpe / perdone, ¿es usted el último/-a?** *Discúlpe / perdóne, ¿es ustéd el último/la última?*
C'est moi, c'est nous	**Yo, nosotros/-as** *Yo, nosótros/-as*
Moi-même	**[Un] servidor / [una] servidora** *Unn serbidór / úna serbidóra*

C'est ce monsieur / cette dame	**Este señor / esta señora** *ɛste segnor / ɛsta segnora*
Est-ce qu'il y a un distributeur de numéros?	**¿Hay número?** *¿Ai numero?*
Où est le distributeur de numéros?	**¿Dónde se coge el número?** *¿Dónnde se kòje el numero?*

Présentation des produits alimentaires

Mots dont tu peux avoir besoin

500 grammes	**medio kilo, ½ kg**	*mɛ́dio kilo*
boîte	**lata**	*lAta*
bouteille	**botella**	*botɛ́ya*
caisse	**caja**	*kÁja*
carton	**cartón**	*kartònn*
demi litre, ½ l	**medio litro, ½ l**	*mɛ́dio litro*
demi-douzaine	**media docena**	*mɛ́dia doçɛna*
douzaine	**docena**	*doçɛ́na*
emballage	**envase**	*ennbAse*
(sel) épais, gros	(sal) **gruesa / gorda**	*(sal) gruɛ́sa / gòrda*
(sel) fin / de table	(sal) **fina / de mesa**	*(sal) fina / de mɛ́sa*
gramme	**gramo**	*grAmo*
grand,-e	**grande**	*grÁnnde*
morceau	**trozo**	*tròço*
paquet	**paquete**	*pakɛte*
poids brut	**peso bruto**	*pɛ́so brùto*
poids net	**peso neto**	*pɛ́so nɛ́to*
pot	**tarro**	*tArro*
quart de kilo, ¼ kg	**cuarto de kilo, ¼ kg**	*kuÁrto de kilo*
quart de litre, ¼ l	**cuarto de litro, ¼ l**	*kuÁrto de litro*
rondelle	**rodaja**	*rodÁja*
sac, poche	**bolsa**	*bolsa*
terrine	**tarrina**	*tarrina*
tonne, t.	**tonelada, t.**	*tonelAda*
tranche	**loncha**	*lonntcha*
trois quarts de kilo ¾ kg	**tres cuartos de kilo, ¾ kg**	*trɛ́s kuArtos de kilo*
un kilo	**un kilo, 1 kg**	*unn kilo*
un litre	**un litro, 1 l**	*unn litro*

4 Achats

Acheter des aliments

Mots dont tu peux avoir besoin

Fruits et légumes		
abricot	**albaricoque**	*albarikóke*
ail	**ajo**	*Ájo*
ananas	**piña**	*pígna*
artichaut	**alcachofa**	*alkatchófa*
asperge	**espárrago**	*espÁrrago*
aubergine	**berenjena**	*berennjέna*
avocat	**aguacate**	*aguakÁte*
banane	**plátano**	*plÁtano*
bette	**acelga**	*açέlga*
betterave	**remolacha**	*remolÁtcha*
brocoli	**brécol**	*brέkol*
carotte	**zanahoria**	*çanaória*
céleri	**apio**	*Ápio*
cerise	**cereza**	*çerέça*
champignon	**seta / champiñón**	*sέta / tchmmpignónn*
champigon	**champiñón**	*tchammpignónn*
chou	**col / repollo / berza**	*kól / repoyo / bέrça*
chou de bruxelles	**coles de bruselas**	*kóles de brusέlas*
chou-fleur	**coliflor**	*koliflor*
citron	**limón**	*limónn*
coing	**membrillo**	*memmbriyo*
concombre	**pepino**	*pepíno*
coriandre	**cilantro**	*çilÁnntro*
courge, potiron	**calabaza**	*kalabÁça*
courgette	**calabacín**	*kalabaçínn*
cresson	**berro**	*bέrro*
datte	**dátil**	*dÁtil*
endive	**endivia**	*enndíbia*
épinard	**espinaca**	*espinÁka*
figue	**higo**	*ígo*
fraise(s)	**fresa(s)**	*frέsa(s)*
grenade	**granada**	*granÁda*
haricots verts	**judías verdes**	*judías bέrdes*
kaki	**caqui**	*kÁki*
kiwi	**kiwi**	*kiwi*
laitue	**lechuga**	*letchúga*

maïs	**maíz**	*maiç*
mandarine	**mandarina**	*manndarina*
mangue	**mango**	*mánngo*
manioc	**yuca / mandioca**	*yúka / manndióka*
melon	**melón**	*melónn*
menthe	**menta, hierbabuena**	*mɛ́nnta, yerbábuena*
navet	**nabo**	*nábo*
nèfle	**níspero**	*níspero*
orange	**naranja**	*naránnja*
pamplemousse	**pomelo**	*pomɛlo*
papaye	**papaya**	*papáya*
pastèque	**sandía**	*sanndía*
pêche	**melocotón**	*melokotónn*
poire	**pera**	*pɛ́ra*
poireau	**puerro**	*puɛ́rro*
poivron rouge / vert	**pimiento rojo / verde**	*pimiɛ́nnto rójo / bɛ́rde*
pomme	**manzana**	*mannçána*
pomme de terre	**patata**	*patáta*
radis	**rábano**	*rábano*
raisin	**uva**	*úba*
soja	**soja**	*sója*
tomate	**tomate**	*tomáte*
Poissons et fruits de mer		
agneau de lait	**cordero lechal**	*kordɛro letchál*
agneau sevré	**cordero recental**	*kordɛ́ro reçenntál*
anchois / anchois frais	**anchoa / boquerón**	*anntchoa / bokerónn*
boeuf	**buey**	*buɛ́i*
Boucherie		
calamar	**calamar**	*kalamár*
colin	**pescadilla**	*peskadíya*
côte	**chuletón**	*tchuletónn*
côte	**costillas**	*kostíyas*
côtelette	**chuleta**	*tchulɛ́ta*
crabe / écrevisse	**cangrejo de mar / de río**	*kanngrɛ́jo de már / de río*
crevette	**gamba**	*gámmba*
daurade	**dorada**	*doráda*
entrecôte	**entrecot**	*enntrekót*
épaule	**paletilla**	*paletíya*
escargots	**caracoles**	*karakóles*
espadon	**emperador / pez espada**	*emmperádor / pɛç espáda*
filet	**filete**	*filɛte*

flanchet	**falda**	*fᴀ́lda*
gigot	**pierna**	*piɛrna*
grosse crevette	**langostino**	*lanngostino*
jarret	**morcillo**	*morçiyo*
limande	**gallo**	*gᴀ́yo*
lotte	**rape**	*rᴀ́pe*
loup de mer, bar	**lubina**	*lubína*
maquereau	**caballa**	*kabᴀya*
mérou	**mero**	*mɛ́ro*
morue	**bacalao**	*bakᴀlao*
moule	**mejillón**	*mejiyónn*
os	**hueso**	*uɛ́so*
palourde	**almeja**	*almɛ́ja*
porc	**cerdo**	*çɛ́rdo*
poulpe	**pulpo**	*púlpo*
sardine	**sardina**	*sardína*
saumon	**salmón**	*salmónn*
sèche	**sepia**	*sɛ́pia*
sole	**lenguado**	*lennguᴀ́do*
thon	**atún**	*atúnn*
thon blanc	**bonito**	*bonito*
tournedos	**solomillo**	*solomíyo*
truite	**trucha**	*trútcha*
turbot	**rodaballo**	*rodabᴀ́yo*
vache	**vaca**	*bᴀ́ka*
veau	**ternera**	*ternɛ́ra*
viande hachée	**carne picada**	*kᴀ́rne pikᴀ́da*
Triperie		
abats	**asadura**	*asadúra*
cervelle	**sesos**	*sɛ́sos*
coeur	**corazón**	*korazónn*
entrailles	**entresijos**	*entresíjos*
foie	**hígado**	*ígado*
joue	**carrillada**	*karriyᴀ́da*
langue	**lengua**	*lɛ́nngua*
museau	**morro**	*mórro*
oreille	**oreja**	*orɛ́ja*
pieds	**manitas**	*manítas*
poumon	**pulmón**	*pulmónn*
ris	**criadillas**	*criadiyas*
rognon	**riñones**	*rignónes*

tête	**cabeza**	*kabɛça*
tripes, gras double	**callos**	*kAyos*
Volailles		
ailes de poulet	**alas de pollo**	*Álas de pɔ́yo*
blanc	**pechuga**	*pechúga*
blanc de poulet / dinde	**filetes de pollo / pavo**	*filɛ́tes de pɔ́yo*
caille	**codorniz**	*kodorníç*
cuisse	**muslo**	*múslo*
dinde	**pavo**	*pÁbo*
foies	**higaditos**	*igadítos*
gésiers	**mollejas**	*moyɛ́jas*
hamburger de poulet	**hamburguesa de pollo**	*ammburgɛ́sa de pɔ́yo*
lapin	**conejo**	*konɛ́jo*
oeufs	**huevos**	*uɛ́bos*
perdrix / perdreau	**perdiz**	*perdíç*
pigeon	**pichón**	*pitchɔ́nn*
poule	**gallina**	*gayína*
poulet	**pollo**	*pɔ́yo*
saucisse de poulet	**salchichas de pollo**	*saltchítchas de pɔ́yo*
Charcuterie		
caillebotte, fromage blanc	**requesón**	*rekesɔ́nn*
charcuterie de dinde	**fiambre de pavo**	*fiÁmmbre de pÁbo*
charcuterie de poulet	**fiambre de pollo**	*fiÁmmbre de pɔ́yo*
chorizo	**chorizo**	*tchoríço*
fromage de brebis	**queso de oveja**	*kɛ́so de obɛ́ja*
fromage de chèvre	**queso de cabra**	*kɛ́so de kÁbra*
fromage de vache et brebis	**queso de vaca y oveja**	*kɛ́so de bÁka i obɛ́ja*
fromage en portions	**quesitos**	*kesítos*
fromage fait / sec / vieux	**queso curado**	*kɛ́so kurÁdo*
fromage frais salé	**queso fresco con sal**	*kɛ́so frɛ́sko konn sÁl*
fromage frais sans sel	**queso fresco sin sal**	*kɛ́so frɛ́sko sinn sÁl*
fromage jeune	**queso tierno**	*kɛ́so tiɛ́rno*
jambon	**jamón**	*jamɔ́nn*
jambon cuit	**jamón york**	*jamɔ́nn iɔ́rk*
mortadelle	**mortadela**	*mortadɛ́la*
paté	**paté**	*patɛ́*
pâte de coing	**dulce de membrillo**	*dulçe de memmbríyo*
saucisson	**salchichón**	*saltchitchɔ́nn*
tarte au fromage	**tarta de queso**	*tArta de kɛ́so*
tielle à la viande	**empanada de carne**	*emmpanÁda de kÁrne*
tielle au thon	**empanada de bonito**	*emmpanÁda de bonito*

Achats

Épicerie		
biscuits	**galletas**	*gayɛtas*
boisson	**bebida**	*bebída*
boissons rafraîchissantes	**refrescos**	*refrɛskos*
café	**café**	*kafɛ́*
camomille	**manzanilla**	*mannçaníya*
canelonis	**canelones**	*kanelónes*
chantilly	**nata**	*náta*
chapelure	**pan rallado**	*pánn rayádo*
chocolat	**chocolate**	*tchokoláte*
conserves (boîte, pot de...)	**conservas (lata, bote de...)**	*konnsɛrbas (láta, bóte de ...)*
cube de bouillon	**pastillas de caldo**	*pastíyas de káldo*
eau	**agua**	*água*
farine	**harina**	*arína*
gâteau	**bizcochos**	*biçkótcho*
gingembre	**jengibre**	*jennjíbre*
haricots blancs / rouges	**judías blancas / pintas**	*judías blánnkas / pínntas*
haricots secs	**alubias**	*alúbias*
huile	**aceite**	*açɛ́ite*
infusions	**infusiones**	*innfusiónes*
jus	**zumo**	*çúmo*
lait	**leche**	*lɛ́tche*
lasagne	**lasaña**	*laságna*
légumes secs	**legumbres**	*legúmmbres*
lentilles	**lentejas**	*lenntɛ́jas*
macaronis	**macarrones**	*makarrónes*
madeleines	**magdalenas**	*magdalɛnas*
mayonnaise	**mahonesa**	*maonɛ́sa*
menthe	**menta**	*mɛ́nnta*
milk shake	**batido**	*batído*
paprika	**pimentón**	*pimenntónn*
pois chiches	**garbanzos**	*garbánnços*
poivre	**pimienta**	*pimiɛ́nnta*
raviolis	**raviolis**	*rabiólis*
riz	**arroz**	*arróç*
sauce tomate frite / nature	**tomate frito / natural**	*tomáte fríto / natúral*
sel	**sal**	*sál*
semoule, couscous	**sémola, cuscús**	*sɛ́mola / kuskús*
spaghettis	**espaghettis**	*espagɛ́tis*
sucre	**azúcar**	*azúkar*

thé	**té**	*tɛ́*
tilleul	**tila**	*tila*
vermicelle	**fideos**	*fidɛ́os*
vinaigre	**vinagre**	*binÁgre*
yaourt	**yogur**	*yogúr*
Boulangerie et pâtisserie		
croissant	**cruasán**	*kruasAnn*
madeleines	**magdalenas**	*magdalɛ́nas*
pain	**pan**	*pÁnn*
pain au chocolat	**napolitana**	*napolitÁna*
pain au feu de bois	**pan de leña**	*pAnn de lɛ́gna*
pain complet	**pan integral**	*pÁnn inntegrÁl*
pain de mie	**pan de molde**	*pAnn de mólde*
pain grillé	**pan tostado**	*pÁnn tostAdo*
palmito au chocolat	**palmera de chocolate**	*palmɛ́ra de tchokolAte*
palmito au sucre	**palmera de azúcar**	*palméra de açúkar*
viennoiserie feuilletée en forme de spirale	**ensaimada**	*ennsaimÁda*
viennoiserie fourrée de confiture de pastèque	**tortel**	*tortɛl*
Congelés		
fruit de mer	**marisco**	*marísko*
glace	**helado**	*elÁdo*
légume	**verdura**	*berdura*
poisson	**pescado**	*peskÁdo*
Fruits secs et friandises		
amandes	**almendras**	*almɛnndras*
aubergines au vinaigre	**berenjenas**	*berennjɛ̀nas*
cacahouètes	**cacahuetes**	*kakauɛ́tes*
cacahouètes frites	**panchitos (cacahuetes fritos)**	*panntchítos (kakauɛ́tes frítos)*
chips	**patatas fritas**	*patAtas fritas*
cornichons au vinaigre	**pepinillos**	*pepiníyos*
graines de courge grillées et salées	**pipas de girasol**	*pipas de jirasól*
graines de tournesol grillées et salées	**pipas de calabaza**	*pipas de kalabAza*
noisettes	**avellanas**	*abeyÁnas*
noix	**nueces**	*nuɛ́çes*
noix de cajou	**anacardos**	*anakÁrdos*
olives	**aceitunas**	*açeitúnas*

petits oignons	**cebollitas**	*çeboyitas*
piments oiseau	**guindillas**	*ginndíyas*
pistaches	**pistachos**	*pistAtchos*

Ce que tu peux dire

À quelle heure ouvre / ferme le marché?	**¿A qué hora abre /cierra el mercado?** *¿A kɛ óra Ábre / çiɛ́rra el merkÁdo?*
Combien coûte le kilo?	**¿Cuánto cuesta el kilo?** *¿KuÁnnto kuɛ́sta el kílo?*
Combien coûte un litre de jus?	**¿Cuánto vale un litro de zumo?** *¿KuÁnnto bÁle unn lítro de çúmo?*
L'agneau est en promotion?	**¿Está en oferta el cordero?** *¿EstÁ enn ofɛ́rta el kordɛ́ro?*
Je voudrais un kilo de veau / un litre de lait	**¿Me da un kilo de carne de ternera / un litro de leche?** *¿Me da unn kílo de kÁrne de ternɛ́ra / unn lítro de lɛ́tche?*
Je voudrais deux colins	**Quiero 2 pescadillas** *Kiɛ́ro dós peskadíyas*
Vous pouvez me trancher ce morceau?	**¿Me puede cortar ese trozo en lonchas?** *¿Me puɛ́de cortÁr ɛ́se tróço enn lónntchas?*
Je voudrais deux tranches de thon blanc	**Quería 2 rodajas de bonito** *Kería dós rodÁjas de boníto*
Je voudrais 500 grammes de prunes	**Póngame medio kilo de ciruelas** *Pónngame mɛ́dio kílo de çiruɛ́las*
Je pourrais le goûter?	**¿Puedo probarlo?** *¿Puɛ́do probÁrlo?*
Je voudrais une douzaine d'oeufs	**Me da una docena de huevos** *Me da úna doçɛ́na de uɛ́bos*
Pas autant	**No necesito tanto** *No neçesíto tÁnnto*
Ça suffit	**Está bien así** *EstÁ bienn así*
Un petit peu plus, s'il vous plaît	**¿Me pone un poquito más?** *¿Me póne unn pokíto mÁs?*
Ça va	**Vale** *BÁle*

Non, c'est trop, mettez-en moins	**No, es mucho, póngame menos** *No, es mútcho, ponngame ménos*
Ça sera tout, merci	**Nada más, gracias** *Nada más, graçias*

Ce que tu peux entendre

¿Qué desea?	Vous désirez?
¿Qué le pongo?	Qu'est-ce que je vous donne?
¿Qué quiere?	Que voulez-vous?
¿Cuánto quiere?	Vous en voulez combien?
¿Está bien así?	Ça vous suffit?
Aquí tiene	Voilà
¿Así?	Comme ça?
¿Algo más? / ¿Qué mas? / ¿Desea algo más? / ¿No quiere nada más?	Autre chose? / Quoi d'autre? / Vous désirez autre chose?
¿No quiere unas uvas?	Vous ne voulez pas de raisin?
Los tomates están en oferta	Les tomates sont en promotion

Ce que tu peux voir

2x1	2 pour le prix d'un
Empujar	Pousser
Entrada	Entrée
Llévese 3 y pague 2	Prenez-en 3 pour le prix de 2
Oferta	Offre
Promoción	Promotion
Regalo	Cadeau
Salida	Sortie
Salida de emergencia	Sortie d'urgence
Tirar	Tirer

4.3 Vêtements, chaussures, accessoires

Les tailles

	Femmes	Hommes	Enfants
Vêtements	du 34 au 48	du 40 au 54	âge des enfants
Chaussures	du 34 au 39	du 39 au 45	du 18 au 26

4 Achats

Pour les vêtements féminins, on utilise aussi les désignations suivantes: XS (très petite), S (petite), M (moyenne) et L (grande); et pour les masculins, M (moyenne), L (grande) et XL (extra grande).

En Espagne, il y a deux saisons de soldes dans l'année, une au mois de janvier et l'autre, au mois de juillet. Les commerçants choisissent souvent les produits sur lesquels ils établissent des remises et les prix oscillent beaucoup d'un magasin à l'autre. Les articles vendus en période de soldes doivent porter le double étiquetage où figureront le prix original et le prix soldé.

Mots dont tu peux avoir besoin

à carreaux	**a cuadros**	*a kuAdros*
à motifs	**estampado**	*estammpAdo*
à rayures	**a rayas**	*a rAyas*
anorak	**anorak**	*anorAk*
blouson	**cazadora**	*kaçadóra*
bonnet	**gorro**	*górro*
cabine d'essayage	**probador**	*probadór*
caleçon	**calzoncillos**	*kalçonnçíyos*
ceinture	**cinturón**	*çinnturónn*
chapeau	**sombrero**	*sommbrɛ́ro*
chaussettes	**calcetines**	*kalçetínes*
chemise	**camisa**	*kamísa*
chemisier	**blusa**	*blúsa*
collants	**medias**	*mɛ́dias*
composition	**composición**	*kommposiçiónn*
coton	**algodón**	*algodónn*
couleur	**color**	*kolór*
cravate	**corbata**	*korbAta*
cultotes	**bragas**	*brÁgas*
dimension	**tamaño**	*tamÁgno*
écharpe	**bufanda**	*bufAnnda*
ensemble veste-pantalon	**traje pantalón**	*trAje panntalonn*
gants	**guantes**	*guÁnntes*
gilet	**chaleco**	*tchalɛ́ko*
grande taille / L	**grande / L**	*grAnnde / ɛle*
imperméable	**gabardina / impermeable**	*gabardina / immpermeAble*
jean	**pantalón vaquero**	*panntalónn bakɛ́ro*
jupe	**falda**	*fÁlda*
laine	**lana**	*lÁna*
lycra	**lycra**	*líkra*

maillot de bain	**traje de baño / bañador**	*traje de bágno / bagnadòr*
manteau	**abrigo**	*abrigo*
mouchoir, foulard	**pañuelo de bolsillo / pañuelo de cuello**	*pagnuɛlo de bolsiyo / pagnuɛlo de kuɛyo*
pantalon	**pantalón**	*panntalónn*
parapluie	**paraguas**	*parÁguas*
petite taille / S	**pequeña / S**	*pekɛgna / Ɛse*
poliester	**poliéster**	*poliɛster*
pull-over, tricot	**jersey**	*jersɛi*
pyjama	**pijama**	*pijÁma*
sac	**bolso**	*bòlso*
soutien-gorge	**sujetador, sostén**	*sujetadòr, sostɛ́nn*
taille	**talla**	*tÁya*
taille moyenne / M	**mediana / M**	*mediÁna / Ɛme*
tailleur	**traje chaqueta**	*trÁje tchakɛta*
t-shirt	**camiseta**	*kamisɛ́ta*
uni,-e	**liso**	*líso*
vendeur/-euse	**dependiente**	*dependiɛnnte*
vendeur/-euse	**vendedor/-a**	*vendedòr/-a*
veste	**chaqueta**	*tchakɛta*

Ce que tu peux dire

S'il vous plaît, vous pouvez me servir?	**Por favor, ¿me puede atender?** *Pòr fabòr, ¿me puɛde atenndɛr?*
Bonjour, je voudrais une chemise pour moi	**Buenos días, quería una camisa para mí** *Buɛnos días, kería úna kamisa pÁra mi*
Je voudrais un t-shirt en coton	**Quería una camiseta de algodón** *Kería úna Kamísa de algodònn*
Je cherche un pull en laine	**Estoy buscando un jersey de lana** *Estoi buskÁnndo unn jersɛi de lÁna*
Je voudrais un jean	**Quiero un pantalón vaquero** *Kiɛro un panntalonn bakɛro*
Vous avez des robes de ma taille	**¿Tiene vestidos de mi talla?** *¿Tiɛne bestídos de mi tÁya?*
Je peux essayer cette chemise?	**¿Me puedo probar esta camisa?** *¿Me puɛdo probÁr Ɛsta kamísa?*
Où se trouve la cabine d'essayage?	**¿Dónde están los probadores?** *¿Dònnde estÁnn los probadòres?*
Je voudrais une taille en plus / en moins	**Déme una talla más / menos** *¿Dɛme una tÁya mÁs / mɛnos?*

4 Achats

J'en voudrais un plus grand / petit	**Déme uno más grande / pequeño** *Déme úno más gránnde / pekégno*
Vous auriez cette jupe d'une couleur plus claire?	**¿Tiene esta falda en un color más claro?** *¿Tiéne ésta fálda enn unn kolór más kláro?*
Ça me va bien / mal	**Me queda bien / mal** *Me kéda bienn / mal*
C'est trop étroit / large	**Me queda estrecho / ancho** *Me kéda estrétcho / ánntcho*
Ça m'est trop grand / petit	**Me queda grande / pequeño** *Me kéda gránnde / pekégno*
C'est trop court / long	**Me queda corto / largo** *Me kéda kórto / lárgo*
C'est combien? / Combien ça coûte?	**¿Cuánto vale? / ¿Cuánto cuesta?** *¿Kuánto bále? / ¿Kuánto kuésta?*
C'est très cher	**Es muy caro** *És müi káro*
Je voudrais quelque chose de moins cher	**Lo quería más barato** *Lo kería más baráto*
On peut le laver à la machine?	**¿Se puede lavar en la lavadora?** *¿Se puéde lábar enn la labadóra?*
Je voudrais changer ça	**Quiero cambiar esto** *Kiéro kammbiár ésto*
Je n'ai pas le ticket de caisse	**No tengo el ticket de compra** *No ténngo el tíke de kómmpra*
Vous pouvez me rendre l'argent?	**¿Puede devolverme el dinero?** *¿Puéde debolbérme el dinéro?*
Vous pouvez me l'arranger?	**¿Me lo pueden arreglar?** *¿Me lo puédenn arreglár?*
Ça sera prêt quand?	**¿Para cuándo estará?** *¿Pára kuánndo estará?*

Ce que tu peux entendre

Buenas días / tardes, ¿qué desea?	Bonjour / bonsoir, que désirez-vous?
¿Qué talla usa?	Vous faites quelle taille?
¿Qué color le gustaría?	Quelle couleur aimeriez-vous?
Pruébese esto	Essayez ça
Los probadores están al fondo	Les cabines d'essayage sont au fond
¿Qué tal le queda?	Ça vous va?
Lo siento, no tenemos más tallas	Je regrette, je n'ai pas d'autres tailles
Hay que lavarlo a mano	Il faut le laver à la main

No se puede meter en la lavadora	On ne peut pas le laver à la machine
No devolvemos el dinero	Nous ne rendons pas l'argent
Tiene que llevarse otra cosa	Vous devez choisir autre chose
Lo hay en más colores	Il existe en d'autres couleurs

Ce que tu peux voir

Caja	Caisse
Liquidación	Liquidation
Oportunidades	Occasions
Probadores	Cabines d'essayage
Rebajas	Soldes
Ropa de caballero	Vêtements pour homme
Ropa de señoras	Vêtements pour femme
Ropa de niño	Vêtements enfants
Todo a 6 €	Tout à 6 €

Chaussures

Mots dont tu peux avoir besoin

avec des lacets	**con cordones**	*konn kordónes*
bottes	**botas**	*bótas*
bottines	**botines**	*botínes*
boucle	**hebilla**	*ebíya*
caoutchouc	**goma**	*góma*
chausse-pieds, corne à chaussures	**calzador**	*kalçadòr*
chaussures	**zapatos**	*çapAtos*
chaussures de sport	**zapatillas de deporte**	*çapAtiyas de deporte*
cirage	**betún, crema de zapatos**	*betunn, krēma de çapÁtos*

> **!** Tout le monde profite des soldes pour acheter des vêtements (ou autres) mais, attention, les organisations des consommateurs conseillent d'exiger le prix antérieur aux soldes pour connaître la valeur de la remise. Il vaut mieux comparer les prix, contrôler son élan de consommateur et prendre le temps de faire le bon choix. Quoi qu'il en soit, n'oublie pas de conserver le ticket de caisse au cas où tu voudrais changer le produit acheté.

4 Achats

cou-de-pied	**empeine**	*emmpεine*
couleur	**color**	*kolòr*
doublure	**forro**	*fòrro*
pantoufles, chaussons	**zapatillas** (para casa)	*çapᴀtiyas*
pointure	**número de pie**	*número de piε*
sandales	**sandalias**	*sanndÁlias*
sans talon	**sin tacón**	*sinn takònn*
semelle	**suela**	*suεla*
semelles interieures	**plantillas**	*planntíyas*
talon	**tacón**	*takònn*
tongues	**chanclas**	*tchÁnnklas*

Ce que tu peux dire

S'il vous plaît, vous pouvez me montrer les chaussures de la vitrine?	**Por favor, ¿me enseña los zapatos del escaparate?** *Por fabòr, ¿me ennsέgna los çapᴀtos del escaparÁte?*
Je voudrais des chaussures noires	**Quería unos zapatos negros** *Kería únos çapÁtos nεgros*
Vous auriez des sandales marron?	**¿Tienen unas sandalias marrones?** *¿Tiεnenn unas sanndᴀlias marrònes?*
Il me faudrait des bottes hautes	**Necesitaría unas botas altas** *Necesitaría únas Bòtas ᴀltas*
Vous avez des pantoufles / chaussons?	**¿Tienen zapatillas para casa?** *¿Tiέnenn çapÁtiyas pᴀra kÁsa?*
Je voudrais des chaussures confortables?	**Quisiera unos zapatos cómodos** *Kisiέra unos çapÁtos kòmodos*
Je voudrais des chaussures avec une semelle en cuir / en caoutchouc	**Quiero unos zapatos con suela de cuero / de goma** *Kiέro unos çapÁtos konn suεla de kuεro / de gòma*
Il me faudrait un 41	**Los necesito del número 41** *Los neçesito del número kuarέnnta i úno*
Avec / sans lacets	**Con / sin cordones** *Konn / sinn kordònes*
Sans talon / plates	**Sin tacón / planos** *Sinn takònn / plÁnos*
Je veux un talon haut	**Los quiero de tacón alto** *Los Kiεro de takònn Álto*

Ça me serre	**Me aprietan** *Me apriεtann*
Elles me sont trop grandes / petites	**Me quedan pequeños / grandes** *Me kεdann pekέgnos / grÁnndes*
Vous auriez une pointure de plus / de moins?	**¿Tendría un número más /menos?** *¿Tenndria unn númεro mÁs / mεnos?*
Vous auriez un autre modèle?	**¿Tiene otro modelo?** *¿Tiεne otro modεlo?*
Vous auriez ce modèle d'une autre couleur?	**¿Tiene este modelo en otro color?** *¿Tiέne έste modέlo enn otro kolor?*
Celles-ci me vont bien	**Estos me están bien** *εstos me estÁnn biεnn*

Ce que tu peux entendre

Buenas días / tardes, ¿qué deseaba?	Bonjour / bonsoir, que désirez-vous?
¿Qué número usa?	Vous faites quelle pointure?
¿Qué color le gustaría?	Vous les voulez de quelle couleur?
¿Cómo los quiere?	Vous les voulez comment?
Pruébese estos	Essayez celles-ci
¿Qué tal le quedan?	Elles vous vont bien?
Lo siento, no tenemos su número	Je regrette, nous n'avons pas votre pointure
Son de piel / cuero	Elles sont en cuir
Están forrados por dentro	Elles sont doublées
Tienen suela de goma / cuero	Elles ont une semelle en caoutchouc / cuir
Luego ceden	Elles se détendront

Ce que tu peux voir

Caja	Caisse
Liquidación	Liquidation
Oportunidades	Occasions
Rebajas	Soldes
Todo a 12 €	Tout à 12 €
Zapatos de caballero	Chaussures pour homme
Zapatos de señora	Chaussures pour femme
Zapatos de niño	Chaussures pour enfants

4 Achats

4.3 Articles maison

Meubles. En Espagne, les mesures standard des lits sont de 80 cm, 90 cm, 1,35 cm et de 1,50 cm.

Mots dont tu peux avoir besoin

armoire de cuisine	**armario de cocina**	*armÁrio de koçina*
canapé, divan	**sofá**	*sofÁ*
chaise	**silla**	*siya*
commode	**cómoda**	*kÓmoda*
fauteuil	**sillón**	*siyonn*
lampe	**lámpara**	*lÁmmpara*
lit	**cama**	*kAma*
lits superposés	**litera**	*litÉra*
matelas	**colchón**	*koltchÔnn*
pouf	**puf**	*puf*
sommier	**somier**	*somiÉr*
table	**mesa**	*mÉsa*
table de cuisine	**mesa de cocina**	*mÉsa de koçina*
table de nuit	**mesilla de noche**	*mesÍya de nÔtche*
tabouret	**taburete**	*taburÉte*
vestiaire	**armario ropero**	*armÁrio ropÉro*

Ce que tu peux dire

Je voudrais voir une armoire à deux portes pour la chambre	**Quisiera ver un armario de dos puertas para el dormitorio** *Kisiéra bér unn ArmÁrio de dos puértas pÁra el dormitório*
Je voudrais un lit de 1 m 35	**Quisiera una cama de 1,35** *Kisiéra una kÁma de úno tréinta i çinnko*
Je voudrais voir un matelas et un sommier de 1 m 50	**Quiero que me enseñe un somier y un colchón de 1,50** *Kiéro ke me ennségne unn Somiér i unn koltchônn de úno çinnkuénnta*
Vous pourriez me montrer des canapés de 2 et 3 places?	**¿Pueden enseñarme sofás de dos y tres plazas?** *¿Puédenn ennsegnÁrme sofÁs de dos i tres plÁças?*

Électroménagers Il existe des magasins spécialisés en électroménagers de tout type. On peut aussi en trouver dans les grandes surfaces et les hypermarchés.

Mots dont tu peux avoir besoin

chaîne hifi	**cadena de música**	*kadɛ́na de músika*
chauffage électrique	**calefactor eléctrico**	*kalefactór elɛ́ktriko*
chauffe-eau	**calentador**	*calenntadór*
cuisine à gaz / électrique	**cocina de gas / eléctrica**	*kocína de gás / elɛ́ktrika*
four	**horno**	*órno*
frigidaire	**frigorífico**	*frigorífiko*
frigo / glacière	**nevera**	*nebɛ́ra*
lave-linge	**lavadora**	*labadóra*
lave-vaisselle	**lavavajillas**	*lababajíyas*
micro-ondes	**microondas**	*microəndas*
mini chaîne hifi	**minicadena**	*minikadɛ́na*
sèche-linge	**secadora**	*sekadóra*
télévision	**televisión**	*telebisiónn*
ventilateur	**ventilador**	*venntiladór*
vitro-céramique	**vitrocerámica**	*bitroçerámika*

Ce que tu peux dire

Je voudrais voir une gazinière à trois feux avec un four	**Quisiera ver una cocina de gas de tres fuegos, con horno** *Kisiɛ́ra berr una koçina de gás de trɛ́s fuɛ́gos, konn órno*
Je voudrais un frigidaire à deux portes	**Quisiera un frigorífico de dos puertas** *Kisiɛ́ra unn frigorífiko de dos puɛ́rtas*
Vous pourriez me montrer des radiateurs ou des appareils de chauffage électrique?	**¿Pueden enseñarme estufas o aparatos de calefacción eléctrica?** *¿Puɛ́denn ennsegnárme estúfas o aparátos de kalefakçiónn elɛ́ktrika?*

Ustensiles maison. Il y a des boutiques spécialiées en linge de maison et en ménage mais tu peux aussi aller au rayon *«Hogar»* (Maison) ou *«Menaje»* (Ménage) des grandes surfaces et hypermarchés.

4 Achats

Mots dont tu peux avoir besoin

assiette (plate, creuse, à dessert)	**plato (llano, hondo, de postre)**	*pláto (yáno, ónndo, de póstre)*
couette	**edredón**	*edredónn*
coupe	**copa**	*kópa*
couteau	**cuchillo**	*kutchíyo*
couverture	**manta**	*mánnta*
cuillère	**cuchara**	*kutchára*
drap (de dessous, de dessus, housse)	**sábana (bajera, encimera, ajustable)**	*sábana (bajéra, ennçiméra, ajustáble)*
fourchette	**tenedor**	*tenedór*
housse de couette	**funda nórdica**	*fúnnda nórdika*
nappe	**mantel**	*manntél*
paillasson	**felpudo**	*felpúdo*
petite cuillère (à dessert, à café)	**cucharilla (de postre, de café)**	*kutcháriya (de póstre, de kafé)*
plateau	**bandeja**	*banndéja*
rideau	**cortina**	*kortína*
rideau de bain	**cortina de baño**	*kortína de bágno*
serviette	**servilleta**	*serbiyéta*
serviette de bain	**toalla**	*toáya*
tapis	**alfombra**	*alfómmbra*
tasse	**taza**	*táça*
verre	**vaso**	*báso*

Ce que tu peux dire

Je voudrais voir des couvertures pour un lit de 90 cm	**Quisiera ver mantas para una cama de 90** *Kisiéra ver mánntas pára una káma de nobénnta*
Je voudrais des draps en coton pour un lit de 1 m 35	**Quiero sábanas de algodón para una cama de 1,35** *Kiéro sábanas de algodónn pára una káma de uno tréinta i çinnko*
Je voudrais 6 verres et trois de ces tasses	**Quisiera seis vasos y tres tazas de éstas** *Kisiéra séis básos i trés táças de éstas*

Vous me mettez 12 fourchettes, douze couteaux et douze cuillères de ce modèle?	**¿Me pone doce tenedores, doce cuchillos y doce cucharas de este modelo?** *¿Me póne dóçe tenedóres, dóçe kutchiyos i dóçe kutchᴀras de ɛste modɛlo?*
Vous pourriez me montrer des nappes pour une petite table ronde?	**¿Pueden enseñarme manteles para una mesa redonda pequeña?** *¿Puɛdenn ennsegnᴀrme mᴀnnteles pᴀra una mɛsa redónnda pekɛgna?*

4.5 Produits d'entretien et d'hygiène personnelle

Produits d'entretien. On les trouve dans les drogueries, les supermarchés et les grandes surfaces.

Mots dont tu peux avoir besoin

adoucissant	**suavizante**	*suabiçᴀnnte*
amoniaque	**amoníaco**	*amoniako*
balai	**escoba**	*eskóba*
brosse	**cepillo**	*çepíyo*
brosse à chaussures	**cepillo para los zapatos**	*çepíyo pᴀra los zapᴀtos*
brosse à linge	**cepillo de ropa**	*çepíyo de ropa*
cintres	**perchas**	*pɛ́rtchas*
cirage	**betún / crema de zapatos**	*betúnn / krɛ́ma de çapᴀ́tos*
désodorisant	**ambientador**	*ambienntadór*
eau de javel	**lejía**	*lejía*
éponge	**bayeta de cocina**	*beyɛta de coçína*
insecticide	**insecticida**	*innsektiçída*
lessive	**detergente**	*detergɛ́nnte*
papier hygiénique	**papel higiénico**	*pᴀ́pel ijiɛ́niko*
peau de daim / de chamois	**gamuza para el polvo**	*gamúça pᴀ́ra el pólbo*
pelle	**recogedor**	*rekojedór*
produit pour le sol	**friegasuelos**	*friegasuɛ́los*
produit vaisselle	**lavavajillas**	*lababajíyas*
sacs poubelle	**bolsas de basura**	*bólsas de basúra*
savon	**jabón**	*jabónn*
seau / bac poubelle	**cubo de basura**	*kubo de basura*
serpillière	**fregona**	*fregóna*
serviettes en papier	**servilletas de papel**	*serbiyɛ́tas de pᴀpel*
tampon à récurer	**estropajo**	*estropᴀ́jo*

4 Achats

Ce que tu peux dire

Je voudrais une lessive pour le lave-linge (en poudre / liquide / en tablettes)	**Quiero un detergente para la lavadora (en polvo / líquido / pastillas)** *Kiéro unn detergénnte pára la labadóra (enn pólbo / líkido / pastíyas)*
Je voudrais un tampon à récurer	**Quiero un estropajo** *Kiéro unn estropáJo*
Vous auriez un détachant pour le linge?	**¿Tiene un quitamanchas para la ropa?** *¿Tiéne unn kitamánntchas pára la rópa?*

Ce que tu peux entendre

Es muy fuerte	C'est très fort
Es tóxico	C'est toxique
Este es más barato	Celui-ci est bon marché
Este producto es bueno	Ce produit est bon
Manténgalo fuera del alcance de los niños	Placez hors de la portée des enfants
Son de la misma calidad	C'est la même qualité

■ **Se procurer des produits d'hygiène personnelle.** Ce type de produits sont en vente dans les parfumeries, les drogueries et aussi dans les supermarchés et hypermarchés. Dans les pharmacies, on peut aussi en trouver mais ils sont habituellement plus chers.

Mots dont tu peux avoir besoin

adoucissant	**suavizante**	*suabiçánnte*
bâtonnets	**bastoncillos**	*bastonnçíyos*
brosse à cheveux	**cepillo del pelo**	*çepíyo del pélo*
brosse à dents	**cepillo de dientes**	*çepíyo de diénntes*
ciseaux à ongles	**tijeras de uñas**	*tiJéras de úgnas*
cologne	**colonia**	*kolónia*
coton	**algodón**	*algodónn*
couches	**pañales**	*pagnáles*
coupe-ongles	**cortauñas**	*kortaúgnas*
crème hydratante	**crema hidratante**	*kréma idratánnte*
dentifirice	**pasta de dientes**	*pásta de diénntes*
déodorant	**desodorante**	*desodoránnte*

dissolvant	**quitaesmales**	*kitaesmᴀlte*
éponge	**esponja**	*espônnja*
fil dentaire	**hilo dental**	*ilo dɛ́nntal*
gel	**gel**	*jɛl*
gomina	**gomina**	*gomina*
lame de rasoir	**cuchilla de afeitar**	*kutchíyas de afɛ́itar*
lime	**lima**	*líma*
lime à ongles	**cepillo de uñas**	*çepíyo de úgnas*
lotion après rasage	**loción de afeitado**	*loçionn de afeitᴀdo*
miroir	**espejo**	*espɛ̂jo*
mouchoir en papier	**pañuelos de papel**	*pagnuɛ́los de papɛl*
mousse à raser	**espuma de afeitar**	*espuma de afeitᴀ́r*
nécessaire de toilette	**neceser**	*neçesɛ̀r*
peigne	**peine**	*pɛine*
pinces à épiler	**pinzas de depilar**	*pinnças de depilᴀr*
préservatifs	**preservativos / condones**	*preserbatibos / konndônes*
protège-slips	**salvaslips**	*salbaslips*
savon	**jabón**	*jabônn*
serviettes hygiéniques	**compresas**	*kommprɛ́sas*
shampooing	**champú**	*tchammpú*
tampons	**tampones**	*tammpônes*
vernis à ongles	**esmalte de uñas**	*esmᴀ́lte de úgnas*

Ce que tu peux dire

Où puis-je trouver des tampons / des serviettes hygiéniques?	**¿Dónde puedo encontrar compresas / tampones?** *¿Dônnde puɛdo ennkonntrᴀ́r kommprɛ́-sas / Tammpônes?*
Il y a du papier hygiénique?	**¿Hay papel higiénico?** *¿Ái papɛ́l ijiɛ́niko?*
Vous auriez un shampooing antipelliculaire?	**¿Tiene un champú anticaspa?** *¿Tiɛne unn tchammpu antikᴀ́spa?*
Je voudrais une boîte de préservatifs	**Quería una caja de preservativos / condones** *Kería úna kᴀja de preserbᴀ́tibos / konndônes*
Mon fils a des poux, vous auriez une lotion ou un shampooing anti-poux?	**Mi hijo tiene piojos, ¿tendría una loción o un champú?** *Mi ijo tiɛ́ne piôjos, ¿tenndria una loçionn o unn tchammpú?*

Je voudrais un savon pour peaux sensibles	**Quería un jabón para pieles sensibles** *Kería un jabónn pÁra piɛ́les sennsíbles*
Un paquet de couches, s'il vous plaît	**Una bolsa de pañales, por favor** *úna bólsa de pagnÁles, por fabór*

4.6 Autres commmerces

Bureau de tabac. Dans les bureaux de tabac, on peut acheter du tabac, des cigarettes, des articles pour les fumeurs, des timbres, des enveloppes, des articles de papeterie et dans certaines villes, l'abonnement pour le transport urbain. On peut aussi vous recharger les briquets.

Mots dont tu peux avoir besoin

allumettes	**cerillas**	*çeríyas*
briquet	**mechero**	*metchɛ́ro*
cartouche	**cartón**	*kartónn*
cigare	**puro**	*púro*
cigarettes	**cigarrillos**	*çigaríyos*
enveloppe	**sobre**	*sóbre*
paquet	**paquete / cajetilla**	*pakɛ́te / kajetíya*
pipe	**pipa**	*pípa*
tabac brun / blond / à pipe	**tabaco negro / rubio / de pipa**	*tabÁko nɛgro / rúbio / de pípa*
timbre	**sello**	*sɛ́yo*

Ce que tu peux dire

Je voudrais un timbre pour le Maroc	**Necesito un sello para Marruecos** *Neçesíto unn sɛ́yo pÁra marruɛ́kos*
Il me faut une enveloppe	**Necesito un sobre** *Neçesíto unn sóbre*
Donnez-moi un paquet de tabac / de cigarettes	**Déme un paquete de tabaco** *Dɛ́me unn pakɛ́te de tabÁko*
Un briquet, s'il vous plaît	**Un mechero, por favor** *Unn metchɛ́ro, por fabór*
Des feuillets, s'il vous plaît	**Un librillo de papel de fumar, por favor** *Unn libríyo de pÁpel de fúmar, pór fabór*

Ça coûte combien de recharger un briquet?	**¿Cuánto cuesta recargar / rellenar el mechero?** *¿kuánto kuesta rekargár / reyenár el metchéro?*

Ce que tu peux entendre

¿De qué marca?	Quelle marque?
¿Rubio o negro?	Blond ou brun?
¿Un cartón o un paquete?	Une cartouche ou un paquet?
¿Para dónde es el sello, para España o para el extranjero?	Vous voulez un timbre pour l'Espagne ou pour l'étranger?
¿Para dónde quiere el sello?	Vous voulez un timbre pour où?

Services

Le service de la Poste en Espagne est public, c'est-à-dire qu'il dépend de l'État; il fonctionne très bien et il est plutôt bon marché. Le reste des communications (téléphone, fax, internet) ont des tarifs assez accessibles dans ce pays et de nombreux établissements offrent ces trois services à la fois.
Si vous devez manger à l'extérieur, sachez qu'en Espagne on mange entre 13 h 30 et 15 h 00. L'horaire pour le dîner va de 21 h 00 à 23 h 00. Il n'est pas difficile de trouver un endroit pour manger car ce pays dispose de nombreux bars et restaurants. Mais s'il existe un signe d'identité de la culture espagnole, c'est bien les bars. On y discute, bavarde, mange, boit et tout le monde —serveurs et clients compris— parle ensemble, la plupart du temps de manière détendue et avenante. Dans presque tous les villages et presque dans toutes les rues d'une ville, on peut trouver un bar ouvert de façon continue de 7 ou 8 h 00 du matin jusque tard dans la nuit. !

! Il existe une multitude de restaurants et de bars qui offrent le menu du jour, constitué d'un premier plat, un second plat, un café ou dessert à un prix très raisonnable. Beaucoup proposent jusqu'à trois options à choisir pour chaque plat. La plupart du temps, il est exposé près de la porte (on y voit les plats du jour et le prix).

5 Services

5.1 Communications: courrier, télegraphe, téléphones, fax, Internet

Poste et Télégraphe. Dans toutes les localités espagnoles, villes ou villages, on trouve un bureau de Poste repérable grâce à sa couleur jaune. Ils sont généralement ouverts de 9 h 00 du matin à 13 h 00, du lundi au samedi, bien qu'en été ils aient un horaire plus restreint et ouvrent moins d'heures. Certains de ces bureaux ouvrent également l'après-midi. On peut y envoyer ou recevoir des mandats, envoyer des lettres ou des colis.

Actuellement il existe également des entreprises spécialisées dans ce type de services. Elles offrent un service plus personnalisé et dans certaines d'entre elles, on est parfois reçu directement par des personnes qui parlent notre langue.

Mots dont tu peux avoir besoin

autres destinations	**otros destinos**	*ótros destínos*
avis de courrier	**aviso de correos**	*abíso de korrɛ́os*
boîte à lettres	**buzón**	*buçónn*
certificat	**certificado**	*çertifikÁdo*
code postal	**código postal**	*kódigo postÁl*
destinataire	**destinatario**	*destinatArio*
enveloppe	**sobre**	*sobre*
envoi	**envío**	*ennbio*
envoyer	**enviar**	*ennbiÁr*
expéditeur	**remitente**	*remitɛ́nnte*
facteur	**cartero**	*kartɛ́ro*
imprimé	**impreso**	*immprɛ́so*
lettre	**carta**	*kÁrta*
mandat postal	**giro postal**	*jiro postÁl*
paquet	**paquete**	*pakɛ́te*
postal	**postal**	*postÁl*
ramassage	**recogida**	*rekojida*
recevoir	**recibir**	*reçibír*
télégramme	**telegrama**	*telegrAma*
timbre	**sello**	*sɛy̌o*
urgent	**urgente**	*urjɛ́nnte*

Ce que tu peux dire

Où y a-t-il un bureau de poste?	**¿Dónde hay una oficina de correos?** *¿DÓnnde ay úna ofiçina de korrɛ́os?*

Je voudrais envoyer ce paquet au Maroc	**Quiero mandar este paquete a Marruecos** *Kiɛ́ro manndᴀ́r ɛ́ste pakɛ́te a Marruɛkos*
Ça coûte combien d'envoyer cette lettre?	**¿Cuánto cuesta enviar esta carta?** *¿Kuᴀ́nnto kuɛsta ɛ́sta kᴀrta?*
J'ai besoin d'une grande enveloppe / d'une boîte	**Necesito un sobre grande / una caja** *Neçesito unn sòbre grᴀnnde / una kᴀjo*
Je voudrais envoyer cette lettre recommandée	**Quiero mandar esta carta certificada** *Kiɛ́ro manndᴀ́r ɛ́sta kᴀrta çertifikᴀ́da*
Je dois envoyer un mandat	**Necesito mandar un giro** *Neçesíto manndᴀr unn jiro*
Je viens chercher un paquet	**Vengo a recoger un paquete** *Bɛ́nngo a rekojɛ́r unn pakɛ́te*
Je voudrais envoyer cette lettre en urgent	**Quisiera mandar esta carta urgente** *Kisiɛ́ra manndᴀ́r ɛ́sta kᴀrta urjɛ́nnte*
Je voudrais envoyer un télégramme	**Quiero mandar un telegrama** *Kiɛ́ro manndᴀ́r unn telegrᴀ́ma*
Je venais toucher un mandat	**Venía a cobrar un giro** *Benía a kobrᴀr unn jiro*
Où se trouve la boîte à lettres?	**¿Dónde está el buzón?** *¿Donnde estᴀ́ el buçonn?*
Où est le guichet des recommandés?	**¿Dónde está la ventanilla para certificar?** *¿Donnde estᴀ́ la benntaniya pᴀra certificᴀr?*

Ce que tu peux entendre

¿La quiere certificada?	Vous la voulez en recommandé?
¿Me enseña el pasaporte?	Vous pouvez me montrer votre passeport?
Rellene este impreso	Remplissez cet imprimé
Ponga su dirección	Ecrivez votre adresse
Ponga su número de pasaporte / NIE	Mettez votre numéro de passeport / Numéro d'Identification d'Étranger
Ponga la fecha de hoy	Mettez la date d'aujourd'hui
Firme aquí	Signez ici

Ce que tu peux voir

Buzón	Boîte à lettres
Certificados	Recommandés

5 Services

Cobro de giro	Réception de mandats
Envíos	Envois
Recogida	Réception
Telegramas	Télégrammes

Téléphoner. En Espagne, il existe des cabines publiques qui fonctionnent avec des pièces ou des cartes de téléphone (que l'on peut acquérir dans les bureaux de tabac). Dernièrement les *locutorios* (local disposant de plusieurs cabines téléphoniques) prolifèrent; il s'agit d'établissements privés depuis lesquels il est possible de communiquer par téléphone et certains permettent également de se connecter sur Internet ou d'envoyer des fax. Les *locutorios* vendent aussi des cartes qui permettent d'effectuer des appels meilleur marché. Ces endroits sont très intéressants surtout pour effectuer des appels longue distance.

En principe la personne qui appelle commence la conversation par «oiga» et celui qui répond dit «diga», c'est une manière de vérifier que le contact est bien établi. Ensuite on se salue et on commence à parler. Les Espagnols sont très directs en général, ils utilisent plus facilement l'impératif que des formules de politesse alambiquées, contrairement aux Français par exemple.

Mots dont tu peux avoir besoin

appeler / téléphoner à	**llamar a / telefonear a**	*yamÁr a / telfoneÁr a*
carte de contrat	**tarjeta de contrato**	*tarjɛta de konntrÁto*
carte de pré-paiement	**tarjeta de prepago**	*tarjɛta de prepÁgo*
carte de téléphone	**tarjeta de teléfono**	*tarjɛta de telɛ́fono*
local de cabines téléphoniques multiples	**locutorio**	*lokutório*
message	**mensaje**	*mennsÁje*
préfixes internationaux	**prefijos internacionales**	*prefíjos innternaçionÁles*
raccrocher / décrocher le téléphone	**colgar / descolgar** **teléfono**	*kolgÁr / deskolgAr* *telɛ́fono*
répondeur	**contestador**	*konntestadór*
répondre au téléphone	**contestar al teléfono**	*konntestÁr al telɛ́fono*
téléphone fixe	**teléfono fijo**	*telɛ́fono fíjo*
téléphone portable	**teléfono móvil**	*telɛ́fono móbil*
téléphone sans fil	**teléfono inalámbrico**	*telɛ́fono inalÁmmbriko*

Ce que tu peux dire

Où y a-t-il un téléphone public?	**¿Dónde hay un teléfono público?** *¿Dónnde ay unn telɛ́fono públiko?*

Où y a-t-il un locutorio?	**¿Dónde hay un locutorio?** *¿Dónnde ay unn lokutório?*
Quel préfixe faut-il composer?	**¿Qué prefijo hay que marcar?** *¿Ke prefijo ay ke markAr?*
C'est combien la minute?	**¿Cuánto cuesta el minuto?** *¿KuAnnto kuÉsta el minúto?*
Bonjour, je voudrais parler à monsieur Gómez / madame Gómez	**Hola, quisiera hablar con el señor Gómez / la señora Gómez** *Óla, kisiéra ablAr konn el segnor Gómeç / la segnóra Gómeç*
Je pourrais parler avec María?	**¿Podría hablar con María?** *¿Podria ablAr konn Maria?*
Je suis madame / monsieur Meterfi	**Soy la señora / el señor Meterfí** *Soy la segnóra / el segnor Meterfí*
À quelle heure revient-il / elle?	**¿A qué hora volverá él / ella?** *¿A ke óra bolberA el / Éya?*
À quelle heure je peux le joindre?	**¿A qué hora lo / la puedo localizar?** *¿A ke óra lo / la puÉdo lokaliçAr?*
Où je peux le joindre?	**¿Dónde le puedo localizar?** *¿Dónnde lo / la puÉdo lokaliçAr?*
Vous pouvez lui dire de me rappeler au numéro 123 456 789?	**¿Le puede decir que me llame al número 123 456 789?** *¿Le puÉde deçir ke me yAme al numero 123 456 789?*
Vous pouvez lui laisser un message?	**¿Le puede dejar un mensaje?** *¿Le puÉde dejAr unn mennsAje?*
Dites-lui que monsieur / madame Noah a appelé	**Dígale que el señor / la señora Noah ha llamado** *Dígale ke el segnor / la segnóra Noah a yamAdo*
Vous pourriez me laisser un annuaire?	**¿Podría dejarme una guía telefónica?** *¿Podría dejArme úna guia telefónika?*

Ce que tu peux entendre

¿Sí?, dígame	Oui, allô?
¿Con quién hablo?	Qui est à l'appareil?
¿De parte de quién?	De la part de qui?
No cuelgue, le paso	Ne raccrochez pas, je vous le passe
Espere un momento, por favor	Attendez un moment, s'il vous plaît
¿Puede esperar un momento?	Vous pouvez attendre quelques instants?

5 Services

Se ha equivocado de número	Vous vous êtes trompé de numéro
Aquí no es	Ce n'est pas ici
¿Puede volver a llamar dentro de 15 minutos?	Vous pouvez rappeler dans 15 minutes?
No está disponible	Il n'est pas disponible
Está reunido	Il est en réunion
Ha salido	Il est sorti
El número está fuera de servicio	Le numéro est hors-service
Está comunicando	Ça sonne occupé

Fax. On peut trouver des services de fax dans certaines papeteries, photocopieuses, boutiques d'informatique ainsi que dans les *locutorios* téléphoniques.

Ce que tu peux dire

Vous avez un service de fax?	**¿Tienen fax?** *¿Tiέne faks?*
Je pourrais envoyer un fax?	**¿Podría enviar un fax?** *¿Podría ennbiár unn faks?*
Vous pouvez me donner un numéro de fax?	**¿Me puede dar un número de fax?** *¿Me puέde dar unn número de faks?*
Combien coûte chaque feuille?	**¿Cuánto cuesta cada hoja?** *¿Kuánnto kuέsta káda ója?*
Je peux recevoir un fax?	**¿Puedo recibir un fax?** *¿Puέdo reçibír unn faks?*

Internet. De nombreux *locutorios* téléphoniques disposent de terminaux d'ordinateur d'où l'on peut se connecter à Internet. Tu peux aussi avoir accès au réseau depuis les cybercafés où la connexion est rapide et économique. Dans les grandes villes espagnoles, ce type d'établissements d'où tu peux travailler et communiquer depuis un ordinateur ou par téléphone, sont de plus en plus nombreux.

Ce que tu peux dire

Vous avez la connexion à Internet?	**¿Tiene conexión a Internet?** *¿Tiέne koneksiónn a Innternέt?*

Vous pourriez me dire où il y a un *locutorio* avec Internet / un cybercafé?	**¿Podría decirme dónde hay un locutorio con Internet / un cibercafé?** *¿Podría deçirme dónnde ay unn lokutório konn Inntɛrnɛt / unn çibercafɛ?*
Quels sont les tarifs d'Internet?	**¿Cuáles son las tarifas de Internet?** *¿Kuʌles sonn las tarifas de Inntɛrnɛt?*
Je voudrais envoyer un courrier électronique	**Quisiera mandar un correo electrónico** *Kisiɛra manndʌr unn korrɛo elektroniko*
Quelle est votre adresse de courrier électronique?	**¿Cuál es su dirección de correo electrónico?** *¿Kuʌl es su direkçionn de korrɛo elektroniko?*
Je vous enverrai le document par courrier électronique	**Le enviaré el documento por correo electrónico** *Le ennbiarɛ el dokumɛnnto por korrɛo elektróniko*
Vous avez le pack office / word / excel / ...?	**¿Tiene el (paquete) Office / Word / Excel / ...?** *¿Tiɛne el pakɛte ófiç / uord / ɛkçel / ...?*

5.2 Établissements bancaires

Banques et Caisses d'Épargne. Les banques et les caisses d'épargne ouvrent de 8 h 30 ou 9 h 00 du matin jusqu'à 13 h 30 ou 14 h 00, du lundi au vendredi, et certaines ouvrent également les samedis matin ou un jour quelconque de la semaine l'après-midi. Mais en été les horaires changent et elles ouvrent plus tôt le matin; en revanche elles ne sont ouvertes au public ni le samedi ni l'après-midi.

Il est recommandé d'ouvrir un **compte courant** dans n'importe quel établissement bancaire pour que toutes les opérations se fassent à travers lui (réception de la paye, toucher les chèques, avals bancaires pour la location de logement, etc.). Le compte te donne le droit de disposer d'une carte électronique avec laquelle tu pourras retirer de l'argent à n'importe quel guichet automatique et également faire des achats. Ouvrir un compte est gratuit avec la carte de résidence. Si tu ne disposes pas de la carte de résidence, tu peux ouvrir un compte courant mais tu devras verser une certaine somme chaque mois pour en bénéficier. C'est plus économique de changer de l'argent, les chèques, faire des virements ou envoyer des mandats à travers la banque où nous avons ouvert un compte courant que de le faire dans des établissements spécialisés dans ces services. !

Les **libretas de ahorro** (livrets d'épargne) ressemblent beaucoup aux comptes courants. Toutes les opérations réalisées sont indiquées dans le livret qui est remis au titulaire du compte que l'on appelait populairement «cartilla de ahorros». Jusqu'à récemment les principales différences entre compte courant et compte d'épargne étaient que le livret d'épargne ne permettait pas de disposer d'un chéquier, de certains services de caisse et ils n'admettaient pas les découverts. Ce n'est plus le cas aujourd'hui: si l'on sollicite un livret d'épargne, la banque offre généralement des instruments et des services similaires à ceux d'un compte courant.

Certaines banques offrent également des services de virement d'argent sur d'autres comptes se trouvant dans notre pays d'origine.

Mots dont tu peux avoir besoin

annuler (un compte)	**cancelar (una cuenta)**	*kannçelᴀr (úna kuɛ́nnta)*
billet	**billete**	*biyɛte*
bureau de change	**oficina de cambio**	*ofiçina de kᴀ́mmbio*
caisse	**caja**	*kᴀ́ja*
carte de crédit	**tarjeta de crédito**	*tarjɛ́ta de krɛ́dito*
chèque	**cheque**	*tchɛ́ke*
commission	**comisión**	*komisiónn*
compte courant	**cuenta corriente**	*kuɛ́nnta korriɛ́nnte*
compte d'épargne	**cuenta de ahorro**	*kuɛ́nnta de aórro*
découvert	**descubierto**	*deskubiɛ́rto*
guichet	**mostrador; ventanilla**	*mostradór; benntaniya*
guichet automatique	**cajero automático**	*kajɛ́ro automᴀ́tiko*
imprimé	**impreso**	*immprɛso*
liquide	**efectivo**	*efektíbo*
mandat international	**giro internacional**	*jiro internaçionᴀ́l*
mettre de l'argent sur le compte	**ingresar**	*inngresᴀr*

> **!** Tous les établissements bancaires touchent des **comisiones** (pour changer de l'argent ou pour faire des virements, des mandats, encaisser des chèques ...), plus ou moins importantes, pour toute opération faite avec notre argent (sauf retirer de l'argent de notre compte ou en déposer), mais il est bien plus avantageux de réaliser ces opérations à travers l'établissement bancaire où nous avons un compte que de le faire dans d'autres établissements.

ouvrir (un compte)	**abrir (una cuenta)**	*abrír*
paiement	**abono**	*abono*
retirer	**sacar**	*sakᴀr*
virement	**transferencia**	*transferɛnnçia*

Ce que tu peux dire

Je voudrais ouvrir un compte courant / livret d'épargne	**Quiero abrir una cuenta corriente / libreta de ahorros** *Kiɛro abrír una kuɛnnta korriɛnnte / librɛta de aorros*
J'ai besoin d'une carte pour le guichet automatique	**Necesito una tarjeta para el cajero** *Neçesito una tarjɛta pᴀro el kajɛro*
Je peux toucher ce chèque?	**¿Puedo cobrar este cheque?** *¿Puɛdo kobrᴀr ɛste tchɛke?*
Je dois faire un chèque de 2000 €	**Necesito hacer un cheque de 2000 €** *Neçesito açɛr unn tchɛke de 2000 €*
Est-ce que je peux faire un virement?	**¿Podría hacer una transferencia?** *¿Podría açɛr úna trannsferɛ́nnçia?*
Vous pouvez me donner des billets de 10 €?	**¿Me puede dar billetes de 10 €?** *¿Me puɛde dar biyɛtes de 10 €?*
Vous pouvez me changer ce billet en pièces?	**¿Me puede cambiar este billete en monedas?** *¿Me puɛde kammbiᴀr ɛste biyɛte en monɛ́das?*
Je voudrais annuler mon compte	**Quisiera cancelar mi cuenta** *Kisiɛ́ra kannçelᴀr mi kuɛ́nnta*
Je viens faire un dépôt d'argent	**Vengo a hacer un ingreso** *Bɛ́nngo a açɛ́r unn inngrɛso*
Je voudrais retirer de l'argent de mon compte	**Quiero sacar dinero de mi cuenta** *Kiɛro sakᴀr dinɛro de mi kuɛ́nnta*
Quelle est la commission pour un virement à une autre banque?	**¿Cuál es la comisión por una transferencia a otro banco?** *¿Kuᴀl es la komisiónn por úna trannsferɛ́nnçia a ótro bᴀnnko?*

Ce que tu peux entendre

¿Qué desea?	Que désirez-vous?
Rellene este formulario	Remplissez ce formulaire

¿Cuál es su número de cuenta?, por favor	Quel est votre numéro de compte, s'il vous plaît?
Firme aquí	Signez ici
Su pasaporte / NIE, por favor	Votre passeport / NIE (numéro de carte de résidence), s'il vous plaît?
¿Quiere billetes pequeños / grandes?	Vous voulez des petites ou des grandes coupures?
No tiene saldo	Il n'y a pas assez d'argent sur le compte
La comisión es de 2 €	La commission est de 2 €

5.3 Bars et restaurants

Manger à l'extérieur. Il est tout-à-fait possible que lors de tes premiers mois en Espagne tu doives manger à l'extérieur plus d'une fois, et il est même probable que tu aies à le faire régulièrement si ton travail t'y oblige et que tu ne peux pas emporter des plats préparés de chez toi.

- **Les restaurants** sont de différentes catégories qui se distinguent généralement par une série de fourchettes (de 1 à 4), sachant que les plus luxueux et les plus chers sont ceux de 4 fourchettes. Les restaurants ont pour habitude d'exposer leur carte près de la porte pour que les clients puissent y consulter les prix.

De nombreux restaurants, pendant l'heure du repas, offrent également le «menu du jour». Il s'agit d'un choix de plats qui change chaque jour, constitué de trois ou quatre premiers plats et le même nombre de seconds plats et on en choisit un de chaque. Le prix final comprend le pain, la boisson et le dessert et il est généralement assez économique (de 6 à 12 €). Le café N'EST PAS compris dans le prix la plupart du temps mais la majorité des restaurants acceptent de remplacer le dessert par le café. Les restaurants qui offrent le «menu du jour» l'affichent aussi à l'entrée du local. !

- **Les bars** pullulent sur toute la géographie espagnole. Quelle que soit la localité, on peut y trouver un bar ouvert où manger quelque chose de rapide. Dans les bars, on sert des boissons, du café et aussi des choses à manger telles que des sandwichs, des *tapas* (sorte d'amuse-gueule que l'on sert avec la boisson commandée), *pinchos* (portion d'un plat pour une personne, par exemple *pincho de tortilla*, morceau d'omelette pour une personne), *raciones* (une assiette à partager à plusieurs) et, parfois, des plats combinés.

> ! **Manger «à la carte» et manger «le menu».** Nous pouvons toujours choisir de manger *«a la carta»* (à la carte) ou de manger *«de menú»* (le menu), mais cette dernière option est toujours plus économique.

Une *tapa* est une petite part d'aliments qui nous est offerte —dans certains bars à titre gratuit— lorsque nous consommons une boisson. Les *tapas* font partie de la culture gastronomique espagnole; c'est ainsi que sont considérées comme des tapas depuis un morceau de pain avec du fromage jusqu'à l'élaboration d'une part de poivrons farcis aux fruits de mer. Toutes les communautés espagnoles ont leurs spécialités en tapas et elles les servent souvent comme seule nourriture si l'on n'a pas trop le temps de manger ou si un groupe de personnes se réunit pour manger et bavarder mais attention, presque toujours debout au comptoir. Les *raciones* sont également très variées (depuis des plats préparés comme morue à la tomate ou pommes de terre à la sauce picante jusqu'à charcuterie, omelette, etc.). Elles sont plus abondantes que les *tapas,* mais elles ne sont jamais gratuites. Les plats combinés, que tu trouveras dans bars et brasseries, sont une combinaisons de différents aliments (avec une prédominance d'aliments frits) qui sont servis sur une seule assiette. Il y en a généralement plusieurs au choix. La préparation est très rapide et ils sont bon marché.

• **Un peu de gastronomie.** La gastronomie espagnole est très riche et varie beaucoup d'une région à l'autre.

On peut déguster beaucoup de plats à base de poissons ou de fruits de mer, comme:

— *la paella:* riz, poisson et / ou fruits de mer, poivron, tomate
— *la fideoa:* pâtes, poisson et / ou fruits de mer, poivron, tomate
— *la caldereta de pescado:* espèce de bouillabaisse de poissons et / ou fruits de mer
— *los calamares en su tinta:* calmars préparés dans leur encre
— *le marmitako:* espèce de bouillabaisse au thon
— *le bacalao al pil pil:* morue préparée dans une sauce à base d'huile d'olive et d'ail relevée au piment de cayenne

Les plats de légumes secs et / ou de viande sont aussi très appréciés, comme:

— *le cocido:* espèce de pot-au-feu à base de pois chiche, chou, boudin, charcuterie et viande de porc
— *le fabada:* espèce de cassoulet à base de viande de porc et / ou de charcuterie
— *la caldereta de carne:* espèce de ragoût à base viande de mouton, de porc ou de veau
— *le pote gallego:* espèce de pot-au-feu à base de chou et de viande de porc

La charcuterie espagnole est très réputée: le jambon *serrano* (jambon de pays), le *chorizo* (saucisse à base de paprika), la *butifarra* (ressemble au boudin), le *lomo* (échine de porc séchée).

Il existe une grande variété de fromages à base de lait de vache et / ou de brebis le *cabrales* et le *manchego* sont les plus connus.

Les salades les plus typiques de la gastronomie espagnole contiennent des poivrons rouges, des aubergines, des oignons et des tomates grillées.

Les desserts sont surtout à base de lait et d'œufs, comme le flan, le riz au lait, la crème pâtissière ou à base d'amande comme, le *turrón* (espèce de nougat) et la *tarta de Santiago* (tarte aux amandes).

Tu trouveras ci-dessous quelques-uns des plats les plus courants que l'on peut voir dans les menus espagnols.

Ce que tu peux voir

Menú	**Menu**
Primeros platos	**Hors-d'oeuvres**
Caldo	Bouillon de légumes
Callos	Tripes
Consomé	Consommé
Entremeses	Charcuterie
Ensalada mixta	Salade de laitue et tomates
Espaguetis con tomate	Spaghettis à la sauce tomate
Fabada	Sorte de cassoulet
Lentejas estofadas	Lentilles
Gazpacho	Gaspacho
Macarrones con chorizo	Pâtes au chorizo
Menestra de verduras	Macédoine de légumes
Paella	Paella
Potaje	Potage, plat de légumes secs
Revuelto (de setas / de gambas)	Œufs brouillés (aux champignons / crevettes)
Sopa	Soupe
Segundos platos	**Plats de résistance**
Calamares	Calmars
Cocido	Sorte de pot-au-feu
Chipirones en su tinta	Petits calmars dans leur encre
Croquetas	Croquettes
Empanadillas	Petits chaussons salés, généralement au thon
Filetes de lomo	Filet d'échine
Filete de ternera	Steak
Guarnición: patatas fritas o ensalada	Garniture: frites ou salade
Merluza / pescadilla frita	Merlan frit
Pescaditos fritos	Petits poissons frits
Pollo asado	Poulet rôti
Tortilla española	Omelette espagnole (aux pommes de terre)

Tortilla francesa	Omelette simple
Postres	**Desserts**
Arroz con leche	Riz au lait
Flan	Flan
Fruta	Fruit
Helado	Glace
Natillas	Crème dessert
Púdin (o Pudín)	Pudding
Yogur	Yaourt
Bebidas	**Boissons**
Agua	Eau
Café	Café
(Café) Con leche	Crème
(Café) Cortado	Café avec un nuage de lait
(Café) Descafeinado	Déca
(Café) Solo	Café noir
Cerveza	Bière
Coca-cola	Coca-cola
Gaseosa	Limonade
Infusiones	Infusions
Refresco de naranja / de limón	Rafraîchissement à l'orange / au citron
Té	Thé
Vino tinto	Vin rouge
Vino blanco	Vin blanc
Vino de la casa	Vin de la maison

Ce que tu peux dire

Où peut-on manger pour pas cher?	**¿Dónde se puede comer barato?** *¿Dónnde se puɛ́de komɛ́r baráto?*
Où peut-on trouver un restaurant à menu?	**¿Dónde hay un restaurante de menú?** *¿Dónnde ay unn restaurannte de menú?*
Nous voulons une table de 4	**Somos 4 para comer** *Sómos 4 pára komɛ́r*
Où pouvons-nous nous asseoir?	**¿Dónde nos podemos sentar?** *¿Donnde nos podɛmos senntár?*
A quelle heure ça ouvre / ça ferme?	**¿A qué hora abren / cierran?** *¿A ke óra ábrenn / çiɛrran?*
Quel est le menu du jour s'il vous plaît?	**¿Nos puede dar el menú del día, por favor?** *¿Nos puɛde dar el menú del día, por fabór?*

5 Services

On n'a pas encore choisi	**Todavía no hemos elegido** *Todabia no émos elejído*
Vous pouvez noter?	**¿Puede tomar nota?** *¿Puéde tomár nóta?*
Apportez-moi une carafe d'eau, s'il vous plaît	**Tráigame una jarra de agua, por favor** *Tráigame úna járra de água, por fabór*
Je voudrais une soupe pour commencer	**De primero, quiero una sopa** *De priméro, kiéro úna sópa*
Comme plat principal, je voudrais de la viande / du poisson avec de la salade / des frites	**De segundo, quiero carne / pescado con ensalada / patatas fritas** *De segúnndo, kiéro kárne / peskádo konn ennsaláda / patátas fritas*
En dessert un fruit / une glace / une crème dessert	**De postre, fruta natural / helado / natillas** *De póstre, frúta naturál / eládo / natíyas*
Comme boisson je voudrais de l'eau / un rafraîchissement	**Para beber, quiero agua / un refresco** *Pára bebér, kiéro água / unn refrésko*
Je ne prends pas de dessert. Je vais prendre un café / une infusion	**No tomaré postre. Tomaré café / infusión** *No tamré póstre. Tomaré kafé / innfusiónn*
Oui, mettez-m'en / servez-m'en un peu plus, s'il vous plaît	**Sí, póngame / sírvame un poco más, por favor** *Sí, pónngame / sírvame unn póko mas, por fabór*
Ça va merci	**No me eche más, por favor** *Ne me étche mas, por fabór*
Je peux en reprendre?	**¿Puedo repetir?** *¿Puédo repetír?*
Les toilettes, s'il vous plaît?	**¿Los servicios, por favor?** *¿Los serbíçios, por fabor?*
Cette chaise est occupée / libre?	**¿Está ocupada / libre esta silla?** *¿Está okupáda / líbre ésta síya?*
Je vous dois combien?	**¿Cuánto le debo?** *¿Kuánnto le débo?*
L'addition, s'il vous plaît	**La cuenta, por favor** *La kuénnta, por fabor*
Chacun paie sa part	**Cada uno paga lo suyo** *Káda úno pága lo súyo*
Vous pouvez me donner un reçu / une facture, s'il vous plaît?	**¿Me puede dar un recibo/factura, por favor?** *¿Me puéde dar unn reçíbo / faktúra, por fabor?*

Ce que tu peux entendre

¿Van a comer?	C'est pour manger?
¿Cuántos son?	Combien êtes-vous?
Siéntense aquí / ahí / allí	Asseyez-vous ici / là / là-bas
Tiene que esperar, al menos, media hora	Vous allez devoir attendre au moins une demi-heure
No, no puede ser, la cocina cierra	Non, ce n'est pas possible, la cuisine ferme
¿Qué van a tomar?	Qu'allez-vous prendre?
¿Puedo tomar nota?	Je peux prendre la commande?
¿Quieren el menú del día?	Vous voulez le menu du jour?
¿Han elegido ya?	Vous avez déjà choisi?
¿Le importaría esperar en la barra?	Vous voulez bien attendre au comptoir?
¿Fumador o no fumador?	Fumeur ou non fumeur?
¿Para beber?	Comme boisson?
De primero / de segundo / postre	Comme hors-d'œuvre / plat de résistance / dessert
¿Falta algo?	Il manque quelque chose?
¿Van a tomar cafés?	Vous allez prendre du café?
¿Quieren algo más?	Autre chose?
¿Han terminado?	Vous avez terminé?
¿Les traigo la cuenta?	Je vous apporte l'addition?

Comment est ce plat? L'alimentation espagnole est plutôt savoureuse, bien qu'elle ne soit généralement pas très épicée par rapport à d'autres gastronomies. Beaucoup de préparations traditionnelles (pots-au feu, potages) sont à base de porc. Certains peuvent être assez lourds. Dans les régions du nord, les plats sont plus forts car le climat est plus froid, surtout en hiver. Toutes les communautés autonomes ont leurs plats typiques, bien qu'on les trouve plus facilement sur carte que dans les menus. Les plats proposés dans les menus sont plus ou moins les mêmes dans toutes les régions espagnoles.

Mots dont tu peux avoir besoin

bon	**bueno**	*buέno*
chaud	**caliente**	*kaliεnnte*
dur	**duro**	*dúro*
épicé	**picante**	*pikÁnnte*
fade / sans sel	**soso / sin sal**	*sóso / sinn sal*

5 Services

frais	**fresco**	*frésko*
froid	**frío**	*frío*
goût doux	**sabor suave**	*sabór suÁbe*
goût fort	**sabor fuerte**	*sabór fuέrte*
léger	**ligero**	*lijέro*
lourd	**pesado**	*pesÁdo*
mauvais	**malo**	*mÁlo*
mou	**blando**	*blÁnndo*
salé	**salado**	*salÁdo*
savoureux	**sabroso**	*sabróso*
sucré	**dulce**	*dulçe*
tendre	**tierno**	*tiέrno*
tiède	**tibio / templado**	*tíbio / temmplÁdo*
Préparation		
estouffade	**estofado**	*estofÁdo*
à la vapeur	**al vapor**	*al bapór*
à point	**en su punto**	*en su púnnto*
au four	**al horno**	*al órno*
bien fait	**bien hecho**	*bienn έtcho*
cru	**crudo**	*krúdo*
cuit / à l'eau	**cocido / hervido**	*koçído / erbído*
farci	**relleno**	*reyέno*
frit	**frito**	*fríto*
fumé	**ahumado**	*aumÁdo*
grillé	**a la plancha / parrilla**	*a la plÁnntcha / paríya*
pané	**empanado**	*emmpanÁdo*
ragoût	**guisado**	*gisÁdo*
rôti	**asado**	*asÁdo*
saignant	**poco hecho**	*póko έtcho*
Condiments, épices, sauces		
piment rouge	**guindilla**	*ginndíya*
ail	**ajo**	*Ájo*
aillioli	**alioli**	*alióli*
canelle	**canela**	*kanέla*
huile	**aceite**	*açέite*
laurier	**laurel**	*laurέl*
mayonnaise	**mayonesa**	*maionέsa*
oignon	**cebolla**	*çebóya*
persil	**perejil**	*perejíl*
piment rouge	**pimentón**	*pimenntónn*
poivre	**pimienta**	*pimiέnnta*
romarin	**romero**	*romέro*

sauce tomate	**salsa de tomate**	*sÁlsa de tomÁte*
sel	**sal**	*sal*
vinaigre	**vinagre**	*binÁgre*
vinaigrette	**vinagreta**	*binagrɛta*

Ce que tu peux dire

Qu'y a-t-il dans ce plat?	**¿Qué lleva este plato?** *¿Ke yɛba ɛste plÁto?*
Il y a de l'ail?	**¿Tiene ajo?** *¿Tiɛne Ajo?*
C'est très épicé?	**¿Tiene mucho picante?** *¿Tiɛne mutcho pikÁnnte?*
C'est un plat chaud ou froid?	**¿Es un plato caliente o frío?** *¿Ɛs unn plÁto kaliɛnnte o frio?*
Je voudrais la viande saignante / bien cuite / à point	**La carne la quiero poco hecha / muy hecha / en su punto** *La kÁrne la kiɛro poko ɛtcha / mui ɛtcha / en su punnto*
Je suis au régime	**Estoy a régimen / a dieta** *Ɛstoy a rɛjimenn / a diɛta*
Je suis un régime sans sel	**Hago un régimen sin sal** *Ágo unn rɛjimenn sinn sal*
Je suis allergique aux épices	**Soy alérgico al picante** *Soy alɛrjiko al pikÁnnte*
Je ne peux pas manger de porc / d'œuf / de produits laitiers	**No puedo comer cerdo / huevo / leche** *No puɛdo komɛr çɛrdo / uɛbo / lɛtche*
Je ne peux pas boire de lait / d'alcool	**No puedo beber leche / alcohol** *No puɛdo bebɛr lɛtche / alkoöl*
Il y a du porc?	**¿Lleva cerdo?** *¿Yɛba çɛrdo?*
C'est copieux / pas copieux?	**¿Es mucha / poca cantidad?** *¿Ɛs mutcha / poka kanntidÁd?*

Incidents et réclamations. Tous les bars et restaurants disposent d'un livre de réclamations où nous pouvons exprimer nos plaintes.

Ce que tu peux dire

Je vous avais demandé de la paella, pas des pâtes	**Le había pedido paella y no macarrones** *Le abia pedido paɛya i no makarrones*

5 Services

Ma fourchette / ma cuiller / mon couteau / ma serviette est tombé(e), vous pouvez me le / la changer?	**Se me ha caído el tenedor / la cuchara / el cuchillo / la servilleta, ¿me lo puede cambiar?** *Se me a caído el tenedor / el kutchiyo / la kutchARa /la serbiyɛta, ¿me lo / la puɛ́de kammbiÁr?*
Je voudrais un verre / une assiette, s'il vous plaît	**Quisiera un vaso / un plato, por favor** *Kisiɛ́ra unn báso / unn plÁto, por fabor*
Vous pouvez apporter plus de pain / d'eau, s'il vous plaît?	**¿Puede traer más pan / agua, por favor?** *¿Puɛ́de traɛ́r mas pann / água, por fabor?*
S'il vous plaît, je voudrais du sel / de l'huile / du vinaigre / du poivre	**Por favor, ¿me trae sal / aceite / vinagre / pimienta?** *Por fabor, ¿me trÁe sal / açɛ́ite / binÁgre / pimiɛ́nnta?*
C'est très salé	**Está muy salado** *ɛstÁ mui salÁdo*
Excusez-moi, la soupe est froide	**Perdone, la sopa está fría** *Perdóne, la sópa estA fría*
Je suis désolé mais ce poisson n'est pas frais	**Lo siento, este pescado no está fresco** *Lo siɛ́nnto, ɛ́ste peskAdo no estA frɛ́sko*
La viande n'est pas fraîche	**Esta carne está pasada** *ɛ́sta kArne estA pasÁda*
Excusez-moi, ce yaourt est périmé	**Perdone, este yogur está caducado** *Perdóne, ɛ́ste yugúr estA kadukAdo*
Ma viande n'est pas assez cuite, je la voulais plus cuite	**Mi carne está poco hecha, la quería más hecha** *Mi kArne estA poko ɛtcha, la keria mas ɛ́tcha*
L'addition n'est pas bonne / il y a une erreur dans l'addition	**La cuenta está mal / Hay un error en la cuenta** *La kuɛnnta estÁ mal / ay unn errór en la kuɛ́nnta*
On a trop payé	**Nos han cobrado de más** *Nos ann kobrÁdo de mas*
On n'a pas demandé ça	**Esto no lo hemos pedido** *ɛ́sto no lo ɛ́mos pedido*
Vous avez un livre / une feuille de réclamation?	**¿Tiene un libro / una hoja de reclamaciones?** *Tiɛ́ne unn líbro / una ója de reklamaciónes*
Je voudrais parler avec le / la responsable	**Quisiera hablar con el encargado/-a** *Kisiɛ́ra ablAr konn el ennkargÁdo/-a*

Ce que tu peux entendre

¿Está todo bien?	Tout va bien?
Lo siento, se ha equivocado	Je suis désolé, il s'est trompé
Le faltan 2 euros	Il manque 2 euros
Ahora le traigo la vuelta / el cambio	Je vous apporte la monnaie
¿Quieren pagar todo junto o por separado?	Vous voulez payer tout ensemble ou séparément?
Disculpen, es un error nuestro	Désolé, nous avons fait une erreur

Ce que tu peux voir

Hoja de reclamaciones	Feuille de réclamations
Nombre	Prénom
Apellidos	Nom
Dirección	Adresse
Motivo	Motif
Queja	Plainte
Fecha	date

5.4 Salon de coiffure

Au salon de coiffure

Mots dont tu peux avoir besoin

après-shampooing	**suavizante**	*suabiçAnnte*
bigoudis	**rulos**	*rulos*
couper	**cortar**	*kortAr*
épiler	**depilar**	*depilAr*
fixateur	**fijador**	*fijadOr*
frange	**flequillo**	*flekiyo*
friser	**rizar**	*riçAr*
laque	**laca**	*lAka*
laver	**lavar**	*labAr*
lisser	**alisar**	*alisAr*
mèches	**mechas**	*mÉtchas*
peigner	**peinar**	*peinAr*

5 Services

permanente	**permanente**	*permanénnte*
raser	**afeitar**	*afeitár*
sèche-cheveux	**secador**	*sekadór*
shampooing	**champú**	*tchammpú*
shampooing anti-pelliculaire	**champú anticaspa**	*tchammpú anntikáspa*
teindre	**teñir**	*tegnír*
teinture	**tinte**	*tínnte*
vernis à ongles	**esmalte de uñas**	*esmálte de úgnas*

Ce que tu peux dire

Combien coûte la coupe?	**¿Cuánto cuesta el corte de pelo?** *¿Kuánnto kuésta el kórte de pélo?*
Je voudrais une coupe	**Querría cortarme el pelo** *Kerría kortárme el pélo*
Je veux seulement laver et couper	**Sólo quiero lavar y cortar** *Sólo kiéro labár i kortár*
Il faut attendre combien de temps?	**¿Cuánto tengo que esperar?** *¿Kuannto ténngo ke esperár?*
Ne coupez que les pointes	**Córteme sólo las puntas** *Kórteme sólo las púnntas*
Ne coupez pas trop, s'il vous plaît	**No me lo corte demasiado, por favor** *No me lo kórte demasiádo, por fabór*
Par ici, coupez davantage	**Por aquí cortémelo más** *Por akí kortémelo mas*
Vous pouvez me les sécher au sèche-cheveux?	**¿Me lo puede secar con el secador?** *¿Me lo puéde sekár konn el sekador?*
Je voulais une couleur	**Quería teñirme el pelo** *Keria tegnírme el pélo*
Je voudrais me faire faire des mèches	**Quería hacerme unas mechas** *Keria acérme únas métchas*
Je voudrais une épilation des jambes (demie, entière)/ des aisselles / du maillot	**Quería depilarme las piernas (medias, completas) / las axilas / las ingles** *Keria depilárme las piérnas (médias, kommplétas) / las aksílas / las inngles*
Vous pouvez me raser la barbe?	**¿Me puede afeitar la barba?** *¿Me puéde aféitár la bárba?*
Je vous dois combien?	**¿Cuánto le debo?** *¿Kuánnto le débo?*

Ce que tu peux entendre

¿Quiere que le corte más?	Je vous coupe davantage?
¿Lavar y cortar o sólo lavar?	Laver et couper ou seulement laver?
¿Lavar y peinar?	Laver et peigner?
¿Qué color quiere?	Quelle couleur voulez-vous?
¿Quiere la cera caliente o fría?	Vous voulez de la cire chaude ou froide?

Urgences et santé

Il faut savoir que l'État espagnol reconnaît le droit à l'assistance sanitaire gratuite à toutes les personnes vivant dans le pays, indépendamment de leur nationalité ou de leur situation administrative.

La Sécurité Sociale te donne une **tarjeta sanitaria** et t'attribue un médecin de famille dans le centre de santé (ambulatorio) le plus proche de ton lieu de recensement.

Pour solliciter la carte sanitaire —même si tu n'as pas d'autorisation de résidence administrative— tu dois présenter, au centre de santé, un certificat de recensement et ton passeport. !

! Il est important que tu saches qu'avant chaque consultation médicale tu dois prendre rendez-vous, c'est-à-dire demander le jour et l'heure auxquels le médecin pourra te recevoir. En cas d'urgence médicale, tu peux te rendre directement à un hôpital. En Espagne, il existe un numéro unique de téléphone d'urgence si tu as besoin d'une ambulance, d'appeler les pompiers ou la police, c'est le **112.** Il faudra t'en souvenir car il te sera très utile!

6 Urgences et santé

6.1 Demander de l'aide

■ **Appels d'urgence.** Le numéro de téléphone des urgences est le 112 pour tout le territoire national et il est gratuit. Les services d'urgence sont assez efficaces et rapides lorsqu'un problème se présente.

Mots dont tu peux avoir besoin

accident	**accidente**	*akçidɛnnte*
ambulance	**ambulancia**	*ammbulÁnnçia*
arrêter	**detener**	*detenɛ́r*
ascenseur	**ascensor**	*asçennsór*
blessé	**herido**	*erído*
danger	**peligro**	*pelígro*
évanouissement	**desmayo**	*desmÁyo*
extincteur	**extintor**	*extinntor*
formulaire / imprimé	**formulario / impreso**	*formulÁrio / imprɛso*
incendie	**incendio**	*innçɛ́nndio*
médecin	**médico**	*mɛ́diko*
mort	**muerto**	*muɛ́rto*
noyé	**ahogado**	*aogÁdo*
police	**policía**	*poliçía*
pompier(s)	**bombero(s)**	*bommbɛ́ro*
rapidement	**rápido**	*rÁpido*
secours	**socorro**	*sokórro*
téléphone	**teléfono**	*telɛ́fono*
témoin	**testigo**	*testígo*
urgence	**urgencia**	*urgɛ́nnçia*
voleur	**ladrón**	*ladrónn*

Ce que tu peux dire

Au secours!	**¡Socorro!** *¡Sokórro!*
A l'aide!	**¡Auxilio!** *¡Aukçílio!*
Aidez-moi!	**¡Ayuda!** *¡Ayúda!*
C'est une urgence!	**¡Es una emergencia!** *¡Ɛs una emerjɛ́nnçia!*

Appelez un docteur	**Llame a un médico** *Yáme a unn mɛ́diko*
Appelez une ambulance	**Llame a una ambulancia** *Yáme a úna ammbulánnçia*
Appelez la police	**Llame a la policía** *Yáme a la poliçía*
Appelez les pompiers	**Llame a los bomberos** *Yáme a los bommbɛ́ros*
Il y a un blessé / mort	**Hay un herido / muerto** *Ay unn erído / muɛ́rto*
Au voleur, au voleur! Arrêtez-le!	**¡Al ladrón, al ladrón!, deténganlo** *¡al ladrónn, al ladrónn!, detɛ́nngannlo*
On m'a volé / frappé / blessé	**Me han robado / golpeado / herido** *Me ann robádo / golpeádo / erído*
Il y a eu un accident	**Ha habido un accidente** *A abído unn akçidɛ́nnte*
Il y a un incendie / Il y a le feu	**Hay un incendio / Hay fuego** *Ay unn innçɛ́nndio / ay fuɛ́go*
Nous avons besoin d'un extincteur	**Necesitamos un extintor** *Neçesitámos unn ekstinntór*
Où est la sortie de secours?	**¿Dónde está la salida de emergencia?** *¿dónnde está la salída de emerjɛ́nnçia?*
Il ne sait pas nager	**No sabe nadar** *No sábe nadár*
Il est en train de se noyer	**Se está ahogando** *Se está aogánndo*
J'ai besoin d'un médecin	**Necesito un médico** *Neçesíto unn mɛ́diko*
Je suis / il(elle) est malade	**Estoy / está enfermo,-a** *ɛstoy / está ennfɛ́rmo, -a*
Je me suis / il s'est évanoui	**Me he / se ha desmayado** *Me e / se a desmayádo*
Il fait une crise cardiaque	**Tiene un ataque al corazón** *Tiɛ́ne unn atáke al koraçónn*
S'il vous plaît, où se trouve l'hôpital le plus proche?	**Por favor, ¿dónde está el hospital más cercano?** *Por fabór, ¿dónnde está el ospitál mas çerkáno?*
Je me suis perdu, vous pouvez m'aider?	**Me he perdido, ¿pueden ayudarme?** *Me e perdído, ¿puɛ́denn ayudárme?*
Je suis coincé dans l'ascenseur	**Me he quedado encerrado en el ascensor** *Me e kedádo ennçerrádo en el asçennsór*

6 Urgences et santé

Ce que tu peux entendre

Tranquilícese	Calmez-vous
El extintor está en el pasillo	L'extincteur est dans le couloir
Soy médico / enfermero,-a	Je suis médecin / infirmier,-ière
Soy policía	Je suis policier
La ambulancia viene ahora	L'ambulance arrive tout de suite
Hemos llamado a un médico	Nous avons appelé un médecin
Hemos llamado a los bomberos	Nous avons appelé les pompiers
Hemos llamado a la policía	Nous avons appelé la police
No cojan los ascensores	Ne prenez pas les ascenseurs
¿Hay algún herido / muerto?	Il y a un blessé / mort?
No le quite el casco	Ne lui enlevez pas le casque
No lo mueva	Ne le bougez pas

■ **Police.** Dans les villes espagnoles, il y a un corps de police local auquel il faut faire appel en cas de vol ou d'agression. Cependant pour d'autres types d'incidents plus graves, c'est généralement la *Policía Nacional* (Police Nationale) ou la *Guardia Civil* (Garde Civile) qui se charge de les résoudre. Si on appelle le 112 ou si on s'adresse à un commissariat de police pour porter plainte ou demander de l'aide, ils nous orientent et nous indiquent les endroits où nous devons nous rendre.

Mots dont tu peux avoir besoin

agression	**agresión**	*agresiónn*
assassinat	**asesinato**	*asesinÁto*
avocat	**abogado**	*abogÁdo*
bagarre	**pelea**	*pelÉa*
commissariat	**comisaría**	*comisaria*
coordonnées	**datos personales**	*dÁtos personÁles*
coup de poignard	**apuñalamiento**	*apugnalamiÉnnto*
coups	**paliza**	*paliça*
interprète	**intérprete**	*inntÉrprete*
papiers	**documentación**	*dekumentaçionn*
passeport	**pasaporte**	*pasapórte*
plainte	**denuncia**	*denunnçia*
police	**policía**	*policía*
témoin	**testigo**	*testígo*
viol	**violación**	*biolaçionn*
vol	**robo**	*róbo*
voleur	**ladrón**	*ladrónn*

Ce que tu peux dire

Où y a-t-il un commissariat?	**¿Dónde hay una comisaría?** *¿Donnde ay ùna komisaría?*
Je viens porter plainte pour vol	**Vengo a denunciar un robo** *Bέnngo a denunnçiár un robo*
On m'a volé / attaqué / frappé / blessé	**Me han robado / atacado / golpeado / herido** *Me ann robádo / atakádo / golpeádo / erido*
On ne m'a pas laissé entrer dans un bar	**No me han dejado entrar en un bar** *No me ann dejádo enntrár en unn bar*
Mon enfant s'est perdu	**Mi hijo se ha perdido** *Mi ijo se a perdído*
J'ai été violé(e)	**He sufrido una violación** *Ε sufrído ùna biolaçionn*
Comment je dois remplir la plainte?	**¿Cómo debo rellenar la denuncia?** *¿Kómo dέbo reyenár la denùnnçia?*
Je peux consulter un avocat?	**¿Puedo consultar a un abogado?** *¿puέdo konnsultár a unn abogádo?*
J'ai besoin d'un interprète	**Necesito un intérprete** *Neçesito unn intέrprete*
J'ai perdu ma carte d'identité / mon passeport	**He perdido el NIE / pasaporte** *Ε perdido el nie / pasapórte*
Pouvez-vous me donner l'adresse de mon consulat?	**¿Me puede dar la dirección de mi consulado?** *¿Me puέde dar la direkçionn de mi konnsulado?*

Ce que tu peux entendre

¿Qué le pasa?	Qu'est-ce qui vous arrive?
¿Dónde ocurrió?	Où cela s'est-il passé?
¿Cuándo ocurrió?	Quand cela est-il arrivé?
¿Hubo testigos?	Il y avait des témoins?
¿Vio al ladrón?	Vous avez vu le voleur?
¿Qué le han robado?	Que vous a-t-on volé?
¿Cuál es su dirección?	Quelle est votre adresse?
¿Puede rellenar y firmar este impreso?	Vous pouvez remplir et signer cet imprimé?
Es difícil recuperar los objetos	C'est difficile de récupérer les objets

6 Urgences et santé

Vamos a buscarle un intérprete	Nous allons vous chercher un interprète
Vamos a investigar	Nous allons enquêter

6.2 Assistance sanitaire

Prendre rendez-vous. Sauf en cas d'urgence médicale, avant d'aller voir un médecin de la Sécurité Sociale, il faut prendre rendez-vous, c'est-à-dire demander une heure et un jour. À la Sécurité Sociale, on vous attribuera un médecin de famille et c'est celui-ci qui, en cas de besoin, vous dirigera vers un spécialiste [avec lequel il faudra également prendre rendez-vous]. Certaines spécialités médicales, comme la gynécologie ou l'ophtalmologie, ont de longues listes d'attente et il ne faut pas vous étonner si on vous donne un rendez-vous pour 3 ou 4 mois plus tard. !

Ce que tu peux dire

Je viens me faire faire la carte sanitaire	**Vengo a hacerme la tarjeta sanitaria** *Bénngo a acérme la tarjéta sanitária*
Quand est-ce que le médecin reçoit?	**¿Cuándo tiene consulta el médico?** *¿kuánndo tiéne konnsúlta el médiko?*
Je voudrais un rendez-vous avec madame Martín	**Quería pedir hora con la doctora Martín** *Keria pedír óra konn la doktóra martínn*
J'ai un rendez-vous avec le docteur Gómez à 5 h 00	**Tengo hora con el doctor Gómez a las 5** *Ténngo óra konn el doktór Gómeç a las 5*
On m'a donné un rendez-vous mercredi à 10 h 00. Je peux changer de jour?	**Me dieron hora para el miércoles a las 10. ¿Me lo pueden cambiar para otro día?** *Me diéronn óra pára el miérkoles a las 10. ¿me lo puéden kammbiár pára otro día?*
Je n'ai pas de rendez-vous mais j'ai besoin d'être reçu d'urgence	**No tengo cita, pero necesito que me atiendan de urgencias** *No ténngo çita péro neçesíto ke me atiénndann de urjénnçias*

! **Médiateurs sociaux.** Pour tout problème de santé ou pour toute démarche concernant tes papiers, tu peux demander —à travers les services sociaux de ta communauté autonome ou de certaines ONGs— l'aide d'un médiateur social. Cette personne t'aidera avec l'espagnol afin d'exprimer tes demandes ou des problèmes de santé. Elle t'aidera également à résoudre tout type de démarche administrative. Elle a pour fonction de faciliter ton intégration sociale.

Au cabinet médical. Les médecins de famille se chargent des soins de santé primaires qui ne présentent pas de complications graves et procurent un suivi de l'évolution du patient. On nous reçoit dans des **ambulatorios** ou centres de santé où il faut demander son tour. Si notre problème de santé requiert l'opinion d'un **especialicista** (spécialiste) (ophtalmologue, dentiste, gynécologue...), les généralistes nous donnent une sorte de ticket qui nous permet de demander notre tour pour être examinés (certains spécialistes ont de longues queues d'attente, à moins que sur le papier ne soit stipulée l'urgence de la consultation). C'est le médecin de famille qui établit les ordonnances (ce qui donne droit à un prix réduit sur certains médicaments) et ce sont eux aussi qui accordent les **partes de baja y de alta** (bulletins de congés maladie et leur date de fin). La feuille de congé maladie est établie en cas de maladie ou d'accident de travail pour que l'entreprise pour laquelle on travaille soit officiellement prévenue de notre absence au travail pour un laps de temps déterminé. Il est indispensable d'envoyer ou d'apporter ce document à l'entreprise. Ces feuilles de maladie sont à renouveler tous les 4 ou 5 jours (par le médecin de famille) et nous devons tous les remettre ponctuellement à l'entreprise pour laquelle nous travaillons. Pendant ce congé maladie, nous avons le droit de toucher notre salaire bien qu'incomplet; une partie du salaire sera versée par la Sécurité Sociale et une autre, par l'entreprise où nous travaillons. C'est le propre médecin de famille qui décide de la date de notre réincorporation au travail par le biais d'un nouveau document (parte de alta) que nous remettons à l'entreprise à la fin du congé.

Si tu as vécu en France, tu seras peut-être étonné que les médecins de la Sécurité Sociale en Espagne passent parfois si peu de temps avec leurs patients. Cette différence est due au fait qu'en France les cabinets médicaux sont privés, les docteurs ont donc tout « intérêt » à écouter patiemment les doléances de leurs patients... Tu peux aussi être surpris que l'on t'attribue un médecin « du matin ou de l'après-midi », donc en fonction de ta disponibilité et un peu au hasard. Si on t'a parlé en bien d'un médecin qui ne reçoit que l'après-midi, or tu es disponible seulement le matin: dommage! !

Dans la partie intitulée ***Integración,*** Mujer, il existe un chapitre spécial consacré à la santé de la femme (pages. 185-188).

Traitement et médication. Le médecin, après t'avoir examiné et écouté, t'indiquera le traitement que tu dois suivre ou alors, il te dirigera vers un spécialiste. S'il te prescrit un médicament quelconque, il te dira comment tu dois le prendre et te fera une **receta** pour chacun des médicaments que tu dois prendre. Grâce à ces ordonnances tu paieras moins cher à la pharmacie. Tu dois néanmoins savoir que certains médicaments ne sont pas couverts par la Sécurité Sociale même si tu disposes d'une ordonnance. Dans ce cas, tu devras les payer intégralement sans aucune remise.

6 Urgences et santé

Mots dont tu peux avoir besoin

Services médicaux		
aide-soignant	**auxiliar de enfermería**	*auksiliÁr de ennfermería*
ambulance	**ambulancia**	*ammbulÁnnçia*
assistante sociale	**trabajadora social**	*trabajadora soçiÁl*
brancard	**camilla**	*kamíya*
centre de santé	**centro de salud**	*çénntro de salúd*
centre de santé mentale	**centro de salud mental**	*çénntro de salúd menntÁl*
clinique dentaire	**clínica dental**	*klínika denntÁl*
consultation	**consulta**	*konnsúlta*
donneur de sang	**donante de sangre**	*donÁnnte de sÁnngre*
fauteuil roulant	**silla de ruedas**	*síya de ruédas*
feuille de congé maladie	**parte de baja**	*pÁrte de bÁja*
feuille de réincorporation	**parte de alta**	*pÁrte de Álta*
infirmier,-ière	**enfermero,-a**	*ennferméro,-a*
information	**información**	*innformaçiónn*
intervention chirurgicale	**intervención quirúrgica**	*innterbennçiónn kirúrjika*
médecin	**médico,-a**	*médiko,-a*
opération	**operación**	*operaçiónn*
pharmacie	**farmacia**	*farmÁçia*
pharmacie de garde	**farmacia de guardia**	*farmÁçia de guÁrdia*
premiers soins	**primeros auxilios**	*priméros auksilios*
préparateur	**practicante**	*praktikÁnnte*
radiographie	**radiografía**	*radiografía*
réception	**recepción**	*reçepçiónn*
rééducation	**rehabilitación**	*reabilitaçiónn*
salle d'attente	**sala de espera**	*sÁla de espéra*
salle d'opération	**quirófano**	*kirófano*
urgences	**urgencias**	*urjénnçias*

Spécialistes		
Oto-rhino-laryngologiste	**otorrinolaringólogo,-a**	*otorrinolarinngólogo,-a*
anesthésiste	**anestesista**	*anestesista*
cardiologue	**cardiólogo,-a**	*cardiólogo,-a*
chirurgien/-ienne	**cirujano,-a**	*çirujÁno,-a*
dentiste / odontologue / stomatologue	**dentista / odontólogo,-a / estomatólogo,-a**	*denntista / odonntólogo,-a / estomatólogo,-a*
dermatologue	**dermatólogo,-a**	*dermatólogo,-a*
gynécologue	**ginecólogo,-a**	*jinekólogo,-a*
interne	**internista**	*innternista*
médecin de famille	**médico,-a de cabecera / general / de familia**	*médiko,-a de cabeçéra / jenerál / de família*

neurologue	**neurólogo,-a**	*neurɔlogo,-a*
ophtalmologue / oculiste	**oftalmólogo,-a / oculista**	*oftalmɔlogo-a / okulista*
pédiatre	**pediatra**	*pediᴀtra*
physiothérapeute	**fisioterapeuta**	*fisioterapɛuta*
podologue	**podólogo,-a**	*podɔlogo,-a*
radiologue	**radiólogo,-a**	*radiɔlogo,-a*
traumatologue	**traumatólogo,-a**	*traumatɔlogo,-a*
urologue	**urólogo,-a**	*urɔlogo,-a*
Le corps		
appendice	**apéndice**	*apɛnndiçe*
artère	**arteria**	*artɛria*
avant-bras	**antebrazo**	*anntebrᴀço*
bouche	**boca**	*bɔka*
bras	**brazo**	*brᴀço*
cheville	**tobillo**	*tobiyo*
cœur	**corazón**	*koraçɔnn*
colonne vertébrale	**columna vertebral**	*kolúmmna bertebrᴀl*
côte	**costilla**	*kostiya*
cou	**cuello**	*kuɛyo*
coude	**codo**	*kɔdo*
coup de pied	**empeine**	*emmpɛine*
cuisse	**muslo**	*múslo*
défécation	**defecación**	*defekaçiɔnn*
dent	**diente**	*diɛnnte*
dent de sagesse	**muela de juicio**	*muɛla de juicio*
doigt	**dedo**	*dɛdo*
dos	**espalda**	*espᴀlda*
épaule	**hombro**	*ɔmmbro*
estomac	**estómago**	*estɔmago*
extrémités	**extremidades**	*ekstremidᴀdes*
flux	**flujo**	*flujo*
foie	**hígado**	*ígado*
gorge	**garganta**	*gargᴀnnta*
groupe sanguin	**grupo sanguíneo**	*grúpo sangíneo*
hormone	**hormona**	*ormɔna*
intestin	**intestino**	*inntestino*
jambe	**pierna**	*piɛrna*
langue	**lengua**	*lɛnngua*
lèvre	**labio**	*lᴀbio*
main	**mano**	*mᴀno*
molaire	**muela**	*muɛla*
nez	**nariz**	*nariç*
œil	**ojo**	*ɔjo*

6 Urgences et santé

ongle	**uña**	*ugna*
oreille	**oreja**	*orɛja*
os	**hueso**	*uɛ́so*
ouïe	**oído**	*oído*
ovaires	**ovarios**	*obᴀrios*
paupière	**párpado**	*pᴀ́rpado*
peau	**piel**	*piɛ́l*
pénis	**pene**	*pɛ́ne*
pied	**pie**	*piɛ́*
plante du pied	**planta del pie**	*plᴀnnta del piɛ́*
poignet	**muñeca**	*mugnɛ́ka*
poitrine	**pecho**	*pɛtcho*
poumon	**pulmón**	*pulmónn*
prostate	**próstata**	*próstata*
rate	**bazo**	*bᴀ́ço*
rein	**riñón**	*rignonn*
sang	**sangre**	*sᴀ́nngre*
sécrétions	**secreciones**	*sekreçiónes*
sein	**seno**	*sɛno*
sourcil	**ceja**	*çɛ́ja*
sueur	**sudor**	*sudór*
testicule	**testículo**	*testíkulo*
tête	**cabeza**	*kabɛ́ça*
tiroïde	**tiroides**	*tiróides*
urine	**orina**	*orina*
utérus	**útero**	*útero*
vagin	**vagina**	*bajína*
veine	**vena**	*bɛna*
ventre	**tripa**	*tripa*
ventre	**vientre**	*biɛ́nntre*
vésicule	**vesícula**	*besíkula*
Maladies et symptômes		
aigreur d'estomac	**ardor de estómago**	*ardór de estómago*
allergie	**alergia**	*alɛ́rjia*
amygdales	**amígdalas / anginas**	*amígdalas / annjínas*
anémie	**anemia**	*anɛ́mia*
angine de poitrine	**angina de pecho**	*annjína de pɛtcho*
apendicite	**apendicitis**	*apenndíçitis*
arthrose	**artrosis**	*artrósis*
artrite	**artritis**	*artrítis*
asthme	**asma**	*ᴀ́sma*
blessure	**herida**	*erída*
bronchite	**bronquitis**	*bronnkítis*

brûlure	**quemadura**	*kemadúra*
cancer	**cáncer**	*kÁnnçer*
cassure / fracture	**rotura / fractura**	*rotúra / fraktúra*
chronique	**crónico**	*króniko*
conjonctivite	**conjuntivitis**	*konnjunntivítis*
constipation	**estreñimiento**	*estregnimiɛ́nnto*
contusion	**contusión**	*konntusiónn*
coqueluche	**tos ferina**	*tos ferína*
cor, durillon	**callo**	*kÁyo*
coupure	**corte**	*kórte*
cystite	**cistitis**	*çistítis*
diabète	**diabetes**	*diabɛ́tes*
diarrhée	**diarrea**	*diarrɛ́a*
eczéma	**eczema / erupción**	*ekçɛ́ma / erupçiónn*
empoisonnement	**envenenamiento**	*ennbenenamiɛ́nnto*
entorse	**esguince**	*esgínnçe*
éternuer	**estornudar**	*estornudAr*
évanouissement	**desmayo**	*desmAyo*
fausse couche	**aborto espontáneo**	*abórto esponntÁneo*
foulure	**torcedura**	*torçedúra*
frisson	**escalofrío**	*eskalofrío*
gastro-entérite	**gastroenteritis**	*gastroennterítis*
gênes	**molestias**	*molɛ́stias*
goitre	**bocio**	*bóçio*
gonglé, enflé	**inflamado / hinchado**	*innflamAdo / inntchAdo*
grippe	**gripe**	*grípe*
grossesse	**embarazo**	*emmbarAço*
grosseur	**bulto**	*búlto*
hémorragie	**hemorragia**	*emorrÁjia*
hépatite	**hepatitis**	*epatítis*
hypertension	**hipertensión**	*ipertennsiónn*
hypotension	**hipotensión**	*ipotennsiónn*
indigestion	**indigestión**	*inndijestiónn*
infarctus	**infarto**	*innfArto*
infection	**infección**	*innfekçiónn*
infection bactérienne	**infección bacterial**	*innfekçiónn bakteriÁl*
infection virale	**infección vírica**	*innfekçiónn bírika*
infusion	**poleo**	*polɛ́o*
intoxication	**intoxicación**	*inntoksokaçiónn*
irritation	**irritación**	*irritaçiónn*
mal au cœur	**mareo**	*marɛ́o*
mal de tête	**dolor de cabeza**	*dolór de cabɛ́ça*
maladie	**enfermedad**	*ennfermedÁd*

6 Urgences et santé

maladie cérébrale	**enfermedad cerebral**	*ennfermedÁd çerebrÁl*
méningite	**meningitis**	*meninnjitis*
migraine	**jaqueca**	*jakɛ́ka*
mycose / champignons	**micosis / hongos**	*mikósis / ónngos*
nausées	**náuseas**	*nÁuseas*
oreillons	**paperas**	*papɛras*
otite	**otitis**	*otitis*
picotements / brûlure	**picor / escozor**	*pikór / eskoçór*
piqûre	**picadura**	*pikadúra*
plaies	**llagas**	*yÁgas*
pneumonie	**neumonía**	*neumonía*
pneumonie	**pulmonía**	*pulmonía*
rhumatisme	**reúma**	*reúma*
rhume	**constipado / resfriado**	*konnstipÁdo / resfriÁdo*
rougeole	**sarampión**	*sarammpiónn*
rubéole	**rubeola**	*rubeóla*
séropositif	**seropositivo**	*seropositívo*
sida	**sida**	*sída*
tension artérielle	**tensión arterial**	*tennsiónn arteriÁl*
tétanos	**tétanos**	*tɛ́tanos*
tousser	**toser**	*tosɛ́r*
traumatisme crânien-encéphalique	**traumatismo cráneo-encefálico**	*traumatismo crÁneo-ennçefÁliko*
tremblement	**temblor**	*temmblór*
tuberculose	**tuberculosis**	*tuberkulosis*
ulcère	**úlcera**	*úlçera*
varicelle	**varicela**	*bariçɛ́la*
varices	**varices**	*baríces*
vénérienne	**venérea**	*benɛ́rea*

Ce que tu peux dire

J'ai mal ici	**Me duele aquí** *Me duɛ́le akí*
Je suis malade / Ma femme / mon fils, ma fille / mon père / ma mère / mon frère, ma soeur est malade	**Estoy enfermo / Mi mujer / mi hijo,-a / mi padre / mi madre / mi hermano,-a está enfermo,-a** *Estoy ennfɛ́rmo / mi mÁdre / mi íjo,-a / mi pÁdre / mi mÁdre / mi ermÁno,-a estÁ ennfɛ́rmo,-a*
Je ne me sens pas bien	**No me siento bien** *No me siɛ́nnto bienn*

Le docteur peut-il passer à la maison?	**¿Puede venir a casa el doctor?** *¿Puɛde benir a kᴀsa el doktôr?*
J'ai de forts maux de tête	**Tengo fuertes dolores de cabeza** *Tɛnngo fuɛrtes dolores de cabsça*
Je suis enrhumé	**Estoy resfriado** *ɛstoy resfriᴀdo*
J'ai une crise d'eczéma	**Me ha salido un eczema / una erupción** *Me a salido unn ekçɛma / úna erupçióon*
J'ai / Il a une gêne au niveau de la poitrine	**Tengo / Tiene molestias en el pecho** *Tɛnngo / tiɛne molɛstias en el pɛtcho*
J'ai / Il a de la fièvre	**Tengo / Tiene fiebre** *Tɛnngo / tiɛne fiɛbre*
Je me sens faible	**Me encuentro débil** *Me ennkuɛnntro dɛbil*
J'ai mal au cœur	**Estoy mareado** *Éstoy mareᴀdo*
C'est une douleur faible / forte / constante	**Es un dolor débil / fuerte / constante** *Ɛs unn dolór dɛbil / fuɛrte / konnstᴀnnte*
J'ai mal seulement quand je touche	**Sólo me duele al tocarlo** *Sólo me duɛle al tokᴀrlo*
Ça me brûle	**Me escuece** *Me eskueçe*
Ça me gratte	**Me pica** *Me pika*
J'ai besoin d'une ordonnance pour des analgésiques	**Necesito una receta para analgésicos** *Neçesito úna reçɛta pᴀra analjɛssikos*
J'ai oublié le nom des médicaments	**Se me ha olvidado el nombre de los medicamentos** *Se me a olbidᴀdo el nômmbre de los medikamɛnntos*
Je suis allergique à la pénicilline	**Soy alérgico a la penicilina** *Soy alɛrjiko a la penicilina*
Je suis asthmatique / diabétique / épileptique	**Soy asmático / diabético / epiléptico** *Soy asmᴀtiko / diabɛtiko / epilɛptiko*
Normalement je prends des antihistaminiques	**Normalmente tomo antihistamínicos** *Normalmɛnnte tomo antiistaminikos*
Je prends la pilule / de l'insuline	**Tomo la píldora / insulina** *Tomo la pildora / innsulina*
Je souffre du cœur. J'ai fait un infarctus il y a 2 ans	**Padezco del corazón. Me dio un infarto hace 2 años** *Padɛçko del koraçónn. Me dio unn innfᴀrto ᴀçe 2 ᴀgnos*

6 Urgences et santé

On m'a opéré de l'appendicite	**Me han operado de apendicitis** *Me ann operÁdo de apenndiçítis*
J'ai un ulcère à l'estomac	**Tengo úlcera de estómago** *Téngo úlçera de estómago*
Je vomis	**Tengo vómitos** *Ténngo vòmitos*
Je ne dors pas bien la nuit	**No duermo bien por las noches** *No duérmo bienn por las nótches*
Je suis enceinte de 3 mois	**Estoy embarazada de 3 meses** *éstoy emmbaraçÁda de 3 méses*
Je crois que j'ai une infection vaginale, est-ce que je dois consulter un spécialiste?	**Creo que tengo una infección vaginal, ¿debo consultar a un especialista?** *kréo ke ténngo úna innfekçionn bajinÁl, ¿débo konnsultÁr a unn espeçialísta?*
J'ai les règles	**Tengo la regla** *Ténngo la régla*
Je n'ai plus de règles	**No me ha venido / bajado la regla** *No me a benído / bajÁdo la régla*
Je voudrais consulter un spécialiste de la peau	**Quiero que me vea el especialista de la piel** *Kiéro ke me béa el espeçialísta de la piél*
J'aimerais me faire faire des analyses car je suis fatigué	**Me gustaría hacerme unos análisis porque me encuentro cansado** *Me gustaría açérme únos anÁlisis pórke me ennkuénntro kannsÁdo*
Quand est-ce que je dois prendre les médicaments?	**¿Cuándo debo tomar la medicina?** *¿KuÁnndo débo tomÁr la mediçína?*
Quand est-ce que je prends celle-ci et quand je dois prendre celle-là?	**¿Cuándo tomo ésta y cuando tomo esta otra?** *¿KuÁnndo tómo ésta i kuÁnndo tomo ésta ótra?*
Combien de comprimés / cuillerées je dois prendre à chaque fois?	**¿Cuántas pastillas / cucharadas debo tomar cada vez?** *¿KuÁnntas pastíyas / kutcharÁdas débo tomÁr kÁda beç?*
Vous pouvez me l'écrire ici? De manière distincte, s'il vous plaît	**¿Me lo puede escribir aquí? Con letra clara, por favor** *Me lo puéde eskribír akí? konn létra klÁra, por fabór*
Quand est-ce que je reviens vous voir?	**¿Cuándo vuelvo a consulta?** *¿KuÁnndo buélbo a konnsúlta?*

Ce que tu peux entendre

Pase por favor	Entrez s'il vous plaît
¿Qué le pasa / le duele?	Qu'est-ce qui vous arrive / vous avez mal?
¿Qué molestias tiene?	Où sentez-vous une gêne?
¿Desde cuándo?	Depuis quand?
¿Es la primera vez que le pasa?	C'est la première fois que ça vous arrive?
¿Padece alguna alergia?	Vous êtes allergique à quelque chose?
¿Sigue algún tratamiento?	Vous suivez un traitement?
¿Toma medicamentos?	Vous prenez des médicaments?
¿Está embarazada?	Vous êtes enceinte?
¿Está vacunado contra el tétanos?	Vous êtes vacciné contre le tétanos?
¿Tiene fiebre?	Vous avez de la fièvre?
¿Cuántos años tiene?	Quel âge avez-vous?
Desnúdese / quítese la ropa	Déshabillez-vous / enlevez vos vêtements
Túmbese ahí	Allongez-vous ici
Levántese, por favor	Levez-vous, s'il vous plaît
Descúbrase el brazo / el pecho / la espalda	Découvrez votre bras / la poitrine / le dos
Voy a tomarle la tensión	Je vais prendre votre tension
¿Le duele si toco aquí?	Ça vous fait mal si je touche ici?
Respire hondo	Respirez profondément
Respire por la boca	Respirez par la bouche
Abra la boca	Ouvrez la bouche
Diga «Aaaaahhhh», por favor	Dites « Aaaaaaahhhhhh », s'il vous plaît
Tosa	Toussez
Vístase ya	Vous pouvez vous rhabiller
Voy a recetarle unos antibióticos	Je vais vous prescrire des antibiotiques
Tiene que guardar reposo	Vous devez garder le repos
Está embarazada	Vous êtes enceinte
Tiene que hacerse unos análisis de sangre / orina	Vous devez faire des analyses de sang / d'urine
Tiene que hacerse unas radiografías	Vious devez faire des radios
Le voy a enviar al especialista	Je vais vous envoyer chez le spécialiste
Hay que operarlo	Il faut vous faire opérer
Vuelva en 2 días si no ha mejorado	Revenez dans 2 jours si ça ne va pas mieux
Tiene una enfermedad contagiosa	Vous avez une maladie contagieuse
Debe tomar esta medicina a la hora de las comidas	Vous devez prendre ce médicament à l'heure des repas

Póngase esta pomada en la zona	Mettez cette pommade sur la zone
Tómese este jarabe	Prenez ce sirop
Tómese estas pastillas / comprimidos / cápsulas / píldoras	Prenez ces pastilles / comprimés / capsules / pilules
Vaya al practicante a ponerse estas inyecciones	Allez chez l'infirmier faire ces piqûres
Le voy a dar una baja	Je vais vous donner un congé maladie
Tiene que volver dentro de 3 días / 1 semana	Vous devez revenir dans 3 jours / 1 semaine

A l'hôpital. En cas d'hospitalisation d'urgence, ce sont les propres médecins d'urgence qui se chargent des démarches d'hospitalisation. Tu dois toujours porter sur toi ta carte de santé et une pièce d'identité. S'il s'agit d'une hospitalisation par prescription facultative, c'est ton spécialiste qui te remet le document d'entrée. Dans ce cas, tu dois le présenter, ainsi que ta carte de santé et ta pièce d'identité. Si tu dois être opéré, il faudra d'abord te faire faire une série de tests (analyses, électrocardiogramme, etc.).

Si un de tes parents ou ami est à l'hôpital et tu voudrais connaître son évolution, tu dois savoir que les médecins disposent d'un horaire fixe pour cela. Tu peux connaître leurs heures de visite en les demandant à la Réception de l'hôpital ou directement aux infirmières. Pour cela, il faut leur donner le nom du patient, la chambre dans laquelle il se trouve et, si possible, le nom du médecin qui le suit. !

Mots dont tu peux avoir besoin

admission	**admisión**	*admisiónn*
aide-soignant	**técnico auxiliar**	*tɛkniko auksiliÁr*
analyses	**pruebas**	*pruɛbas*
anesthésie	**anestesia**	*anestɛsia*
anesthésiste	**anestesista**	*anestesista*
béquilles	**muletas**	*mulɛtas*

! **Visites.** Dans les hôpitaux publics ne sont autorisées que quelques heures de visites aux malades, généralement l'après-midi de 15 h 00 à 17 h 00. Dans certains hôpitaux, pour pouvoir accéder aux chambres, on nous donne une carte d'accès. Ils sont généralement très stricts quant au nombre de personnes pouvant rendre visite au malade. Les infirmières ne permettent jamais plus de deux ou trois personnes à la fois avec le malade dans la chambre. Par ailleurs, la plupart des hôpitaux interdisent l'accès, en tant que visiteurs, aux enfants de moins de six ans.

chambre	**habitación**	*abitaçionn*
chirurgie	**cirugía**	*çirujia*
consultations	**consultas**	*konnsúltas*
donner l'exeat	**dar el alta**	*dar el Alta*
échographie	**ecografía**	*ekografia*
entrer à l'hôpital	**ingresar**	*inngresAr*
fauteuil roulant	**silla de ruedas**	*siyo de ruεdas*
hospitalisation	**hospitalización**	*ospitaliçaçionn*
infirmier,-ière	**enfermero,-a**	*ennfermεro,-a*
information	**información**	*innformaçionn*
lit	**cama**	*kAma*
médecin / docteur	**médico / doctor**	*mεdiko / doktòr*
médicaments	**medicinas**	*mediçinas*
perfusion	**suero**	*suεro*
pyjama	**pijama**	*pijAma*
urinal	**cuña**	*kúgna*
radiographie	**radiografía**	*radiografia*
réanimation	**reanimación**	*reanimaçionn*
réception	**recepción**	*reçepçionn*
réhabilitation	**rehabilitación**	*reabilitaçionn*
salle d'attente	**sala de espera**	*sAla de espεra*
salle d'opération	**quirófano**	*kirófano*
scanner	**escáner**	*eskAner*
soins intensifs	**cuidados intensivos**	*kuidAdos inntennsibos*
sonde	**sonda**	*sónnda*
sonnette	**timbre**	*timmbre*
thermomètre	**termómetro**	*termómetro*
toilettes	**servicios**	*serbiçios*

Ce que tu peux dire

Vous pouvez prévenir ma famille / mon ami?	**¿Pueden avisar a mi familia / amigo?** *¿Puεde abisAr a mi familia / amigo?*
Quand allez-vous m'opérer?	**¿Cuándo me van a operar?** *¿KuAnndo me ban a operAr?*
Quelles sont les heures de visite?	**¿Cuál es el horario de visita?** *¿KuAl es el orArio de bisita?*
Allez-vous me plâtrer?	**¿Me van a escayolar?** *¿Me ban a eskaloyAr?*
Le docteur va venir bientôt?	**¿El doctor va a venir pronto?** *¿El doktor ba a benir prónnto?*

6 Urgences et santé

Je pourrais voir le médecin-chef?	**¿Podría ver al médico jefe?** *¿Podria ber al mɛdiko jɛfe?*
Vous pouvez me donner quelque chose contre la douleur?	**¿Me puede dar algo para el dolor?** *¿Me puɛde dar Álgo pÁra el dolor?*
Je viens voir un parent / ami qui est entré à l'hôpital hier. Son nom est...	**Vengo a visitar a un familiar / amigo que ingresó ayer. Su nombre es...** *Bɛnngo a bisitÁr a unn familiÁr / amigo ke inngresó ayɛ́r. Su nommbre es...*
Je ne connais pas le numéro de la chambre mais il est en traumatologie	**No sé el número de habitación, pero está en traumatología** *No se el número de abitaçiónn, pɛro estÁ enn traumatolojía*
S'il vous plaît, quel est le nom du docteur qui s'occupe de [nom du patient]? C'est ma femme / mon mari / mon fils, ma fille / mon père / ma mère / mon frère, ma sœur / mon ami, -ie	**Por favor, ¿cuál es el nombre del doctor que atiende a [nombre del paciente]? Es mi mujer / marido / hijo,-a / padre / madre / hermano,-a / amigo,-a** *Por fabór, ¿kuÁl es el nommbre del doktór ke atiɛ́nnde a...? es mi mujɛ́r / marido / ijo,-a / pÁdre / mÁdre / ermAno,-a / amigo,-a*
Quand est-ce que je pourrai parler avec lui/elle pour lui demander comment évolue [nom du patient]?	**¿Cuándo puedo hablar con él/ella para preguntarle por la evolución de [nombre del paciente]?** *¿kuÁnndo puɛdo ablÁr konn el/ɛya pÁra pregunntÁrle por la eboluçiónn de...?*

Ce que tu peux entendre

No se preocupe	Ne vous inquiétez pas
Tranquilícese, todo va bien	Rassurez-vous, tout va bien
Lo vamos a subir a planta	Nous allons le monter à l'étage
Lo operamos mañana	Nous l'opérons demain
Le vamos a hacer más pruebas	Nous allons lui faire plus d'analyses
Le vamos a hacer una radiografía / un escáner	On va lui faire une radio / un scanner
Mañana no coma nada hasta después de la prueba	Demain ne mangez rien avant d'avoir fait l'analyse
Hemos avisado a la familia / amigos	Nous avons prévenu la famille / les amis
Si necesita algo, toque el timbre	Si vous avez besoin de quelque chose, appuyez sur la sonnette
Las visitas tienen que salir de la habitación	Les visiteurs doivent sortir de la chambre

Las enfermeras le traerán la comida / las medicinas	Les infirmières vous apportent le repas / les médicaments
No puede fumar	Vous ne pouvez pas fumer

Chez le dentiste. En Espagne, les services couverts par un dentiste de la Sécurité Sociale sont réduits et si vous voulez une prothèse ou un plombage, vous devez payer un dentiste privé. **!**

Mots dont tu peux avoir besoin

anesthésie	**anestesia**	*anestɛ́sia*
arracher / extraire / tirer	**arrancar / extraer / sacar**	*arrannkár / ekstraɛr / sAkár*
bridge	**puente**	*puɛnnte*
carie	**caries**	*kAries*
couronne	**funda**	*fúnnda*
dent	**diente**	*diɛnnte*
dent de lait	**diente de leche**	*diɛnnte de lɛtche*
dent de sagesse	**muela del juicio**	*muɛla de juíçio*
devis	**presupuesto**	*presupuɛ́sto*
douleur dentaire	**dolor de muelas**	*dolor de muɛlas*
eau	**agua**	*Agua*
gencive	**encías**	*ennçias*
gingivite	**gingivitis**	*jinnjibítis*
incisive	**colmillo / incisivo**	*kolmiyo / innçisíbo*
infection	**infección**	*innfekçionn*
mâchoire	**mandíbula**	*manndíbula*
molaire	**muela**	*muɛla*
nerf	**nervio**	*nɛ́rbio*
os	**hueso**	*uɛ́so*
piqûre	**inyección**	*innyekçionn*
plombage	**empaste**	*emmpAste*
prothèse	**prótesis**	*prótesis*

! **Dentistes solidaires.** Dans les services sociaux de ta mairie, on t'informera sur quelques groupes de professionnels de la santé (parmi lesquels se trouvent les dentistes) qui ne font pas payer leurs services aux immigrants ou groupes défavorisés. Ces **travailleurs indépendants solidaires** offrent des soins gratuits à un bon nombre de personnes aux bas revenus. Renseigne-toi auprès des Services Sociaux!

Urgences et santé

prothèse dentaire	**dentadura postiza**	*denntaduúra postiça*
racine	**raíz**	*raiç*
rincer	**enjuagar**	*ennjuagÁr*
trou	**agujero**	*agujɛro*
verre	**vaso**	*bÁso*

Ce que tu peux dire

Le dentiste peut-il me recevoir aujourd'hui?	**¿Me podría atender hoy el dentista?** *¿Me podría atenndɛr oy el denntísta?*
J'ai mal aux dents	**Tengo dolor de muelas** *Tɛnngo dolôr de muɛlas*
J'ai une dent cariée	**Tengo una muela picada** *Tɛnngo úna muɛla pikÁda*
Cette molaire me fait mal	**Me duele esta muela** *Me duɛle ɛsta muɛla*
C'est cette dent qui me fait mal	**El diente que me duele es éste** *Ɛl diɛnnte ke me duɛle es ɛste*
Vous allez me l'enlever / l'extraire?	**¿Me lo va a quitar / extraer?** *¿Me lo ba a kitÁr / ekstraɛr?*
Vous allez me faire une anesthésie?	**¿Me va a poner anestesia?** *¿Me ba a ponɛr anestɛsia?*
Je me suis cassé une dent / la dentition	**Se me ha roto un diente / la dentadura** *Se me a róto unn diɛnnte / la denntadura*
J'ai perdu un plombage	**Se me ha caído un empaste** *Se me a kaído unn emmpÁste*
J'ai un flegmon	**Tengo un flemón** *Tɛnngo unn flemónn*
J'ai besoin d'un dentier	**Necesito una dentadura postiza** *Neçesíto úna denntadúra postiça*
Je voulais me faire faire un nettoyage / un contrôle	**Venía a hacerme una limpieza / una revisión** *Benía a açɛrme úna limmpiɛça / úna rebisiónn*
Combien coûte une extraction de molaire?	**¿Cuánto cuesta sacar / extraer una muela?** *¿KuÁnnto kuɛsta sakÁr / ekstraɛr úna muɛla?*
Vous pouvez me faire un devis, s'il vous plaît?	**¿Me hace un presupuesto, por favor?** *¿Me Áçe unn presupuɛsto, por fabór?*

Ce que tu peux entendre

¿Qué diente le duele?	Quelle dent vous fait mal?
¿Qué molestias tiene?	Qu'est-ce qui vous gêne?
Abra la boca, por favor	Ouvrez la bouche, s'il vous plaît
No cierre la boca	Ne fermez pas la bouche
Escupa	Crachez
Enjuáguese	Rincez-vous
Voy a hacerle una radiografía	Je vais vous faire une radio
Tengo que empastar	Je dois vous faire un plombage
Hay que extraer el diente	Il faut extraire la dent
Tengo que usar el torno	Je dois utiliser la roulette
Tengo que matar el nervio	Je dois la dévitaliser
Cierre la boca	Fermez la bouche
¿Le sigue doliendo?	Vous avez toujours mal?
Hay que hacer una ortodoncia	Il faut faire une orthodoncie
Voy a darle el presupuesto	Il vais vous donner le devis
Tiene una caries	Vous avez une carie
Habría que extraerle la muela	Il faudrait extraire la molaire
No puedo extraerla con infección	Je ne peux pas l'extraire avec l'infection
Tómese estos antibióticos	Prenez ces antibiotiques
Vuelva dentro de una semana	Revenez dans une semaine
Voy a anestesiarlo	Je vais vous faire une anesthésie
Tendrá la boca dormida durante unas 2 horas	Vous aurez la bouche endormie pendant 2 heures
Evite masticar durante unas horas	Evitez de mâcher pendant quelques heures
Puede comer normalmente hoy	Vous pouvez manger normalement aujourd'hui
Beba sólo líquidos	Ne prenez que des liquides

Pharmacie. Lorsque tu iras à la pharmacie, tu devras emporter les ordonnances données par ton médecin (les deux copies) et les présenter au pharmacien. Le pharmacien conservera l'original et te laissera la copie.

S'il est vrai qu'à la pharmacie on peut te vendre certains médicaments sans ordonnance et on peut te conseiller pour faire face à certains problèmes légers (maux de tête ou de dents, rhumes, etc.), il est préférable d'éviter l'automédication et de toujours consulter un médecin pour que celui-ci t'indique les médicaments les plus appropriés. On ne te vendra certains médicaments que sur ordonnance.

6 Urgences et santé

Tu dois également savoir qu'il existe des médicaments appelés «*genéricos*» (génériques) qui sont meilleur marché mais aussi efficaces que ceux distribués sous une marque pharmaceutique. Demande à ton pharmacien.

Mots dont tu peux avoir besoin

analgésique	**analgésico**	*analjɛ́sika*
aspirine	**aspirina**	*aspirina*
bande	**venda**	*bɛ́nnda*
capsule	**cápsula**	*kᴀ́psula*
chevillère	**tobillera**	*tobiyɛ́ra*
comprimés	**comprimidos**	*kommprimidos*
constipation	**estreñimiento**	*estregnimiɛ́nnto*
diarrhée	**diarrea**	*diarrɛ́a*
douleur	**dolor**	*dolór*
eau oxygénée	**agua oxigenada**	*ᴀ́gua oksigenᴀ́da*
fièvre	**fiebre**	*fiɛ́bre*
gaz	**gases**	*gᴀ́ses*
genouillère	**rodillera**	*rodiyɛ́ra*
gouttes	**gotas**	*gótas*
grippe	**gripe**	*gripe*
homéopathie	**homeopatía**	*omeopatía*
insuline	**insulina**	*innsulina*
ordonnance	**receta**	*reçɛ́ta*
pansements	**tiritas**	*tiríta*
pastilles	**pastillas**	*pastiyas*
pastilles pour la toux	**pastillas para la tos**	*pastiyas pᴀ́ra la tos*
pillule contraceptive	**píldora anticonceptiva**	*píldora anntikonnçeptíba*
pommade	**pomada**	*pomᴀ́da*
préservatif / capote	**preservativo / condón**	*preserbatibo / konndónn*
sacarine	**sacarina**	*sakarína*
seringue	**jeringuilla**	*jerinngiya*
sirop	**jarabe**	*jarᴀ́be*

! **Pharmacies de garde.** Les pharmacies ont des horaires de commerce mais il y a toujours des pharmacies de garde et, dans quelques villes, certaines offrent des services 24 h / 24. Toutes les pharmacies affichent de manière visible la liste des pharmacies de garde que tu pourras consulter en cas de besoin à des heures non commerciales. Tu pourras également obtenir cette information dans n'importe quel journal du jour ou en appelant le 098.

sparadrap	**esparadrapo**	*esparadrÁpo*
sprays	**aerosoles**	*aerosóles*
thermomètre	**termómetro**	*termómetro*
toux	**tos**	*tos*
traitement	**tratamiento**	*tratamiɛ́nnto*
tranquilisant	**tranquilizante**	*trannkiliçAnnte*

Ce que tu peux dire

S'il vous plaît, pourriez-vous m'indiquer une pharmacie de garde qui se trouve près de la rue ...? Le code postal est ...	**Por favor, ¿podría decirme alguna farmacia de guardia que esté cerca de la calle...? El código postal es...** *Por fabór, ¿podría deçirme alguna farmÁçia de guÁrdia ke estɛ́ çɛrka de la kÁye...? el kódigo postÁl es...*
Le médecin m'a donné cette (ces) ordonnance(s)	**El médico me ha dado esta(s) receta(s)** *El mɛ́diko me a dÁdo ɛ́sta(s) reçɛ́ta(s)*
Est-ce qu'il existe un générique de ce médicament?	**¿Existe algún genérico de este medicamento?** *¿Eksíste algunn jenɛ́riko de ɛ́ste medikamɛ́nnto?*
J'ai mal à la tête, vous pouvez me donner quelque chose?	**Me duele la cabeza, ¿me pueden dar algo?** *Me duɛ́le la babɛ́ça, ¿me puɛ́denn dar Álgo?*
Vous avez quelque chose contre le mal de dents?	**¿Tienen algo para el dolor de muelas?** *¿Tiɛ́nenn Álgo pÁra el dolor de muelas?*
Je me suis brûlé là, vous pourriez me donner une pommade?	**Me he quemado aquí, ¿podría darme una pomada?** *Me e kemÁdo akí, ¿podría dÁrme una pomÁda?*
Mon enfant a de la fièvre, qu'est-ce que je peux lui donner?	**Mi hijo tiene fiebre, ¿qué puedo darle?** *Mi íjo tiɛ́ne fiɛ́bre, ¿ke puɛ́do dÁrle?*
Vous avez quelque chose contre la diarrhée / la constipation?	**¿Tienen algo para la diarrea / el estreñimiento?** *¿Tiɛ́nenn Álgo pÁra la diarrɛ́a / el estregnimiɛ́nnto?*
Je tousse, y a-t-il des pastilles quelconques?	**Tengo tos, ¿hay algunas pastillas?** *Tɛ́nngo tos, ¿ay algúnas pastiyÁs?*
Vous avez une chevillère?	**¿Tienen una tobillera?** *¿Tiɛ́nenn úna tobiyɛ́ra?*

6 Urgences et santé

Je me suis brûlé, vous avez quelque chose?	**Me he quemado, ¿tiene algo?** *Me e kemAdo, ¿tiɛ́nenn Álgo?*
Vous avez quelque chose pour désinfecter une blessure?	**¿Tiene algo para desinfectar una herida?** *¿Tiɛ́ne Álgo pAra desinnfektÁr úna erída?*
Mon enfant a des poux, vous avez quelque chose pour les éliminer?	**Mi hijo tiene piojos, ¿tiene algo para eliminarlos?** *Mi íjo tiɛ́ne pióhos, ¿tiɛ́ne Álgo pAra eliminÁrlos?*
Comment se prend / s'utilise ce médicament?	**¿Cómo se toma / se usa este medicamento?** *¿Kómo se tóma / se úsa ɛ́ste medikamɛ́nnto?*
Combien je dois en prendre / en mettre à chaque fois?	**¿Cuánto tengo que tomar / ponerme cada vez?** *¿KuÁnnto tɛ́nngo ke tomÁr / ponɛ́rme kAda beç?*
Combien de fois par jour?	**¿Cuántas veces al día?** *¿KuÁnntas bɛ́çes al día?*

Ce que tu peux entendre

¿Qué le pasa?	Qu'est-ce qui vous arrive?
¿Qué le duele?	Qu'est-ce qui vous fait mal?
De este medicamento hay / no hay genérico	Il y a / il n'y a pas de générique pour ce médicament
Tómese un comprimido cada 8 horas	Prenez un comprimé toutes les 8 heures
Tómese uno por la mañana / por la tarde	Prenez-en un le matin / l'après-midi
Tómese uno en el desayuno, comida y cena	Prenez-en un au petit-déjeuner, à midi et au dîner
Vaya primero al médico	Allez d'abord chez le médecin
Si no mejora vaya al médico	Si ça ne va pas mieux, allez voir un docteur
¿Tiene alergia a algún medicamento?	Etes-vous allergique à un médicament?
Échese estas gotas en el oído / ojo / nariz	Mettez ces gouttes dans l'oreille / l'œil / le nez
No podemos darle este medicamento sin receta	On ne peut pas vous donner ce médicament sans ordonnance

Intégration socio-professionnelle

Être immigrant en Espagne implique une adaptation à un pays pluriel où cohabitent des langues et des habitudes différentes qui varient d'une région à l'autre. Les Espagnols ont un caractère ouvert et communicatif. Beaucoup d'entre eux, qui ne connaissent pas ton pays d'origine et ta culture, peuvent te poser des questions dont l'intention sera plus amicale que curieuse.

Ce chapitre te propose des renseignements pour que ton adaptation à la réalité espagnole soit plus facile et que ton séjour en Espagne soit des plus agréables.

!

La meilleure manière de s'intégrer, c'est de s'investir. N'aie pas peur de poser des questions même si tu fais des fautes. Beaucoup d'Espagnols sont prêts à t'aider.

Localise le plus tôt possible les autorités de ton pays sur le territoire espagnol (ambassade, consulat) et communique-leur ton arrivée. Tu peux aussi prendre contact avec les associations d'immigrants de ton pays.

7 Intégration socio-professionnelle

7.1 Intégration

Différentes étapes. Au début de ton séjour dans ton nouveau pays d'accueil, ton état d'esprit peut subir des altérations. Il vaut mieux que tu en prennes conscience dès le départ. Pour t'aider à mieux vivre ces différentes phases psychologiques, en voici les caractéristiques générales:

- **Enthousiasme.** Au début, tu peux te sentir motivé/-e face à ta nouvelle situation et la culture du pays d'accueil peut te paraître attrayante. Les perspectives de cette étape sont souvent difficiles à atteindre et peu réalistes.
- **Déception et angoisse.** Tu n'as pas pu atteindre les objectifs que tu t'étais fixé et tu te sens frustré/-e et confus/-e. Il vaut mieux éviter de prendre des décisions importantes. Pour te soulager, tu peux en revanche communiquer avec tes amis ou avec ta famille et essayer de rencontrer certains de tes compatriotes dans les associations d'immigrants. Beaucoup d'étrangers sont aussi passés par là et ils ont finalement réussi à s'adapter.
- **Adaptation et confiance.** Tu vas commencer à te sentir mieux et à apprécier ce que t'offre ton nouveau pays. Tu vas y croire à nouveau et tu te sentiras capable d'assumer ta décision et de poursuivre ton chemin.

Mots dont tu peux avoir besoin

angoissé	**angustiado**	*anngustiÁdo*
anxiété	**ansiedad**	*annsiedÁd*
calmants	**tranquilizantes**	*trannkilçÁnntes*
dépression	**depresión**	*depresiÓnn*
déprimé	**deprimido**	*deprimído*
insomnie	**insomnio**	*innsÓmnio*
nerveux	**nervioso**	*nerbiÓso*
psychologue	**psicólogo**	*sikÓlogo*
somminifères	**pastillas para dormir**	*pastiyas pÁra dormir*
vertiges	**mareos**	*marÉos*

Ce que tu peux dire

Je suis triste	**Estoy triste** *Estói triste*
Je me sens mal	**Me encuentro mal** *Me ennkuÉnntro mal*
Ma famille me manque	**Echo de menos a mi familia** *Étcho de ménos a mi família*

Ça fait un mois que je déprime	**Llevo un mes deprimido** *Yébo unn mes deprimído*
Je ne dors pas bien la nuit	**No duermo bien por las noches** *No duérmo biénn por las nótches*
Il me faut que j'obtienne mes papiers	**Necesito obtener los papeles** *Neçesíto obtenér los papéles*

Ce que tu peux entendre

¿Qué te ocurre?	Qu'est-ce qui t'arrive?
No te preocupes, todo se soluciona	Ne t'en fais pas, ça va s'arranger
¿Necesitas ayuda?	Tu as besoin d'aide?
¿Cómo te puedo ayudar?	Comment puis-je t'aider?
Acude a esta asociación / dirección	Va à cette association / adresse

Prendre contact. Une grande partie de ton intégration dépend de ta relation avec les Espagnols: tes voisins, tes collègues de travail, le vendeur du magasin où tu fais tes courses habituellement. Les Espagnols sont très bavards et les rapports sociaux occupent une grande place dans leur vie. Si tu fais partie de leur entourage, tu n'auras pas de problèmes à entreprendre une conversation avec eux.

La langue est tout aussi importante pour ton intégration en Espagne. Connaître quelques mots facilitera ta communication et réveillera la sympathie de ton interlocuteur: même s'il ne te comprend pas complètement, c'est un bon début pour avoir de bonnes relations. !

On cède facilement aux clichés concernant l'Espagne, comme la fète (flamenco, tapas, corridas) et la sieste. D'une part, il est vrai que la convivialité et le savoir-vivre caractérisent l'Espagnol. Il fait facilement confiance et sait se montrer très chaleureux. Il existe une très forte dimension affective dans ses relations personnelles et professionnelles. La hiérarchie en est moins formelle et le climat social plus détendu. D'autre part, l'Espagnol sait faire la part des choses et quand il s'agit de se mettre au travail ou d'entreprendre des affaires, on peut compter sur son sérieux.

> **!** Dans ce guide, tu trouveras des mots ou des expressions qui pourront t'être utiles, il vaudrait tout de même mieux que tu apprennes vraiment l'espagnol. Les Services Sociaux municipaux et les associations d'immigrants organisent des **cours d'espagnol** gratuits. Renseigne-toi et essaie de t'y inscrire.

7 Intégration socio-professionnelle

Ce que tu peux dire

Salut, je m'appelle Mohammed / Fatima	**Hola, soy Mohammed / Fátima** *óla sói mojÁmed / fÁtima*
Je suis le voisin du deuxième, je m'appelle Mohammed, je suis marocain. Si je peux vous être utile vous savez où j'habite	**Soy el vecino del 2.º, me llamo Mohammed, soy marroquí. Si puedo ayudarle en algo, ya sabe dónde vivo** *Soi el beçino del segunndo, me yÁmo mojÁmed, soi marroki. Si le puɛ́do ayudAr enn Álgo, ya sAbe dónnde bibo*
Ça fait deux mois que j'habite le quartier	**Vivo en este barrio desde hace dos meses** *Bibo enn ɛste bÁrrio dɛ́sde Açe dos mɛses*
Je suis électricien, si vous avez besoin de quoi que ce soit, comptez sur moi	**Soy electricista, si necesita algo, cuente con mi ayuda** *Soi elektriçísta, si neçesíta Algo, kuɛ́nnte konn mi ayúda*
Tu habites par ici?	**¿Vives por aquí?** *¿Bibes por akí?*
Comment tu t'appelles?	**¿Cómo te llamas?** *¿Kómo t yAmas?*
Tu es espagnol/-e?	**¿Eres español,-la?** *¿Ɛ́res espagnol,-a?*
Qu'est-ce que tu aimes faire?	**¿Cuáles son tus aficiones?** *¿KuAles son tus afiçiones?*
Excuse-moi, tu veux prendre un café / une boisson rafraîchissante / un thé...?	**Perdona, ¿quieres tomar un café / un refresco / un té...?** *Perdóna ¿kiɛ́res tomAr unn kafɛ / unn refrɛsko / unn te?*
Ça te dirait d'aller au cinéma?	**¿Quieres ir al cine?** *¿Kiɛ́res ir al çine?*
J'organise une soirée chez moi, ça te dirait de venir?	**Organizo una fiesta en mi casa, ¿puedes venir?** *Organiço úna fiɛ́sta enn mi kAsa, ¿puɛ́des venir?*
Tu aimes danser?	**¿Te gusta bailar?** *¿Te gústa bailAr?*
Je t'invite à manger chez moi	**Te invito a comer a casa** *Te innbíto a komɛ́r a kAsa*

Ce que tu peux entendre

De acuerdo/ con mucho gusto/ gracias	D'accord / volontiers / merci
Vale, me apetece	Oui, ça me dit
Lo siento, pero no puedo	Je suis desolé/-e, je ne peux pas
Tengo trabajo / estoy cansado,-a / estoy enfermo,-a	J'ai du travail / je suis fatigué/-e / je suis malade
Ya veremos / ya hablaremos	On verra / on en reparlera

Services Sociaux. Si tu as besoin d'aide et d'information en ce qui concerne l'apprentissage de l'espagnol, tes droits à des allocations logements, la scolarisation de tes enfants ou les bureaux à contacter pour trouver du travail, tu peux te rendre aux Services Sociaux de la mairie. Les assistantes sociales t'aideront à faire les démarches de gestions administratives et t'indiqueront les endroits à contacter en cas de problèmes. !

Mots dont tu peux avoir besoin

aide	**ayuda**	*ayúda*
allocation chômage	**subsidio de desempleo**	*subsídio de desemmplɛo*
assistante sociale	**asistente social**	*asistɛnnte soçiál*
bourse	**beca**	*bɛ́ka*
bourse du travail	**bolsa de empleo**	*bólsa de emmplɛo*
mairie, hôtel de ville	**ayuntamiento**	*ayunntamiɛ́nnto*
municipalité	**municipio**	*muniçípio*
services sociaux	**servicios sociales**	*serbíçios soçiáles*
travailleur/-euse social/-e	**trabajador/-a social**	*trabajadór/-a soçiál*

Ce que tu peux dire

Je pourrais parler avec une assistante sociale?	**¿Podría hablar con un asistente social?** *¿Podría ablár konn unn asistɛnnte soçiál?*

> **!** En plus des Services Sociaux de la mairie, tu disposes aussi des aides des ONG (Organisations Non Gouvernementales) qui pourront te proposer des interprètes, un médiateur social ou te conseilleront pour régulariser ta situation dans le pays. Tu trouveras les principales ONG qui existent en Espagne, pages 209-215 du *Guide*.

7 Intégration socio-professionnelle

Je voudrais des informations sur les services sociaux de cette municipalité	**Quiero información sobre los servicios sociales de este municipio** *Kiéro innformaçionn sobre los serbiçios soçiÁles de éste muniçipio*
Est-ce que je peux demander une bourse pour la cantine ou l'achat des livres?	**¿Puedo pedir una beca de comedor / libros?** *¿Puédo pedir úna béka de komedor / libros?*
Y a-t-il une bourse de travail?	**¿Hay bolsa de empleo?** *¿Ai bólsa de emmpléo?*
Je voudrais scolariser mon fils / ma fille	**Necesito escolarizar a mi hija** *Neçesito eskolariçÁr a mi ija*
Mon fils / ma fille est handicapé/ -e, est-ce que j'ai droit à des aides?	**Mi hijo es discapacitado, ¿podemos pedir una ayuda?** *Mi ijo es diskapaçitÁdo, ¿podémos pedir úna ayúda?*
Je n'ai pas de travail et je ne touche pas d' allocation chômage.	**Estoy sin trabajo y no cobro subsidio de desempleo** *Estoi sin trabÁjo i no kóbro subsidio de desemmpléo*
Ma mère est malade et nous ne pouvons pas nous occuper d'elle le matin	**Mi madre está enferma y no podemos atenderla por las mañanas** *Mi mÁdre estÁ ennférma i no podémos atenndérla por las magnÁnas*
Pourriez-vous me donner l'adresse de la Croix Rouge?	**¿Me puede dar la dirección de Cruz Roja?** *¿Puéde dÁrme la direkçionn de kruç roja?*

7.2 Documents

Procédure. Il y a beaucoup de démarches à faire pour obtenir les permis de séjour et de travail. Ce chapitre recueille tout le vocabulaire que tu dois connaître pour comprendre les documents ou les formulaires à remplir. !

Mots dont tu peux avoir besoin

adresse	**dirección**	*direkçiónn*
âge	**edad**	*edÁd*
arrondissement	**distrito**	*distrito*
ascendant	**ascendiente**	*asçenndiénnte*

> ! Tu trouveras des informations concernant les permis de travail et de séjour pages 196-204 du Guide.

carte d'identité	**tarjeta de identidad**	*tarjéta de idenntidad*
célibataire	**soltero/-a**	*soltéro/-a*
code postal	**código postal**	*kódigo postál*
conjoint	**cónyuge**	*kónnyuje*
délivré	**expedido**	*ekspedido*
demandeur	**solicitante**	*soliçitannte*
descendant	**descendiente**	*desçenndiennte*
divorcé/-e	**divorciado/-a**	*diborçiádo/-a*
domicile	**domicilio**	*domiçilio*
enfants	**hijos**	*ijos*
état civil	**estado civil**	*estádo çibil*
expiration	**caducidad**	*kaduçidad*
lieu de délivrance	**lugar de expedición**	*lugar de ekspediçionn*
lieu de naissance	**lugar de nacimiento**	*lugar de naçimiennto*
localité	**localidad**	*lokalidad*
marié/-e	**casado/-a**	*kasádo/-a*
municipalité	**municipio**	*municipio*
naissance	**nacimiento**	*naçimiennto*
nationalité	**nacionalidad**	*naçionalidad*
n.º (numéro)	**núm. (número)**	*número*
nom	**apellido**	*apeyido*
passeport	**pasaporte**	*pasapórte*
pays	**país**	*país*
prénom	**nombre**	*nommbre*
prénom de la mère	**nombre de la madre**	*nommbre de la madre*
prénom du père	**nombre del padre**	*nommbre del padre*
profession	**profesión**	*profesiónn*
province	**provincia**	*probinnçia*
résidence	**residencia**	*residénnçia*
rue	**C/ (calle)**	*kaye*
séparé,-e	**separado/-a**	*separádo/-a*
sexe	**sexo**	*sekso*
téléphone	**teléfono**	*teléfono*
travail	**trabajo**	*trabájo*
veuf/-ve	**viudo/-a**	*biudo/-a*

Ce que tu peux dire

Je voudrais obtenir mon permis de séjour, que dois-je faire?	**Quiero tramitar mi permiso de residencia, ¿qué tengo que hacer?** *Kiéro tramitar mi permíso de residénnçia, ¿qué tenngo que haçér?*

7 Intégration socio-professionnelle

Comment puis-je obtenir un permis de travail?	**¿Cómo puedo solicitar un permiso de trabajo?** *¿Kómo puɛdo soliçitᴀr unn permiso de trabᴀ́jo?*
Qu'est-ce que ça veut dire *código postal*?	**¿Qué significa código postal?** *¿Kɛ́ siknifika kodigo postᴀ́l?*
Je n'ai pas de domicile fixe, que puis-je mettre?	**No tengo dirección fija, ¿qué puedo poner?** *No tɛ́nngo direkçiónn fija, ¿kɛ puɛdo ponɛ́r?*
Quels documents dois-je présenter pour demander ma carte de séjour?	**¿Qué documentos necesito para pedir un permiso de residencia?** *¿Kɛ́ dokumɛnntos neçesito pᴀra pedir unn permiso de residɛ́nnçia?*
Où dois-je signer?	**¿Dónde tengo que firmar?** *¿Donnde tɛ́nngo ke firmᴀ́r?*
Je n'ai pas de carte d'identité, où dois-je aller pour en demander une?	**No tengo ningún documento de identificación, ¿dónde lo puedo tramitar?** *No tɛ̀nngo ninngúnn dokumɛ́nnto de idenntifikaçiónn, ¿dônnde lo puɛdo tramitᴀ́r?*
Vous pourriez me faire une photocopie de mon passeport?	**¿Me puede hacer una fotocopia de mi pasaporte?** *¿Me puɛde açɛ́r úna fotokópia de mi pasapórte?*
Est-ce que mes enfants ont besoin d'un permis de séjour?	**¿Mis hijos necesitan un permiso de residencia?** *¿Mis ijos neçesitann unn permíso de residɛ́nnçia?*

Ce que tu peux entendre

¿Qué desea?	Que désirez-vous?
Tiene que traer dos fotos de carnet y su pasaporte	Il vous faut deux photos d'identité et votre passeport
Debe rellenar estos documentos	Vous devez remplir ces documents
Le falta la fotocopia de su última nómina	Il manque la photocopie de votre dernière feuille de paie
Tiene que traer un contrato de trabajo	Il vous faut nous fournir un contrat de travail
Tiene que firmar aquí	Vous devez signer ici

Tendrá una contestación dentro de 2 meses	Vous aurez une réponse dans deux mois

7.3 Travail

Chercher du travail. Pour trouver du travail, il existe plusieurs possibilités. Le plus simple serait de trouver du travail grâce à un ami ou à quelqu'un que tu connais. De toutes façons, il faut que tu t'inscrives à plusieurs bourses de travail que gèrent les Administrations Publiques, les associations et les ONG: l'*INEM* (l'ANPE, en Espagne), des centres d'intermédiation professionnelle, la Croix Rouge, des agences pour l'emploi, etc. Tu peux aussi consulter des journaux spécialisés en offres d'emploi, envoyer des CV et chercher du travail à travers Internet. **!**

Mots dont tu peux avoir besoin

contrat de travail	**contrato laboral**	*konntrÁto laborÁl*
convention	**convenio**	*konnbɛnio*
curriculum vitae (cv)	**currículum vitae (cv)**	*kurrikulumm bite*
demande d'emploi	**demanda de empleo**	*demAnnda de emmplɛo*
disponibilité immédiate	**disponibilidad inmediata**	*disponibilidAd innmediÁta*
entretien	**entrevista**	*enntrebista*
expérience	**experiencia**	*eksperiɛnnçia*
horaire	**horario**	*orArio*
incorporation immédiate	**incorporación inmediata**	*innkorporaçiónn innmediÁta*
indemnités journalières de mission	**dietas**	*diɛtas*
journée de travail	**jornada**	*jornAda*
journée de travail continue	**jornada continua**	*jornAda konntinua*
offres	**ofertas**	*ofɛrtas*
outils	**herramientas**	*erramiɛnntas*
permis de conduire	**carné de conducir**	*karnɛ de konnduçir*
permis de travail	**permiso de trabajo**	*permiso de trabÁjo*
plaintes	**demandas**	*demÁnndas*
plein temps	**jornada completa**	*jornÁda kommplɛta*
rémunération	**remuneración**	*remuneraçiónn*
responsable	**encargado/-a**	*ennkargÁdo/-a*

! Actuellement le taux de chômage sur le territoire espagnol est un des plus élevés de l'Union Européenne.

7 Intégration socio-professionnelle

roulement	**turno**	*túrno*
salaire	**sueldo**	*suɛ́ldo*
salaire brut	**sueldo bruto**	*suɛ́ldo brúto*
salaire net	**sueldo neto**	*suɛ́ldo nɛto*
sécurité sociale	**seguridad social (ss)**	*seguridᴀ́d soçiᴀ́l*
temps partiel	**tiempo parcial**	*tiɛ́mmpo parçiᴀ́l*
Professions*		
acteur/-trice	**actor / actriz**	*aktór / actríç*
aide cuisine	**ayudante de cocina**	*ayudᴀ́nnte de koçína*
assistante	**asistenta**	*asistɛ́nnta*
avocat/-e	**abogado/-a**	*abogᴀ́do/-a*
baby sitter	**niñera / canguro**	*nignɛ́ra / kannguro*
bilogiste	**biólogo/-a**	*biólogo/-a*
boucher/-ère	**carnicero/-a**	*karniçɛ́ro/-a*
caissier/-ère	**cajero/-a**	*kajɛ́ro/-a*
chimiste	**químico/-a**	*kímiko/-a*
coiffeur/-euse	**peluquero/-a**	*pelukɛ́ro/-a*
commis d'entrepôt	**mozo de almacén**	*móço de almaçɛ́nn*
commis de charge et décharge	**mozo de carga y descarga**	*móço de kᴀ́rga y deskᴀ́rga*
conducteur/-trice	**conductor/-a**	*konduktór/-a*
coursier/-ère	**mensajero/-a**	*mennsajɛ́ro/-a*
cuisinier/-ère	**cocinero/-a**	*koçinɛ́ro/-a*
distributeur/-trice	**repartidor/-a**	*repartidór/-a*
économiste	**economista**	*ekonomista*
électricien/-ne	**electricista**	*elektriçísta*
employé, commis	**dependiente/-a**	*depenndiɛ́nnte*
griculteur/-trice	**agricultor/-a**	*agrikultór/-a*
homme d'équipe	**peón**	*peónn*
infirmier/-ère	**enfermero/-a**	*ennfermɛ́ro/-a*
informaticien/-ne	**informático/-a**	*innformᴀ́tico/-a*
ingénieur	**ingeniero/-a**	*innjeniɛ́ro/-a*
instituteur/-trice	**maestro/-a**	*maɛ́stro/-a*
interne	**interno/-a**	*inntɛ́rno/-a*
jardinier/-ère	**jardinero/-a**	*jardinɛ́ro/-a*
journaliste	**periodista**	*periodísta*
maçon	**albañil**	*albagnil*
marchand/-e de fruits	**frutero/-a**	*frutɛ́ro/-a*
mathématicien/-ne	**matemático/-a**	*matemᴀ́tiko/-a*
mécanicien/-ne	**mecánico/-a**	*mekᴀ́niko/-a*
médecin	**médico/-a**	*mɛ́diko/-a*
meneur de grue	**gruista**	*gruísta*

menuisier/-ère	**carpintero/-a**	*karpinntɛro/-a*
musicien /-ienne	**músico/-a**	*mùsiko/-a*
peintre	**pintor/-a**	*pinntor/-a*
personnel de maison	**empleada de hogar**	*emmplɛado de ogÁr*
philologue	**filólogo/-a**	*filólogo/-a*
physicien/-ne	**físico/-a**	*fisiko/-a*
plombier/-ère	**fontanero/-a**	*fonntanɛro/-a*
poissonier/-ière	**pescadero/-a**	*peskadɛ́ro/-a*
psychologue	**psicólogo/-a**	*sikólogo/-a*
serrurier/-ère	**cerrajero/-a**	*çerrajɛro/-a*
serveur/-euse	**camarero/-a**	*kamarɛ́ro/-a*
soudeur/-euse	**soldador/-a**	*soldadór/-a*
stylicien	**diseñador/-a**	*disegnadór/-a*
surveillant/-e	**vigilante**	*bijilÁnnte*
traducteur/-trice	**traductor/-a**	*traduktor/-a*

* Comme beaucoup de professions dérivent des diplômes universitaires, nous ne citons que les plus communes. Pour le reste, le plus simple, c'est de dire que tu es **diplômé**, **licencié** ou **docteur** dans la matière correspondante.

Ce que tu peux dire

Je cherche du travail	**Estoy buscando trabajo** *Estoi buskÁndo trabÁjo*
Est-ce qu'ils ont besoin de quelqu'un dans ton entreprise?	**¿En tu empresa necesitan otro trabajador?** *¿Ɛnn tu emmprɛ́sa neçesitÁnn otro trabajador?*
Avez-vous besoin d'un travailleur?	**¿Necesitan un trabajador?** *¿Neçesitan unn trabajadór?*
Je suis mécanicien, vous auriez du travail pour moi?	**Soy mecánico, ¿habría trabajo para mí?** *Soi makÁniko, ¿abría trabÁjo pÁra mi?*
Je voudrais travailler dans votre entreprise, avez-vous besoin de quelqu'un?	**Quisiera trabajar en su empresa, ¿necesita un ayudante?** *Kisiɛra trabajÁr enn su emmprɛsa, ¿neçesita unn ayudÁnnte?*
J'ai 5 ans d'expérience comme électricien	**Tengo 5 años de experiencia como electricista** *tɛnngo çinnko Ágnos de eksperiɛnnçia komo elektriçista*
Où puis-je trouver le contremaître?	**¿Dónde puedo encontrar al jefe de obra?** *¿Donnde puɛ́do ennkonntrÁr al jɛfe de óbra?*

7 Intégration socio-professionnelle

Je pourrais voir le responsable / le gérant?	**¿Puedo hablar con el encargado?** *¿Puɛdo ablÁr konn el ennkargÁdo?*
J'ai le permis de conduire	**Tengo carné de conducir** *Tɛnngo karnɛ́ de konnduçir*
J'ai une voiture / une moto	**Tengo coche / moto** *Tɛ́nngo kôtche / môto*
Je cherche du travail comme coursier	**Busco trabajo de mensajero** *Búsko trabÁjo de mennsajɛ́ro*
Je suis responsable et travailleur/-euse	**Soy muy responsable y trabajador** *Soi muí responnsÁble í trabajadôr*
J'ai travaillé 5 ans comme serveur/ -euse dans mon pays	**He trabajado en mi país 5 años de camarero** *Ɛ trabajÁdo enn mi país çínnko Ágnos de kamarɛ́ro*
J'ai de l'expérience dans ce domaine	**Tengo experiencia en este puesto** *Tɛ́nngo eksperiɛ́nnçia enn ɛste puɛ́sto*
Je connais bien le métier	**Conozco bien el oficio** *Konoçko biɛ́nn el ofíçio*
Je cherche du travail comme maçon	**Busco trabajo como albañil** *Búsko trabÁjo kômo albagnil*
Vous pourriez me donner un numéro de téléphone pour vous appeler la semaine prochaine?	**¿Me pueden dar un número de teléfono para llamar la semana que viene?** *¿Me puɛ́denn dar unn número de telɛ́fono pÁra yamÁr la semÁna ke biɛne?*
Je n'ai pas de permis de travail	**No tengo permiso de trabajo** *No tɛ́nngo permiso de trabÁjo*
Je n'ai qu'un permis de séjour	**Sólo tengo permiso de residencia** *Sôlo tɛ́nngo permiso de residɛ́nnçia*
Je peux m'occuper de vos parents / enfants pendant la nuit	**Puedo cuidar a sus padres / hijos por la noche** *Puɛ́do kuidÁr a sus pÁdres / ijos por la nôtche*

Ce que tu peux entendre

¿Quiere trabajar?	Vous voulez travailler?
¿Tiene permiso de trabajo?	Vous avez un permis de travail?
¿Tiene papeles?	Vos papiers sont en règle?
¿Tiene experiencia?	Vous avez de l'expérience?
¿Ha cuidado niños alguna vez?	Vous avez déjà gardé des enfants?
¿Tiene coche?	Vous avez une voiture?

¿Conoce las herramientas?	Vous connaissez les outils?
Tiene que traer sus propias herramientas	Vous devez vous procurer vos propres outils
La jornada es de 12 horas al día	C'est une journée de travail de 12 heures
Las horas extras se pagan a 5 €	Les heures supplémentaires sont payées à 5 €
El sueldo es según convenio	Le salaire dépend de la convention
Libra los domingos	Vous êtes libre le dimanche
Ahora no necesitamos a nadie	Maintenant, nous n'avons besoin de personne
Déjenos su teléfono	Laissez-nous votre numéro de téléphone
Dentro de 15 días empezamos otra obra	Les travaux commenceront dans 15 jours
Le avisamos a través de su amigo	Nous vous le ferons savoir par votre ami
Lo llamaremos si hay alguna oferta	On vous préviendra s'il y a une offre
Empieza mañana a las 7 de la mañana	Vous commencez demain à 7h00

Ce que tu peux voir

Abstenerse extranjeros sin papeles	Étrangers sans papiers s'abstenir
Buscamos profesionales para trabajar en turno de noche	Nous cherchons des professionnels pour travailler la nuit
Conocimientos de albañilería	Connaissance en maçonnerie
Contrato laboral	Contrat professionnel
Contrato mercantil	Contrat mercantile
Contrato y alta en SS (Seguridad Social)	Contrat et inscription à la SS (sécurité sociale)
Demandas de empleo	Demande d'emploi
Edad máxima 30 años	Âge maximum, 30 ans
Experiencia 1 año demostrable	Expérience d'un an démontrable
Horario de lunes a viernes de 8 a 15 horas	Horaire de lundi à vendredi de 8 à 15 heures
Horario diurno o nocturno	Horaire diurne ou nocturne
Imprescindible papeles en regla	Papiers en règle exigés
Incorporación inmediata	Incorporatrion immédiate
Interesados mandar CV (currículum vitae) a la siguiente dirección	Intéressés, envoyer CV à l'adresse suivante
Interesados pasar la C/ San Pablo, 31	Intéressés, se rendre 31, rue San Pablo
Interna se precisa para cuidado de señora	Cherchons interne pour garde d'une personne âgée

7 Intégration socio-professionnelle

Jornada partida	Journée de travail avec interruption pour le déjeuner
Los interesados pueden ponerse en contacto con nosotros en el teléfono...	Les intéressés peuvent nous joindre au...
2 meses de prueba con posterior incorporación a plantilla	2 mois d'essai avec possibilité de faire partie de l'effectif du personnel
No se requiere experiencia	Expérience non-exigée
Ofertas de empleo	Offres d'emploi
Preguntar al encargado	Demander au responsable
Posibilidad de promoción	Possibilité de promotion
Salario 610 € netos/mes	Salaire de 610 € nets/mois
Se busca dependiente con experiencia	Recherchons vendeur avec expérience
Se necesita camarero	Recherchons serveur
Se necesita peón de albañil para obra	Recherchons maçon pour chantier
Se necesita personal con carné de moto	Recherchons personnel ayant le permis de conduire
Se necesita personal para fin de semana	Recherchons personnel pour le week-end
Se necesita señora de limpieza	Recherchons femme de ménage
Se necesitan referencias	Références exigées
Se ofrece jornada completa de día o noche	Offrons un plein temps de jour ou de nuit
Señora formal y seria se precisa 3 horas diarias	Recherchons dame sérieuse 3 heures par jour
Señora que sepa cocinar de lunes a sábado	Recherchons dame sachant cuisiner disponible du lundi au samedi
Se precisa ayudante de cocina	Recherchons aide-cuisine
Se precisa camarera para fines de semana / tardes y noches	Recherchons serveuse pour le week-end / après-midi et nuit
Se requiere disponibilidad inmediata	Disponibilité immédiate souhaitée
Se requiere experiencia profesional mínima de 2 años en puesto similar	Expérience professionnelle de 2 ans en poste similaire exigée
Se valorará la experiencia	On tiendra compte de l'expérience
Tiempo completo / jornada completa	Temps complet / journée de travail complète
Zona de trabajo: zona sur de Madrid	Zone de travail: zone sud de Madrid

■ **Formation.** Pour trouver un travail ou améliorer tes capacités professionnelles, il faudrait peut-être que tu suives une formation. Dans certains organismes publics, on peut t'offrir des formations: formation continue (pour des travailleurs actifs ayant un contrat de travail) et des formations occupationnelles (pour des chômeurs inscrits à l'*INEM* (ANPE), cherchant du travail ou des stages). Ces stages touchent tous les domaines: hôtellerie, bâtiment, ménage, informatique, etc.

Mots dont tu peux avoir besoin

bourse de transport	**beca de transporte**	*bɛko de transpórte*
coordinateur/-trice	**coordinador/-a**	*koorinadór/-a*
demande d'emploi	**demanda de empleo**	*demAnnda de emmplɛo*
durée de la formation	**duración del curso**	*duraçiónn del kúrso*
formation pour travailleurs	**cursos para trabajadores**	*kúrsos pAra trabajadores*
formation continue	**formación continua**	*formaçiónn konntínua*
formation occupationnelle	**formación ocupacional**	*formaçiónn ocupacionAl*
formation pour sans emploi	**cursos para desempleados**	*kúrsos pAra desemmpleAdos*
horaire de matin	**horario de mañana**	*orArio de magnAna*
horaire du soir	**horario de tarde**	*orArio de tArde*
libellé de la formation / du stage	**denominación del curso**	*denominaçiónn del kúrso*
lieu où se dérouleront les cours	**lugar de impartición**	*lugAr de immpartiçiónn*
professeur	**profesor/-a**	*profesór/-a*
s'inscrire (à l'ANPE)	**inscribirse (en el INEM)**	*innskribirse (enn el inɛmm)*
sélection	**selección**	*selekçiónn*
spécialités	**especialidades**	*espeçialidAdes*

Ce que tu peux dire

Je voudrais des renseignements sur les cours que vous offrez	**Quiero información de los cursos que ofrecen** *Kiɛro innformaçiónn de los kúrsos que ofrɛçenn*
Je suis chômeur et je voudrais suivre une formation en hôtellerie	**Estoy desempleado y quiero hacer un curso de hostelería** *Estói desemmpleAdo i Kiɛro açɛr unn kúrso de ostelería*
Je travaille et je voudrais faire une formation en informatique l'après-midi	**Estoy trabajando y quería un curso, por las tardes, de informática** *Estói trabajAnndo y kería unn kúrso, por las tArdes, de innformAtika*
Quels types de cours offrez-vous?	**¿Qué cursos ofrecen aquí?** *¿Kɛ kúrsos ofrɛcenn aki?*

Intégration socio-professionnelle

Quels sont les conditions, formalités?	**¿Cuáles son los requisitos?** *¿KuÁles sonn los rekisítos?*
Vous offrez des cours le matin / l'après-midi?	**¿Tienen cursos por la mañana / por la tarde?** *¿Tiénenn kursos por la magnAna / por la tÁrde?*
Ça commence quand?	**¿Cuándo empiezan?** *¿KuÁnndo emmpiéçann?*
Comment puis-je m'inscrire?	**¿Cómo puedo inscribirme?** *¿Kômo puédo innskribírme?*
Vous m'appellerez?	**¿Me llaman ustedes?** *¿Me yÁmann ustédes?*
Quels documents dois-je présenter?	**¿Qué papeles necesito?** *¿Ké papéles neçesíto?*
Pouvez-vous me donner un numéro de contact?	**¿Me puede dar un número de contacto?** *¿Me puéde dar unn número de konntÁkto?*
Qui dois-je demander?	**¿Por quién tengo que preguntar?** *¿Por kiénn ténngo ké pregunntÁr?*
Où les cours ont-ils lieu?	**¿Dónde se imparten los cursos?** *¿Dónnde se immpArtenn los kúrsos?*
Combien d'heures dure le cours?	**¿Cuántas horas dura el curso?** *¿KuÁnntas óras dúra el kúrso?*
C'est combien d'heures par jour?	**¿Cuántas horas son al día?** *¿KuÁnntas óras sonn al día?*
Ça dure combien de mois?	**¿Cuántos meses dura?** *¿KuÁnntos méses dúra?*
Vous proposez des bourses de transport?	**¿Tienen beca de transporte?** *¿Tiénenn béka de trannspórte?*
On peut manquer combien de fois?	**¿Cuántas veces se puede faltar al curso?** *¿KuÁnntas béçes se puéde faltÁr al kúrso?*
Vous fournissez le matériel ou je dois me le procurer?	**¿Me dan el material o tengo que traer algo?** *¿Me dÁnn el matérial o ténngo ké traér Álgo?*

Ce que tu peux entendre

¿Qué desea?	Que désirez-vous?
No quedan plazas para ese curso	Il n'y a plus de places pour cette formation

Ahora no hay cursos	Il n'y a pas de cours maintenant
Empiezan en mayo o junio	Ça commence en mai ou juin
Llame en abril a este número de teléfono	Téléphonez en avril à ce numéro de téléphone
Pásese en septiembre	Repassez au mois de septembre
Tiene que rellenar este impreso	Vous devez remplir cet imprimé
Ya lo llamaremos	Nous vous contacterons
Sólo se puede apuntar en dos cursos	Vous ne pouvez vous inscrire qu'à 2 cours
¿Los quiere por la mañana o por la tarde?	Vous voulez assister au cours le matin ou le soir?
El curso dura 3 meses, tiene 300 horas	C'est un cours de 300 heures qui se fait sur 3 mois
El material lo entregamos el primer día de clase	Nous vous remettrons le matériel le premier jour des cours
Sólo se permiten 2 faltas justificadas	Vous ne pouvez manquer que 2 fois si vous les justifiez
El curso se imparte en Embajadores	Les cours ont lieu à Embajadores
Puede solicitar la beca transporte	Vous pouvez faire une demande de bourse
Habrá una selección	Il y aura une sélection
Si es seleccionado se le avisará	Si vous êtes sélectionné, on vous avertira
Este curso no lo damos aquí	Ce cours n'aura pas lieu ici
Si quiere más cursos infórmese en su oficina de empleo (INEM)	Si vous désirez suivre d'autres cours, renseignez-vous à l'ANPE
También puede mirar en el ayuntamiento	Vous pouvez aussi aller à la Mairie
Los sindicatos también realizan cursos	Les syndicats organisent aussi des cours

Organisations syndicales. Si tu veux en savoir plus sur le type de contrat qu'on peut te faire, si les conditions que l'on te propose sont légales ou pas, tu peux faire appel à une organisation syndicale. Celles-ci défendent les travailleurs, offrent des services, comme par exemple, des avocats ou des consultations d'orientation professionnelle. Pour ce genre de services, tu devras payer une cotisation annuelle. Les principaux syndicats espagnols offrent cependant des services gratuits aux immigrants (pour l'acquisition des permis de séjour, des permis de travail ou les demandes de nationalité, de regroupements familiaux ou les régularisations) tout comme des cours d'espagnol. Tu trouveras les renseignements concernant les centres syndicaux de ta ville aux pages 207-213 du Guide. !

Mots dont tu peux avoir besoin

accident de travail	**accidente laboral**	*akçidɛnnte laborÁl*
apurement / quitus	**finiquito**	*finikíto*
avocat/-e	**abogado/-a**	*abogÁdo/-a*
cabinet de conseils, assistance	**asesoría**	*asesoría*
cessation de l'affiliation à la sécurité sociale	**baja en la Seguridad Social**	*bÁja enn la seguridÁd soçiÁl*
contrat	**contrato**	*konntrÁto*
convention	**convenio**	*konnbɛ́nio*
plainte	**denuncia**	*denúnnçia*
devoirs	**deberes**	*debɛ́res*
droits	**derechos**	*derɛ́tchos*
feuille de paie	**nóminas**	*nóminas*
indemnité	**indemnización**	*inndemmniçaçiónn*
indemnités journalières à la mission	**dietas**	*diɛ́tas*
inscription à la sécurité sociale	**alta en la seguridad social**	*Álta enn la seguridÁd soçiÁl*
licenciement	**despido**	*despído*
papiers / documents	**documentación**	*dokumenntaçiónn*
rendez-vous	**cita**	*çíta*
témoin	**testigo**	*testígo*
vie professionnelle	**vida laboral**	*bída laborÁl*

Ce que tu peux dire

Je suis affilié / je ne suis pas affilié	**Soy afiliado / no soy afiliado** *Sói afiliÁdo / no sói afiliÁdo*

!

Les syndicats offrent des consultatios d'orientation gratuites à leurs affiliés. Pour t'affilier, tu dois t'inscrire au syndicat de ton choix et payer une cotisation annuelle.

Tu peux aussi trouver des conseils auprès des avocats sans être affilié/-e mais tu devras payer la consultation. La consultation d'un avocat d'un syndicat est meilleur marché que celle d'un avocat externe.

Je ne suis pas affilié mais je voudrais consulter un avocat	**No estoy afiliado, pero quiero hacer una consulta** *No estói afiliᴀdo pɛro Kiɛro açɛr úna consulta*
Je voudrais m'affilier, combien coûte la cotisation à l'année?	**Quiero afiliarme, ¿cuánto es la cuota anual?** *Kiɛro afiliᴀrme,¿kuᴀ́nnto es la kuóta anuᴀl?*
Je voudrais voir un avocat	**Quiero consultar a un abogado** *Kiɛro konnsultᴀ́r a unn abogᴀdo*
Je me suis fait licencier	**Me han despedido** *Me ann despedído*
On m'a dit de ne pas retourner au travail	**Me han dicho que no vuelva a trabajar** *Me ann ditcho ke no buɛ́lba a trabajᴀ́r*
On ne m'a pas payé	**No me han pagado** *No me ann pagᴀdo*
Que puis-je faire?	**¿Qué puedo hacer?** *¿Kɛ puɛ́do açɛ́r?*
Je veux porter plainte contre mon entreprise	**Quiero denunciar a mi empresa** *Kiɛ́ro denunçiᴀ́r a mi emmprɛ́sa*
Je voudrais que vous vérifiiez la liquidation	**Quiero que me digan si está bien hecho el finiquito** *Kiɛ́ro ke me digann si estᴀ́ biɛ́nn ɛ́tcho el finikíto*
Je voudrais savoir si j'ai droit à des vacances	**Quiero saber si tengo derecho a vacaciones** *Kiɛ́ro sᴀ́ber si tɛnngo derɛ́tcho a bakaçiónes*
Je voudrais savoir si je suis obligé de faire des heures supplémentaires	**Me gustaría saber si tengo obligación de hacer horas extras** *Me gustaría sᴀ́ber si tɛnngo obligaçiónn de açɛr óras ɛ́kstras*
Combien les heures supplémentaires doivent-elles être payées?	**¿A cuánto me tienen que pagar las horas extras?** *¿A kuᴀ́nnto me tiɛ́nenn ke pᴀ́gar las óras ɛ́kstras?*
Sont-ils obliger de me payer les indemnités journalières?	**¿Es obligatorio que me paguen las dietas?** *¿Ɛs obligatório ke me pᴀ́genn las diɛ́tas?*
Je voudrais voir la convention de la construction, vous l'auriez en arabe?	**Quiero el convenio de la construcción, ¿lo tienen en árabe?** *Kiɛro unn konnbɛnio de la konstrukçiónn, ¿lo tiɛ́nenn enn ᴀ́rabe?*

7 Intégration socio-professionnelle

Je voudrais prendre rendez-vous avec l'avocat	**Quiero una cita con el abogado** *Kiéro una çita konn el abogÁdo*
Combien coûte la consultation de l'avocat?	**¿Cuánto cuesta la consulta con el abogado?** *¿KuÁnnto kuésta la konnsúlta konn el abogÁdo?*
Quels documents dois-je fournir?	**¿Qué documentos tengo que traer?** *¿Ké dokuménntos ténngo ke traér?*
Ce contrat est-il correct?	**¿Está bien mi contrato?** *¿EstÁ bien mi konntrÁto?*
Je crois qu'on ne m'a pas inscrit à la Sécurité Sociale	**Creo que no me han dado de alta en la Seguridad Social** *Kréo ke no me ann dÁdo de Álta enn la seguridÁd soçiÁl*
Je me suis fait licencier avant la fin du contrat	**Me han despedido sin terminar el contrato** *Me ann despedído sinn terminÁr el konntrÁto*
C'est un contrat à durée déterminée mais les travaux ne sont pas finis	**El contrato es de obra y servicio y la obra no ha terminado** *El konntrÁto es de óbra i la óbra no a terminÁdo*
Ils ne veulent pas m'inscrire à la Sécurité Sociale	**No me quieren dar de alta** *No me kiérenn dar de Álta*
J'ai demandé un résumé de ma vie professionnelle et j'ai vu qu'ils ne paient pas la Sécurité Sociale	**He pedido una vida laboral y no están pagando la seguridad social** *E pedído una bída laborÁl i no estÁnn pagÁnndo la seguridÁd soçiÁl*
Ils ne veulent pas me donner les feuilles de paie	**No me quieren dar las nóminas** *No me kiérenn dar las nóminas*
Les indemnités journalières ne figurent pas sur mes feuillles de paie	**En mis nóminas no aparecen las dietas** *Enn mis nóminas no aparécen las diétas*
Ils n'ont pas voulu me donner le matériel de prévention des risques du travail	**No me dan el material de prevención de riesgos laborales** *No me dann el materiÁl de prebennçiónn de riésgos laborÁles*
J'ai été en arrêt de travail pour maladie et je me suis fait licencier	**He estado de baja por enfermedad y me han echado** *E estÁdo de bÁja por ennfermedÁd i me ann etchÁdo*
Ils me doivent 3 mois	**Me deben tres meses** *Me déden tres méses*

Ils me paient en retard	**Me pagan la nómina con retraso** *Me pagan la nómina konn retráso*

Ce que tu peux entendre

Tiene que pedir cita	Vous devez prendre rendez-vous
El abogado sólo está por las tardes	L'avocat ne vient que l'après-midi
La consulta es gratuita para los afiliados	La consultation est gratuite pour les affiliés
Como no es afiliado la consulta le cuesta 35 €	Vous n'êtes pas affilié, vous devez payer 35 €
Tiene que traerme una vida laboral	Vous devez fournir un document de vie professionnelle
Traiga las 3 últimas nóminas	Apportez-moi les 3 dernières feuilles de paie
¿Tiene contrato?	Avez-vous un contrat?
¿Qué tipo de contrato tiene?	Quel type de contrat avez-vous?
¿Dónde trabaja?	Où travaillez-vous?
¿Cuál es el nombre de la empresa?	Quel est le nom de l'entreprise?
¿Cuánto tiempo lleva trabajando?	Depuis combien de temps travaillez-vous?
¿Hace cuántos días que le han despedido?	Il y a combien de jours que vous vous êtes fait licencier?
No firme el finiquito	Ne signez pas le quitus / la liquidation
¿Tiene testigos?	Avez-vous des témoins?
Pida una vida laboral	Demandez un résumé de vie professionnelle
Le tienen que pagar indemnización	On doit vous payer une indemnité
Le corresponden 15 días de vacaciones	Vous avez droit à 15 jours de vacances
Las dietas tiene que pagárselas	On doit vous payer les indemnités journalières

■ **Ouvrir un négoce.** Ouvrir un négoce ou être indépendant est une autre alternative. Si tu choisis cette option, tu peux aller te renseigner à la Chambre de Commerce de ta ville, à la mairie pour savoir quels sont les permis et les documents à demander. Il faut aussi que tu ailles au Ministère de l'économie et de l'emploi de ton département. Si tu es femme et si tu as plus de 40 ans, tu peux bénéficier d'aides spéciales. Tu peux te renseigner auprès du Ministère de l'emploi.

Mots dont tu peux avoir besoin

activité	**actividad**	*aktibidÁd*
démarche	**trámite**	*trÁmite*
impôt sur les activités économiques	**IAE (Impuesto de Actividades Económicas)**	*iae (immpÚesto de aktibidÁdes ekonÓmikas)*
prélèvement unique sur les personnes physiques	**IRPF (Impuesto sobre la Renta de las Personas Físicas)**	*ierepeefe (immpuesto sÓbre la rÉnnta de las persÓnas fisikas)*
registre mercantile	**registro mercantil**	*rejistro merkanntÍl*
Sécurité sociale	**Seguridad Social**	*seguridÁd soçiÁl*
travailleur indépendant	**autónomo**	*autÓnomo*
trésorerie publique	**hacienda**	*açiÉnnda*
TVA taux sur la valeur ajoutée	**IVA (Impuesto sobre el Valor Añadido)**	*iba (immpuesto sÓbre el balÓr agnadido)*

Ce que tu peux dire

Je voudrais être travailleur indépendant, de quels documents ai-je besoin?	**Quiero hacerme autónomo, ¿qué papeles necesito?** *KiÉro açÉrme autÓnomo,¿ kÉ papÉles neçesito?*
Où peut-on me conseiller?	**¿Dónde me pueden asesorar?** *¿DÓnnde me puÉdenn asesorÁr?*
Où est la délégation du Ministère des Finances?	**¿Dónde está la Delegación de Hacienda?** *¿Donnde estÁ la delegaçiÓnn de açiÉnnda?*
Que dois-je demander à la Trésorerie de la Sécurité Sociale?	**¿Qué debo pedir en la Tesorería de la Seguridad Social?** *¿KÉ dÉbo pÉdir enn la tesoreria de la seguridÁd soçiÁl?*
Qu'est-ce que l'IAE?	**¿Qué es el IAE?** *¿KÉ es el i a e?*

7.4 Éducation

Le système éducatif espagnol. La scolarisation en Espagne est **obligatoire** et **gratuite** jusqu'à l'âge de 16 ans. Il existe aussi des établissements privés et agréés dans lesquels il faut payer une cotisation mensuelle. Les parents d'élèves dont le revenu est faible peuvent faire la demande de bourses au sein même de l'école ou à travers les services sociaux de la mairie. Le système éducatif espagnol est organisé de la manière suivante:

- **Educación infantil.** Comprend deux cycles: le 1.er cycle, de 0 à 3 ans et le 2.º cycle de 3 à 6 ans. Même si ce n'est pas obligatoire, la majorité des familles scolarisent leur enfants dès 3 ans.
- **Educación Primaria.** Cette étape est obligatoire. Elle comprend 3 cycles: le1.er cycle de 6 à 8 ans, le 2e cycle de 8 à 10 ans et le 3e cycle de 10 à 12 ans. Elle se déroule dans los *colegios* (écoles).
- **Educación Secundaria Obligatoria.** Comprend 4 années scolaires organisées sur deux cycles: le 1.er cycle de 12 à 14 ans et le 2e cycle de 14 à 16 ans. À l'issue de cette étape, la scolarisation obligatoire prend fin et le diplôme de *Graduado en Secundaria* (Brevet des collèges) sera délivré aux élèves. Si l'élève échoue, il pourra accéder à un Programme de Garantie Sociale qui comprend une formation de base et une initiation professionnelle. Elle a lieu dans los *institutos* (les lycées).

Les adultes qui ne possèdent pas ce diplôme peuvent l'obtenir dans les écoles pour Adultes, qui sont publiques et gratuites. **!**

- **Formación profesional de grado medio.** Il existe plus de 30 modalités différentes; à la fin de cet apprentissage, on obtient, un diplôme de technicien.
- **Bachillerato.** Cette étape dure deux années scolaires (de 16 à 18 ans) et comprend 4 modalités: Arts, Sciences Naturelles et de la Santé; Humanités et Sciences Sociales, et Technologie. Le diplôme du Baccalauréat permet d'accéder à l'Enseignement professionnel supérieur ou à des Études Universitaires.
- **Formación profesional de grado superior.** Sa durée peut varier et il y a plus de 40 modalités différentes. À l'issue de cette étape, on obtient un diplôme de Technicien Supérieur.
- **Études universitaires**

Mots dont tu peux avoir besoin

baccalauréat	**bachillerato**	*batchiyerAto*
bourse	**beca**	*bɛka*
brevet des collèges	**graduado en secundaria**	*graduÁdo enn sekunndAria*
cantine	**comedor**	*komedór*
carnet	**cuaderno**	*kuadɛ́rno*

! Dans les **écoles pour Adultes**, tu peux recevoir des cours d'espagnol et d'alphabétisation. Tu peux aussi t'inscrire à d'autres matières qui t'intéressent comme l'informatique ou autres. On ne te demandera aucun document et tu as le droit d'y accéder même si ta situation dans le pays n'est pas régularisée.

7 Intégration socio-professionnelle

chaussures de sport	**zapatillas de deporte**	*çapatiyas de deporte*
chef d'études	**jefe de estudios**	*jéfe de estúdio*
classeur	**carpeta**	*karpéta*
collège	**colegio concertado**	*koléjio konnçertÁdo*
collège	**colegio de integración**	*koléjio de inntegraçionn*
collège privé	**colegio privado**	*koléjio pribÁdo*
collège public	**colegio público**	*koléjio públiko*
concierge	**conserje**	*konnsérje*
conciergerie	**conserjería**	*konnserjeria*
cours de remise à niveau et d'intégration	**aulas de enlace**	*Áulas de ennlÁçe*
cours de soutien	**clase de apoyo**	*klÁse de apóyo*
crayon	**lápiz**	*lÁpiç*
cycle de formation	**ciclo formativo de grado medio**	*çíklo formÁtivo de grÁdo médio*
cycle de formation supérieure	**ciclo formativo de grado superior**	*çíklo formÁtivo de grÁdo superiór*
délai	**plazo**	*plÁço*
diplôme	**título**	*título*
diplôme d'études universitaires	**diplomatura / diplomado,-a**	*diplomatura / diplomÁdo,-a*
directeur/-trice	**director/-a**	*direktór/-a*
diversification	**diversificación**	*dibersifikaçionn*
doctorat	**doctorado**	*doktorÁdo*
docteur	**doctor/-a**	*doktór/-a*
école	**escuela infantil**	*eskúela innfanntíl*
élève	**alumno/-a**	*alúmno/-a*
évaluation	**evaluación**	*ebaluaçiónn*
examen	**exámen**	*eksÁmenn*
formation professionnelle	**Formación profesional (FP)**	*formaçiónn profesionÁl*
garantie sociale	**garantía social**	*garanntía soçiÁl*
gomme	**goma de borrar**	*góma de borrÁr*
inscription	**inscripción**	*innskripçionn*
inscription	**matrícula**	*matríkula*
justificatif	**justificante**	*justifikÁnnte*
licence	**licenciatura**	*liçennçiatúra*
licencié/-e	**licenciado/-a**	*liçennçiÁdo/-a*
livre	**libro**	*líbro*
livre de famille	**libro de familia**	*líbro de família*
lycée	**instituto**	*institúto*
matière	**asignatura**	*asiknatúra*
notes	**notas**	*nótas*

orientateur	**orientador/-a**	*orienntadór*
primaire	**Primaria**	*primᴀria*
professeur	**profesor/-a**	*profesór/-a*
professeur de soutien	**profesor de apoyo**	*profesor de apoyo*
professeur principal/-e, tuteur	**tutor/-a**	*tutor/-a*
rattrapage	**recuperación**	*rekuperaçiónn*
règle	**regla**	*rɛgla*
renvoi	**expulsión**	*ekspulsiónn*
sac à dos	**mochila**	*motchila*
salle de classe	**aula / clase**	*ᴀula / klᴀse*
sanction	**sanción**	*sannçiónn*
secondaire / ESO = enseignement secondaire obligatoire	**Secundaria / ESO (Enseñanza Secundaria Obligatoria)**	*sekunndᴀria / eso (ennsegnᴀnça sekunndᴀria obligatoria)*
secrétaire	**secretario/-a**	*sekretᴀrio/-a*
secrétariat	**secretaría**	*sekretaria*
stylo	**bolígrafo**	*boligrafo*
survêtement	**chándal**	*tchᴀnndal*
tutorat	**tutoría**	*tutoria*
université	**universidad**	*unibersidᴀd*

Ce que tu peux dire

Je voudrais inscrire mon fils, ma fille au collège / au lycée	**Quiero matricular a mi hijo/-a en el colegio / instituto** *Kiɛro matrikulᴀ́r a mi ijo/-a enn el kolɛjio / innstitúto*
Il reste des places?	**¿Hay plazas?** *¿ᴀi plᴀ́ças?*
Quand dois-je faire l'inscription?	**¿Cuándo tengo que hacer la inscripción?** *¿Kuᴀ́nndo tɛnngo ke açɛr la innskripçiónn?*
Quels documents faut-il présenter pour faire l'inscription?	**¿Qué documentación tengo que traer para hacer la matrícula?** *¿Kɛ dokumenntaçiónn tɛnngo ke traɛr pᴀra açɛr la matrikula?*
Y a-t-il une école plus près de mon domicile?	**¿Hay algún colegio más cerca de mi domicilio?** *¿ᴀi algúnn kolɛjio mᴀ́s çɛrka de mi domiçilio?*
Les cours commencent quand?	**¿Cuándo empiezan las clases?** *¿Kuᴀ́nndo emmpiɛçann las klᴀ́ses?*

7 Intégration socio-professionnelle

Il ne parle pas espagnol, c'est un problème?	**No sabe español, ¿hay algún problema?** *No sÁbe espagnol, ¿Ái algúnn problέma?*
Mon fils est sur une chaise roulante, est-ce que l'école est facile d'accès?	**Mi hijo va en silla de ruedas, ¿tiene fácil acceso?** *Mi íjo ba enn síya de ruέdas, ¿tiέne fÁçil akçέso?*
Le collège est loin de la maison, il y a un ramassage scolaire?	**El colegio está lejos de la casa, ¿hay transporte escolar?** *El koléjio estÁ lέjos de la kÁsa, ¿Ái transpórte eskolÁr?*
Il n'a pas de carte de séjour, vous pouvez l'inscrire?	**No tiene permiso de residencia, ¿puedo matricularlo?** *No tiέne permíso de residέnnçia, ¿puέdo matrikulÁrlo?*
Je vous dois quelque chose?	**¿Hay que pagar algo?** *¿Ái kέ pÁgar Álgo?*
Les livres sont-ils gratuits?	**¿Los libros son gratuitos?** *Los líbros sonn gratúitos*
Il existe des bourses?	**¿Hay algún tipo de beca?** *¿Ái algúnn típo de bέka?*
Ils déjeunent au collège?	**¿Comen en el colegio?** *¿Kómenn enn el koléjio?*
J'aimerais parler à la directrice	**Me gustaría hablar con la directora** *Me gustaría ablÁr conn la direktóra*
Je voudrais voir le professeur principal?	**Quiero entrevistarme con el/la tutor/-a** *Kiέro enntrebistÁrme konn el tutór / la tutóra*
Quel diplôme aura-t-il quand il aura terminé ses études?	**¿Qué título le dan cuando termine los estudios?** *¿Kέ título le dÁnn kuÁnndo termíne los estúdios?*

Ce que tu peux entendre

La asistencia es obligatoria	L'assiduité est obligatoire
Las faltas a clase hay que justificarlas	Vous devez justifier les absences
Tiene que traer el material a clase	Vous devez apporter le matériel en cours
Los libros no los da el colegio	Les livres ne sont pas fournis par le collège
Puede pedir beca para libros y comedor	Vous pouvez demander une bourse pour les livres et pour la cantine

La puntualidad es importante	La ponctualité est importante
El colegio se abre a las 9 horas	Le collège ouvre à neuf heures
A los diez minutos de la entrada se cierra	On ferme dix minutes après la rentrée
Los alumnos no pueden salir solos del colegio durante el horario escolar, tiene que venir una persona a recogerlo	Les élèves ne peuvent pas quitter le collège seuls pendant l'horaire scolaire, un adulte doit venir les chercher
Puede ver al tutor los jueves a las 12:20	Vous pouvez voir le professeur principal le jeudi à 12:20
La inscripción se entrega en Secretaría	Vous devez remettre l'inscription au secrétariat
Tiene que traer el libro de familia	Vous devez apporter le livret de famille
Secretaría abre de 10 a 13 horas	Le secrétariat est ouvert de 10h00 à 13h00
Traiga el empadronamiento	Vous devez apporter le certificat de recencement
Tiene que hacer los deberes en casa	Il doit faire les devoirs à la maison
Su hijo tiene que ir primero a un aula de enlace	Votre fils doit tout d'abord assister à un cours de remise à niveau et d'intégration

7.5 Femme

À l'attention de la femme. Si tu es femme et immigrante, sache qu'il existe des organisations publiques *Instituto de la Mujer* (Institut de la Femme) et privées (certaines ONG et associations de femmes) qui peuvent t'aider et te conseiller en cas de besoin, de problème professionnel ou autres. Voilà le numéro d'information générale de l'Institut de la Femme: 900 191 010. Ce service est gratuit et fonctionne 24 heures sur 24.

Mots dont tu peux avoir besoin

abus sexuels	**abusos sexuales**	*abúsos seksuáles*
association de femmes	**asociación de mujeres**	*asoçiaçiónn de mujɛres*
centres de soutien à la femme	**centros de apoyo** **a la mujer**	*çɛ́nntros de apóyo* *a la mujɛ́r*
conseil juridique	**asistencia jurídica**	*asistɛnnçia juridika*
contrainte physique	**malos tratos**	*málos trátos*
droits de la femme	**derechos de la mujer**	*derɛtchos de la mujɛ́r*
planification familiale	**planificación familiar**	*planifikaçiónn familiár*

prostitution	**prostitución**	*prostituçiónn*
ressources familiales	**recursos familiares**	*rekúrsos familiÁres*
services sociaux	**servicios sociales**	*serbícios soçiÁles*
soutien psychologique	**asistencia psicológica**	*asistɛ́nçia psikolójika*
viol	**violación**	*biolaçiónn*

Ce que tu peux dire

Où se trouve les services sociaux de cette mairie?	**¿Dónde están los servicios sociales de este ayuntamiento?** *¿Dónnde estÁnn los serbíçios soçiÁles de ɛ́ste ayunntamiɛ́nnto?*
Y a-t-il une assistante sociale?	**¿Hay aquí alguna asistente social?** *¿Ái akí algúna asistɛ́nte soçiÁl?*
J'ai besoin d'aide et d'un interprète	**Necesito ayuda y un intérprete** *Neseçito ayúda i unn intɛ́rprete*
Quels services offrez-vous aux femmes?	**¿Qué servicios están orientados a las mujeres?** *¿Kɛ́ serbíçios estÁnn orienntÁdos a las mujɛ́res?*
Que pouvez-vous me proposer?	**¿Qué ayudas me pueden dar?** *¿Kɛ́ ayúdas me puɛ́denn dar?*
En tant que femme, est-ce que j'ai droit à des aides?	**¿Tengo derecho a alguna ayuda, al ser mujer?** *¿Tɛ́nngo derɛ́tchos a algúna ayúda, al ser mujɛ́r?*
Mon mari m'a battue. Je voudrais porter plainte	**Mi marido me ha maltratado. Quiero ponerle una denuncia** *Mi marido me a maltratÁdo. Kiɛ́ro ponɛ́r-le úna denúnnçia*
Je me suis fait agresser	**Me han agredido** *Me ann agredido*

■ **Santé de la femme.** Le gynécologue est le spécialiste qui examine et contrôle l'appareil génital de la femme. Il est conseillé de se faire suivre chaque année, surtout chez les femmes qui ont plus de 35 ans. Sache que tu peux bénéficier d'une assistance gynécologique gratuite à la Sécurité Sociale mais il faut prendre rendez-vous quelques mois à l'avance. L'attente est parfois longue. Pour une urgence quelconque, tu peux aller à l'hôpital où tu seras reçue immédiatement. Si tu tombes enceinte, tu disposeras d'un suivi gratuit tout au long de ta grossesse, tout comme pour l'accouchement et le post-accouchement. Le spécialiste qui te prendra en charge est un obstétricien.

Mots dont tu peux avoir besoin

accouchement	**parto**	*pÁrto*
avortement	**aborto**	*aborto*
cytologie	**citología**	*çitolojía*
contraceptifs	**anticonceptivos**	*annticonnçeptíbos*
contrôle de natalité	**control de natalidad**	*konntrôl de natalidÁd*
écographie vaginale	**ecografía vaginal**	*ekografía bajinÁl*
grossesse	**embarazo**	*emmbarÁço*
gynécolgue	**ginecólogo/-a**	*jinekólogo/-a*
maladies de transmission sexuelle	**enfermedades de transmisión sexual**	*ennfermedÁdes de trannsmisionn seksuÁl*
mammographie	**mamografía**	*mamografía*
obstétricien	**tocólogo**	*tokólogo*
pédiatre	**pediatra**	*pediÁtra*
fœtus	**feto**	*fɛto*
règles	**regla**	*rɛ́gla*
sage-femme	**matrona**	*matróna*

Ce que tu peux dire

Je voudrais voir un médecin, j'ai des problèmes gynécologiques	**Necesito que me vea un médico, tengo problemas ginecológicos** *Neçesito kɛ me bɛ́a unn mɛ́diko, tɛ́nngo problɛ́mas jinekolójikos*
Je crois que je suis enceinte, je voudrais voir un médecin	**Creo que estoy embarazada, quisiera ir a un médico** *Krɛo kɛ estoi emmbaraçÁda, kisiɛ́ra ir a unn mɛ́diko*
Le phœtus va bien?	**¿Está bien el feto?** *¿EstÁ biɛnn el fɛto?*
Quelles analyses dois-je faire?	**¿Qué pruebas tengo que hacerme?** *¿Kɛ́ prúebas tɛ́nngo kɛ açɛ́rme?*
Quand vais-je accoucher?	**¿Cuándo daré a luz?** *¿KuÁnndo darɛ a lúç?*
Ça fait 3 mois que je n'ai pas mes règles	**Hace tres meses que no tengo la regla** *Áçe trɛs mɛses kɛ no tɛ́nngo la rɛ́gla*

J'ai fait une fausse couche	**He tenido un aborto** *Ɛ tenído unn abôrto*
Je voudrais une ordonnance pour un contraceptif	**Necesito que me recete algún anticonceptivo** *Neçesíto ke me reçɛ́te algúnn annticonnçeptíbo*
Je voudrais me faire mettre un stérilet	**Quiero ponerme un DIU** *Kiɛ́ro ponɛ́rme un diú*
J'ai oublié de prendre la pilule une fois, est-ce que j'ai des risques de tomber enceinte?	**Se me ha olvidado la píldora una vez, ¿me puedo quedar embarazada?** *Se me a olbidAdo la píldora úna veç, ¿me puɛ́do kedAr emmbaraçAda?*
J'ai une boule au sein	**Tengo un bulto en el pecho** *Tɛnngo unn búlto enn el pɛ́tcho*
J'ai des saignements, je suis inquiète	**Mancho un poco, estoy preocupada** *MAnntcho unn póko, estôi preokupAda*
Je préfère que vous me fassiez une échographie	**Preferiría que me hicieran una ecografía** *Preferiría ke me içiɛ́rann úna ekografía*
Je voudrais me faire faire une mammographie / un frottis	**Quiero que me hagan una mamografía / una citología** *Kiɛ́ro ke me Agann úna mamografía / úna çitolojía*
J'ai des bouffées de chaleur, c'est peut-être la ménopause	**Tengo sofocos, quizá sea la menopausia** *Tɛnngo sofókos, kiçA sɛ́a la menopAusia*
Que me conseillez-vous pour prévenir la ménopause?	**¿Qué me recomienda para prevenir la menopausia?** *¿Kɛ́ me rekomiɛ́nnda pAra prebenír la menopusia?*
Je voudrais me faire faire une amniocentèse	**Quiero que me hagan una amniocentesis** *Kiɛ́ro que me Agann úna amnioçenntɛ́sis*
Je veux me faire faire une IVG / me faire avorter	**Quiero interrumpir el embarazo / abortar** *Kiɛ́ro innterrummpír el emmbarAço / abortAr*

Tu dois savoir

Données de base sur l'Espagne

Situation géographique. L'Espagne occupe 85% de l'extension de la péninsule Ibérique, le reste étant occupé par le Portugal, pays limitrophe à l'ouest. L'Espagne a au nord une frontière naturelle avec la France (la chaîne de montagnes des Pyrénées). Les Îles Canarias, les Îles Baleares, les villes de Ceuta et Melilla (au nord de l'Afrique) font aussi partie de l'État espagnol.

Langue. La langue officielle de l'État espagnol est l'espagnol (ou castillan). Dans certaines Communautés Autonomes, en plus de l'espagnol, on parle aussi d'autres langues historiques comme le galicien, le catalan, l'euskera (ou basque). Tous les Espagnols parlent et comprennent l'espagnol et tu pourras communiquer avec eux dans cette langue.

Dans les communautés où il existe une co-officialité de l'espagnol et d'une autre langue (Galicia, Cataluña, País Vasco et Comunidad Valenciana), tous les documents administratifs sont publiés dans les deux langues et ce statut se retrouve aussi dans l'enseignement.

ESPAGNE
Gouvernement: monarchie constitutionnelle **Population:** 41 837 894 h. *(Espagnols)*. **Capitale:** Madrid (3 016 788 h.). **Villes principales:** Barcelona (1 527 190 h.), Valencia (728 924 h.), Sevilla (704 114 h.), Zaragoza (620 419 h.). **Monnaie:** euro (€) **Langue:** espagnol (officiel); catalan, galicien, euskera (basque) et valencien (co-officielles) **Religion:** catholiques (95 %), musulmans (1,2 %), protestants (0,5 %).

Organisation territoriale. L'Espagne comprend 50 provinces qui intègrent 17 Communautés Autonomes: Andalucía, Aragón, Principado de Asturias, Islas Baleares, País Vasco, Canarias, Cantabria, Castilla-La Mancha, Castilla y León, Cataluña, Comunidad Valenciana, Extremadura, Galicia, La Rioja, Comunidad de Madrid, Región de Murcia et la Comunidad Foral de Navarra, tout comme des ville autonomes, Ceuta et Melilla.

La capitale de l'Espagne est Madrid, qui est aussi la capitale de la Comunidad Autónoma de Madrid. Barcelona, capitale de la Comunidad Autónoma de Cataluña est la deuxième ville en dimension. Elle possède aussi un grand port commercial. D'autres villes, comme Valencia capitale de la Comunidad Valenciana, Sevilla capitale de la Comunidad Autónoma de Andalucía, Zaragoza capitale de la Comunidad Autónoma de Aragón et Bilbao, la ville la plus grande de la Comunidad Autónoma del País Basco, sont aussi très importantes.

■ **Religion.** L'État espagnol est aconfessionnel et laïque, selon la Constitution de 1978. Cependant, par tradition culturelle, la population espagnole est majoritairement catholique. Il existe de petites communautés de protestants, de juifs et de musulmans.

■ **Jours fériés.** Sur tout le territoire espagnol, la population jouit de neuf jours fériés par an. À ceux-ci ajoutent cinq autres qui varient en fonction des communautés autonomes. Les dimanches sont fériés à effet professionnel même si certains commerces ouvrent tout de même.

1er janvier	**Año Nuevo**	*Ágno Nuébo*
6 janvier	**Reyes (Día de la Epifanía)**	*Réyes (Día de la Épifanía)*
Vendredi qui précède le lundi de Pâques	**Viernes Santo**	*Biérnes Sánnto*
1er mai	**Día de los trabajadores**	*Día de los trabajadóres*
12 octobre	**Día de la Hispanidad**	*Día de la ispanidád*
1 novembre	**Todos los Santos**	*Tódos los Sánntos*
6 décembre	**Día de la Constitución**	*Día de la Konnstituçiónn*
8 décembre	**La Inmaculada**	*La Innmakuláda*
25 décembre	**Navidad**	*Nabidád*

Traditions. La religion catholique a laissé son empreinte sur les traditions espagnoles (fêtes, folcklore, etc.). Les fêtes issues du folcklore représentent une caractérisique éminente de la vie espagnole. En général, toute fête commence par des actes religieux auxquels succèdent des fêtes profanes que la musique et le bal viennent animer. Las Fallas de Valencia, la Feria de Abril à Sevilla et les fêtes de San Fermín à Pamplona sont les fêtes à caractère profane les plus connues. En revanche, la célébration du Corpus Christi à Toledo et à Granada, la Semana Santa en Andalucía et dans plusieurs villes castillanes comme Valladolid, Zamora et Cuenca sont des fêtes à caractère religieux. Par ailleurs, les corridas de taureaux occupent une partie importante de la tradition des fêtes espagnoles.

Bien-être social. Il existe un système de pensions de retraite et de prestations pour maladie et maternité qui se maintiennent grâce à des apports économiques d'entrepreneurs, d'indépendants et de travailleurs. Ce système prévoit, en plus, le soutien des groupes les plus démunis, garantit l'allocation chômage et couvre les besoins sanitaires de toute la population.

Les étrangers en Espagne: cadre légal et administratif

Tout ce qui est lié aux droits et aux devoirs des étrangers en Espagne (documents exigés pour résider ou travailler de manière régulière, regroupement des familles, etc.) est réglé par la **Loi de l'immigration** et son règlement d'application. !

La loi précise qu'un étranger pourra résider dans l'État espagnol dans deux cas: soit avec un permis de **résidence temporaire** soit avec permis de **résidence permanente.** Dans ces deux cas, l'étranger pourra exercer une activité professionnelle s'il en a l'autorisation.

> **!**
> **IMPORTANT:**
> Si tu es **parent d'un Espagnol** (est reconnu comme parent le conjoint, les enfants de moins de 21 ans et les ascendants) ou **citoyen communautaire**, tu dépendras de la Législation Communautaire et non pas de la loi de l'immigration (voir page 201).

Tu dois savoir

AUTORISATION DE RÉSIDENCE TEMPORAIRE SANS TRAVAIL

La loi considère trois types d'autorisation de base:

① **Autorisation de résidence temporaire** (Autorización de residencia temporal). Celle-ci te permet de résider sur le territoire espagnol, sans réaliser d'activités professionnelles, pour une période supérieure à 90 jours et inférieure à cinq ans.

- ***Comment demander l'autorisation initiale?*** Avant de venir en Espagne, tu dois demander personnellement un VISA au bureau consulaire espagnol du pays où tu résides. Ce visa contient toujours l'autorisation initiale de résidence. Une fois en Espagne, tu dois demander personnellement, dans un délai d'un mois, ta CARTE D'IDENTITÉ D'ETRANGER. Cette autorisation aura une validité d'un an au bout duquel tu devras la **renouveler** si tu désires rester en Espagne.
- ***Comment la renouveler?*** Tu dois demander le renouvellement personnellement, soit 60 jours avant la date d'expiration, soit dans les trois mois qui suivent celle-ci mais dans a cas, tu risques de devoir payer une amende.

  Tu trouveras une explication sur les démarches à suivre après avoir fait la demande du renouvellement d'une autorisation de résidence temporaire pages 200-201.
- ***Quels documents faut-il présenter pour le renouvellement?***
  — Demande (selon le modèle officiel en vigueur)
  — Passeport en vigueur ou billet de voyage, valable en Espagne
  — Ta carte d'identité d'étranger en vigueur
  — Documents qui certifient des moyens financiers suffisants et une assurance médicale valable couvrant la période pour laquelle tu désires renouveler la résidence en Espagne sans travailler.
- ***Où présenter la demande de renouvellement de résidence temporaire sans travail?*** Au commissariat de police ou dans le bureau d'étrangers de ta municipalité.

② **Autorisation de résidence temporaire grâce au regroupement familial** (Autorización de residencia temporal por reagrupación familiar). C'est l'autorisation de vivre avec toi qu'obtient un de tes parents s'il vient en Espagne. La loi permet le regroupement pour le conjoint (un seul même si la religion, le credo ou les habitudes admettent une autre modalité matrimoniale), les enfants de moins de 18 ans et ceux du conjoint, les ascendants et ceux du conjoint. Il est posible le regrouper á certaines conditions: avoir résidé légalement en Espagne pendant un an; avoir renouvelé et posséder le permis de résidence pendant une autre année minimum et démontrer qu'on a un travail, les moyens financiers suffisants et un logement adéquat.

- ***Comment demander l'autorisation initiale?*** Tu dois présenter personnellement une demande selon le modèle officiel en faveur du parent ou des parents que tu souhaites regrouper.
- ***Quels documents dois-tu présenter pour une demande de regroupement?***
  - — Certifier le lien familial.
  - — Copie du passeport, du billet de voyage ou du certificat d'inscription en vigueur du demandeur.
  - — Copie de l'autorisation de résidence ou de résidence et de travail déjà renouvelée ou, conjointement, de la première autorisation et du reçu de demande de renouvellement.
  - — Certifier que tu as un emploi et / ou les moyens financiers suffisants, y compris l'assistance sanitaire (dans le cas où il ne serait pas couvert par la Sécurité Sociale)
  - — Justificatif de logement adéquat.
  - — Dans le cas de regroupement de conjoint, déclaration assermentée du demandeur indiquant qu'il ne réside pas avec un autre conjoint en Espagne.
- ***Où présenter les documents?*** Auprès des Délégations du Gouvernement des Communautés Autonomes Uniprovinciales ou dans les Sous-délégations du Gouvernement de la province.
- ***Que faire après avoir sollicité l'autorisation initiale?*** L'Administration te fera parvenir sa décision. Si celle-ci est favorable, les parents sujets au regroupement disposeront de 2 mois à partir de la date de la notification pour demander un VISA DE REGROUPEMENT.
- ***Quels documents doivent présenter tes parents pour demander ce visa?***
  - — Passeport ou billet de voyage, valable en Espagne dont la validité doit être de 4 mois minimum.
  - — Certificat de casier judiciaire vierge (pour les majeurs)
  - — Copie de l'autorisation de résidence du demandeur de regroupement.
  - — Document original qui certifie le lien de famille.
  - — Certificat médical qui justifie qu'il ne souffre d'aucune maladie l'obligeant à être en quarantaine.
- ***Où doivent-ils la présenter?*** Ils doivent la présenter au bureau consulaire espagnol du pays où ils résident.
- ***Comment faire après avoir demandé le visa?*** Si le bureau consulaire octroie le visa de regroupement, ton/tes parent/s doivent le récupérer personnellement (sauf s'il s'agit d'un mineur, auquel cas, un représentant légal devra s'en charger) et entrer en Espagne pendant la période de vigueur du visa, qui n'excédera jamais les trois mois.

Ce visa comporte l'autorisation initiale de résidence. Une fois que ton/tes parent/s seront en Espagne, ils devront solliciter personnellement en un mois la CARTE D'IDENTITÉ D'ÉTRANGER. L'autorisation de résidence de tes parents regroupés aura la même vigueur que la tienne et expirera à la même date. Si tu désires la maintenir, tu devras la renouveler.

- ***Comment renouveler l'autorisation de résidence temporaire en cas de regroupement familial?***

  Tu dois présenter la demande de renouvellement des membres de ta famille quand tu présenteras la tienne, puisque tu es le demandeur du regroupement. Quand tu le feras, tu devras justifier que tu disposes de moyens financiers suffisants et d'une couverture sanitaire pour toi et pour les membres de ta famille que tu as fait venir.

  Tu dois demander le renouvellement personnellement, 60 jours avant ou dans les trois qui suivent, mais dans ce cas, tu risques de devoir payer une amende.

  Tu trouveras une explication sur les démarches à suivre après avoir fait la demande du renouvellement d'une autorisation de résidence temporaire page XXb.

- ***Où présenter la demande de renouvellement de résidence temporaire en cas de regroupement familial?*** Dans le même organisme où tu as dû présenter la tienne. C'est à dire:
  — Si tu es titulaire d'une autorisation de résidence temporaire sans travail, tu devras la présenter au commissariat de police ou au bureau des étrangers de ta municipalité.
  — Si tu es titulaire d'une autorisation de résidence temporaire et de travail, tu devras le faire auprès des Délégations du Gouvernement des Communautés Autonomes Uniprovinciales ou auprès des Sous-délégations du Gouvernement de province.

③ **Résidence temporaire exceptionnelle pour raisons d'enracinement** (Residencia temporal excepcional por razones de arraigo). ! Il s'agit d'un type d'autorisation exceptionnelle que l'Administration peut octroyer si tu te trouves, entre autres, dans une des situations suivantes:

> **!** La *Loi de l'Immigration* contemple d'autres cas qui pourraient donner droit à une résidence temporaire de caractère exceptionnel (pour des raisons de protection internationale, pour des raisons humanitaires, pour collaboration avec les autorités...) mais dans la pratique, elles sont très difficiles à obtenir et ne sont octroyées que très rarement.

3.1. Enracinement professionnel. Si tu peux certifier que:
   — tu résides en Espagne de façon continue depuis 2 ans,
   — ton casier judiciaire est vierge en Espagne et dans ton pays d'origine,
   — tu as ou as eu un travail pendant un an minimum.

3.2. Enracinement social. Si tu peux certifier que:
   — tu résides en Espagne sans interruption depuis 3 ans,
   — ton casier judiciaire est vierge en Espagne et dans ton pays d'origine,
   — tu as un contrat de travail (d'un an minimum) signé par toi et par ton employeur.
   — tu as des liens de parenté avec des Espagnols ou des étrangers résidents (conjoint, ascendants ou descendants); en l'absence de ces liens, tu dois pouvoir présenter un rapport positif qui certifie ton insertion sociale réalisé par la mairie de ton lieu de résidence.

3.3. Enracinement familial. Si ton père ou ta mère sont d'origine espagnole.

- ***Comment la demander?*** Tu dois utiliser le modèle officiel en vigueur et le présenter personnellement, avec les documents requis. Dans ce cas-là, ce n'est pas la peine de présenter un visa de résidence et de travail.
- ***Quels documents dois-tu présenter?***
  — Passeport ou billet de voyage, valable en Espagne dont la validité doit être de 4 mois minimum.
  — Contrat de travail signé par le travailleur et l'employeur dont la durée est d'un an minimum.
  — Certificat de casier judiciaire vierge dans ton pays d'origine ou dans les pays dans lesquels tu auras vécu pendant les 5 dernières années avant ton entrée en Espagne.
  — Rapport de la mairie de ta municipalité (dans le cas d'enracinement général).
  — Résolution judiciaire qui reconnaît ta relation professionnelle ou procès verbal de l'Inspection de Travail et Sécurité Sociale (dans le cas d'enracinement professionnel).
  — Document qui certifie depuis combien de temps tu es en Espagne.
- ***Où la présenter?*** Au commissariat de police ou au bureau des étrangers de ton lieu de résidence.
- ***Que faire après avoir présenté la demande?*** L'Administration te fera parvenir sa décision. Si celle-ci est favorable, tu disposeras d'un mois à partir de la date de la notification pour demander la CARTE D'IDENTITÉ D'ÉTRANGER.

L'autorisation de résidence temporaire pour des raisons d'enracinement contient le permis de travail et a une validité d'un an. !

- ***Comment renouveler ton autorisation?*** Tu dois la solliciter personnellement, soit 60 jours avant la date d'expiration, soit dans les trois mois qui suivent celle-ci, mais dans ce cas, de devoir payer une amende.

  Tu trouveras une explication sur les démarches à suivre après avoir fait la demande du renouvellement d'un permis de résidence temporaire dans les pages 200-201.
- ***Quels documents présenter pour la renouveler?***
  — Demande selon le modèle officiel en vigueur.
  — Contrat de travail ou offre d'emploi .
  — L'autorisation de résidence et de travail antérieure.
  — Passeport en vigueur.
- ***Où présenter la demande de renouvellement de résidence temporaire pour des raisons d'enracinement?*** Auprès de l'Aire Fonctionnelle de l'Emploi et des Affaires sociales des Délégations du Gouvernement des Communautés Autonomes Uniprovinciales ou auprès des bureaux des Étrangers des Sous-délégations du Gouvernement de la province.

AUTORISATION DE RÉSIDENCE TEMPORAIRE ET TRAVAIL

Si en plus de résider en Espagne, tu désires exercer une activité professionnelle lucrative, tu devras obtenir une autorisation de résidence temporaire de travail. Il existe deux types d'autorisation, en fonction de ta modalité de travail: comme salarié (comme employé d'une entreprise) ou comme travailleur indépendant.

① **Autorisation de résidence temporaire et de travail comme salarié** (Autorización de residencia temporal y trabajo por cuenta ajena). Celle-ci permet aux étrangers de plus de 16 ans de résider et de travailler en Espagne pour une période supérieure à 90 jours et inférieure à 5 ans. Cette autorisation est octroyée aux étrangers résidant hors du territoire espagnol.

- ***Comment solliciter une autorisation initiale?*** L'employeur ou entrepreneur qui désire te faire un contrat doit présenter personnellement, ou à travers un représentant légal, une demande d'autorisation de résidence et de travail comme salarié.
- ***Où la présenter?*** Auprès de l'Aire Fonctionnelle de l'Emploi et des Affaires sociales des Délégations du Gouvernement des Communautés Autonomes Uniprovinciales ou auprès des bureaux des Étrangers des Sous-délégations du Gouvernement de la province.

> ! **IMPORTANT:**
> Si tu te es dans le cas d'**enracinement social**, sache que pour que l'autorisation de résidence et de travail soit valable, il faut que ton embaucheur t'inscrive à la sécurité sociale dans un délai d'un mois.

- ***Quels documents doit présenter l'employeur?***
  — DNI o CIF de l'employeur ou de l'entreprise.
  — Contrat de travail ou offre d'emploi selon le modèle officiel.
  — Copie du passeport ou du billet de voyage en vigueur de l'étranger.
  — Autres documents.

  L'Administration communiquera la résolution favorable à l'employeur et en même temps, au bureau consulaire espagnol correspondant à ton lieu de résidence.
- ***Que doit faire le travailleur?*** Il aura un délai d'un mois à partir de la notification à l'employeur pour solliciter personnellement un VISA pour entreprende une relation professionnelle en tant que salarié auprès du bureau consulaire espagnol de son lieu de résidence.
- ***Quels documents présenter pour solliciter le visa?***
  — Passeport ordinaire ou billet de voyage, valable en Espagne dont la validité doit être de 4 mois minimum.
  — Certificat de casier judiciaire vierge dans ton pays d'origine ou dans les pays où tu auras vécu pendant les 5 dernières années qui précèdent ton entrée en Espagne.
  — Certificat médical qui justifie que tu ne souffres d'aucune maladie t'obligeant à être en quarantaine.
  — Copie de l'autorisation de résidence et de travail conditionnée
- ***Que faire après l'avoir demandé?*** L'Administration te communiquera sa décission. Si celle-ci est favorable, tu devras récupérer ton visa personnellement et dans un délai d'un mois. Tu rejoindras le territoire espagnol dans le délai de vigueur du visa (qui ne dépasse jamais les 3 mois). Le visa comportera l'autorisation initiale pour résider et travailler.

  Une fois que tu seras en Espagne, tu pourras initier ton activité de travail et t'inscrire à la Sécurité Sociale. Mais, n'oublie pas que tu disposes d'un mois pour solliciter ta CARTE D'IDENTITÉ D'ÉTRANGER. L'autorisation initiale pour résider et travailler comme salarié a une validité d'un an au bout duquel tu devras la renouveler. !
- ***Comment renouveler ton autorisation?*** Tu dois demander le renouvellement personnellement, soit 60 jours avant la date d'expiration, soit dans les trois mois qui suivent celle-ci mais dans ce cas, tu risques de devoir payer une amende.

IMPORTANT:
L' **autorisation initiale** de résidence de travail comme salarié ne te permet de travailler que dans un domaine déterminé et limité à une zone géographique concrète. En revanche, avec l'**autorisation renouvelée**, tu pourras exercer n'importe quelle activité professionnelle sur tout le territoire espagnol.

Tu dois savoir

Tu trouveras une explication sur les démarches à suivre après avoir fait la demande du renouvellement d'un permis de résidence temporaire dans les pages 200-201.

- ***Où présenter la sollicitude de renouvellement de résidence temporaire et de travail comme salarié?*** Auprès de l'Aire Fonctionnelle de l'Emploi et des Affaires sociales (Área Funcional de Trabajo y Asuntos Sociales) des Délégations du Gouvernement des Communautés Autonomes Uniprovinciales ou auprès des bureaux des Étrangers (Oficinas de Extranjeros) des Sous-délégations du Gouvernement de la province.

② **Autorisation de résidence temporaire et de travail comme travailleur indépendant** (Autorización de residencia temporal y trabajo por cuenta propia). Celle-ci permet aux étrangers qui résident hors d'Espagne et qui ont obtenu le visa de commencer à travailler comme travailleur indépendant.

- ***Comment la solliciter?*** Tu dois présenter personnellement la demande et les documents requis au bureau consulaire de ton lieu de résidence. Si la résolution est favorable, tu devras demander personnellement le VISA correspondant. Dès que tu l'auras obtenu, tu pourras entrer en Espagne et commencer ton activité. Tu auras un délai d'un mois après ton arrivée pour solliciter la CARTE D'IDENTITÉ D'ETRANGER. Cette autorisation aura une validité d'un an et après, tu devras la renouveler.
- ***Comment la renouveler?*** Les délais, conditions requises et procédés sont les mêmes que pour le renouvellement de l'autorisation de résidence et de travail comme travailleur indépendant.

RENOUVELLEMENT DES AUTORISATIONS DE RÉSIDENCE TEMPORAIRE

Le processus de renouvellement des autorisations de résidence temporaire avec ou sans travail est le même en ce qui concerne les **délais** et les **procédés.** Par contre, les documents que tu dois fournir et les lieux de présentation de ceux-ci varient comme nous l'avons précisé dans chacune des parties correspondantes.

- **Délais.** Rappelle-toi que tu dois faire les démarches de renouvellement, soit 60 jours avant la date d'expiration, soit dans les trois mois qui suivent celle-ci si tu no le fais pas, tu risques de devoir payer une amende.

> **!** **TRÈS IMPORTANT:**
> Si dans un delai de 3 mois, l'Administration n'a pas résolu ta sollicitude de renouvellement, la résolution sera supposée favorable. Dans ce cas:
> 1er. Tu devras la confirmer, en te rendant personnellement à l'organisme où tu as présenté ta demande de renouvellement et demander un CERTIFICAT qui certifie que le renouvellement a été fait par « silence administratif positif ».
> 2.º Avec ce certificat, tu devras solliciter ta CARTE D'IDENTITÉ D'ETRANGER dans un délai d'un mois.

- **Procédés.** L'Administration dispose de 3 mois pour résoudre ta demande de renouvellement. Elle devra te le notifier qu'elle soit favorable ou défavorable. **!**

  Si la résolution est favorable, tu dois demander personnellement dans un délai d'un mois, ta CARTE D'IDENTITÉ D'ETRANGER. L'autorisation de résidence temporaire renouvelée aura une validité de 2 ans à moins que tu n'aies droit à la permanente (pour des raisons d'enracinement ou autres).

  Une fois ces deux ans écoulés, tu devras à nouveau renouveler ton autorisation de résidence, dans les mêmes délais, conditions et procédés que peur ton premier renouvellement. Après le deuxième renouvellement, qui aura aussi une validité de 2 ans, tu auras droit à une autorisation de **résidence permanente.**

AUTORISATION DE RÉSIDENCE PERMANENTE

Se trouve en situation de résidence permanente, l'étranger qui a été autorisé à résider en Espagne de manière indéfinie et à travailler dans les mêmes conditions que les Espagnols.

- **Quand la demander?** quand tu pourras certifier que tu as résidé légalement et sans interruption sur le territoire espagnol pendant 5 ans ou que tu fais partie des situations considérées par la reglamentation en vigueur (pension d'invalidité, incapacité absolue...). Si la décision est favorable, tu devras demander personnellement, ta CARTE D'IDENTITÉ D'ETRANGER, dans un délai d'un mois. Cette carte a une validité indéfinie mais tu devras la renouveler tous les 5 ans.
- **Comment la renouveler?** Tu dois demander le renouvellement personnellement, soit 60 jours avant la date d'expiration soit dans les trois mois qui suivent celle-ci mais dans ce cas, tu risques de devoir payer une amende.

ÉTRANGERS PARENTS D'ESPAGNOLS OU DE CITOYENS EUROPÉENS

Si tu es parent d'un espagnol ou d'un citoyen européen, tu pourras obtenir une CARTE DE PARENT D'ESPAGNOL OU DE CITOYEN EUROPÉEN, qui t'autorise à résider en Espagne. Celle-ci aura une validité de 5 ans.

Tu pourras renouveler cette carte tant que les circonstances d'octroi seront maintenues. Seuls les conjoints pourront obtenir un permis de travail avec cette carte. Les enfants de plus de 16 ans qui désirent travailler et ceux de plus de 21 ans qui certifieront poursuivre des études devront solliciter une autorisation pour travailler comme travailleur indépendant, conformément à la reglamentation actuelle des étrangers extracommunautaires.

OBTENTION DE LA NATIONALITÉ ESPAGNOLE GRÂCE À LA RÉSIDENCE

Les citoyens étrangers peuvent solliciter la nationalité espagnole s'ils ont résidé en Espagne pendant une période déterminée. La période exigée est de 10 ans, comme norme genérale quoique quelques exceptions soient parfois accordées, comme pour les exilés politiques (5 ans), pour les originaires des pays ibéroaméricains, d'Andorre, des Philippines, de Guinée Équatoriale, du Portugal et pour les séfardis (2 ans), etc.

Les démarches se réaliseront sur le territoire espagnol sous apport des documents exigés par l'administration et moyennant une demande par écrit adressée au Ministère de la Justice.

PROCÉDURE DES SOLLICITUDES

Les modèles officiels de toutes les demandes sont gratuits. Leur vente est interdite. Tu peux les reproduire par n'importe quel moyen d'impression et même les photocopier. Tu peux te les procurer sur internet sur les pages du Ministère de l'ntérieur (www.mir.es), du Travail et des Affaires Sociales (www.mtas.es) et des Administrations Publiques (www.igsap.es). !

La concession des autorisations de résidence et de travail dépendent de deux Ministères: le Ministère de l'Intérieur et le Ministère du Travail et des Affaires Sociales. Ceux-ci disposent à leur tour, de départements où tu devras t'adresser pour obtenir les renseignements nécessaires concernant les documents à fournir et les conditions requises à respecter pour tout renouvellement.

Dans toutes les capitales de province, tu pourras réaliser toutes ces démarches. Pour savoir où aller pour que ce soit plus facile ou plus rapide, nous te conseillons de t'adresser à tes compatriotes qui ont déjà régularisé leur situation, de te rendre à une ONG spécialisée en immigration ou aux Services Sociaux de ta mairie ou même de consulter les pages blanches de *Telefónica* (réseau des télécoms espagnols) ou la web du Ministère de l'Intérieur (www.mir.es). Le tableau ci-dessous indique les organismes compétents dans chaque cas:

> ! **Tu ne dois absolument rien payer pour résoudre ta situation**. Tu peux réaliser toutes les démarches personnellement. Si tu as besoin d'aide, tu peux te renseigner auprès des organismes ou des associations spécialisés en immigration qui conseillent gratuitement et règlent les procédures à ta place.

ORGANISME	DEPARTEMENT	DOCUMENTS
Ministère de l'Intérieur	**Brigades provinciales d'Étrangers et Documentation / Commissariats locaux**	• Autorisation de Résidence temporaire sans travail • Autorisation de Résidence Permanente • Demande d'Autorisation de Résidencc pour Enracinement
	Commandement Supérieur de Police et Documentation	• Régime communautaire • Autorisation de Retour
	Délégations du Gouvernement des Communautés / Sous-délégations provinciales	• Regroupement familial
Ministère du travail et des Affaires sociales	**Aire Fonctionnelle de l'Emploi et des Affaires Sociales des Délégations du Gouvernemet dans les Communautés Autonomes / Sous-délégations provinciales**	• Autorisations de Résidence et de Travail • Autorisation de travail pour raison d'enracinement • Modifications et Renovellements d'autorisations de travail

QUELQUES RECOMMANDATIONS IMPORTANTES

- **Va te faire recenser** au conseil administratif communal. Tu auras droit à la couverture sanitaire publique et ça te permettra de certifier le temps de résidence en Espagne (résidence par enracinement)
- **Surveille bien les délais** pour renouveler tes papiers et éviter d'être dans une situation irrégulière.
- **Prends contact avec les associations d'immigrants et les syndicats** pour prendre connaissance de tes droits
- **Informe-toi gratuitement** auprès des organisations ou des syndicats avant d'aller voir un avocat
- **Sollicite une «Autorisation de Retour»** quand tu voudras quitter le territoire espagnol, à condition d'avoir sollicité le renouvellement ou changement de ta carte et de conserver l'ancienne. Si tu quittes le territoire sans

cette autorisation tu peux avoir des problèmes au retour, on peut même te l'interdire.

- **Ne reste pas hors du territoire espagnol plus de 6 mois,** parce que tu perdrais automatiquement ton autorisation temporaire de résidence ou de résidence et de travail
- **Ne reste pas hors du territoire espagnol plus de 12 mois consécutifs ou plus de 30 mois en 5 ans,** parce que tu perdrais ton autorisation de résidence permanente.

Adresses d'intérêt

AMBASSADES ET CONSULATS EN ESPAGNE

- **ALGÉRIE**

Ambassade
General Oráa, 12
28006 Madrid
915 62 97 05
915 62 98 77

Consulat
Alicante
consualg@teleline.es
Av. Eusebio Sempere, 14
03003 Alacant / Alicante
965 229 944

- **CAMEROUN**

Consulat
Madrid
Rosario Pino, 3
28020 Madrid
915 711 160

- **CANADA**

Consulat
Barcelone
bcncon@sefes.es
Elisenda de Pinós, 10
08034 Barcelona
932 042 700
Fax: 932 042 701*Madrid*
www.canada-es.org
Núñez de Balboa, 35
28001 Madrid
914 233 250
Fax: 914 233 251

Malaga
cancon@microcad.es
Pl. la Malagueta, 2
29016 Málaga
952 223 346

- **CÔTE D'IVOIRE**

Consulat
Madrid
costamarfil@ic1.inycom.es
Serrano, 154
28006 Madrid
915 626 916

- **FRANCE**

Ambassade
Marqués de la Ensenada, 10
28004 Madrid
917 007 800

Ambassade et Consulat
Barcelone
→ Av. Sarrià, 102
08017 Barcelona
☎ 932 051 890

Consulat
Barcelone
→ Rda. Universitat, 22
08007 Barcelona
☎ 932 703 000

Alicante
france-consul@mx3.redestb.es
→ Arquitecto Morell, 8
03003 Alacant / Alicante
☎ 965 921 836

Bilbao
consuladodefrancia@info-negocio.es
→ Iparraguirre Kalea, 26
48011 Bilbao
☎ 944 255 180

Gran Canaria
→ Néstor de la Torre, 12
35006 Las Palmas de Gran Canaria
☎ 928 292 371

Malaga
→ Duquesa de Parcent, 8
29001 Málaga
☎ 952 226 590
Fax: 952 227 265

Menorca
→ Deya, 30
07702 Maó / Mahón (Menorca)
☎ 971 354 387

Murcia
→ Poeta Andrés Bolarín, 6 bajo izqda.
30001 Murcia
☎ 968 350 816

Séville
→ Pl. Santa Cruz, 1
41004 Sevilla
☎ 954 293 200
Valence
→ Cronista Carreres, 11
46003 Valencia
☎ 963 510 359

- **GABON**

Consulat
Madrid
→ Ángel de Diego Roldán, 16
28016 Madrid
☎ 914 138 211

- **LIBAN**

Consulat
Barcelone
→ Via Augusta, 125
08006 Barcelona
☎ 932 022 121
Fax: 932 022 327

Madrid
→ P.º Castellana, 178
28046 Madrid
☎ Tlf: 913 451 370

- **MADAGASCAR**

Chancellerie de Madagascar
Barcelona
→ Malmes, 202, 2.ª Planta
08006 Barcelona
☎ 93 415 10 06
Fax: 94 415 29 53

Tu dois savoir

- **MAROC**

Ambassade

simafa1@infonegocio.com
www.maec.gov.ma/madrid

Serrano, 179
28002 Madrid

915 63 10 90.
Fax: 915 61 70 87

Consulat

Algesiras

Teniente Maroto, 2-1 comercial
Algeciras (Cádiz)

956 66 18 03/95 66
Fax: 956 66 52 37

Almeria

consmaralmeri@navegalia.com

Soldado español, 14
04004 Almería

950 28 02 02
Fax: 950 23 67 53

Barcelone

Khalfi

Béjar, n.º 91
08014 Barcelona

93 289 25 30
Fax: 289 24 72

Las Palmas

consumalaspalmas@info-negocio.com

Avda. Mesa y López, 8, 2°
35007 Las Palmas

928 26 28 52
Fax: 26 88 50

Madrid

consuladomadrid@terra.es

Leizarán, 31
28002 Madrid

91 561 21 45/561 21
Fax: 561 53 49

Séville

consumarsevilla@supercable.es

Camino de los Descubrimientos s/n
Pabellón de la naturaleza-Isla de la Cartuja
41092 Sevilla

95 40 81 044
Fax: 954081551

- **MAURITANIE**

Consulat

Madrid

Velázquez, 90
28006 Madrid

915 757 007

Gran Canaria

Quintana, 14
35005 Las Palmas de Gran Canaria

928 234 500
Fax: 928 293 166

- **SÉNÉGAL**

Ambassade

Madrid

Príncipe de Vergara, 90
28006 Madrid

91 745 10 03/563 98 10
Fax: 91 751 11 48

Consulat Général

Madrid

→ Ayala, 99

☎ 913 095 200

Fax: 91 309 00 87

Consulat Honoraire

Barcelone

ramosmc1840@hotmail.com

→ 08397 Pineda de mar (Barcelona)

☎ 937 662 172

Las Palmas

→ Galicia, 37 Bajo

35007 Las Palmas de Gran Canaria

☎ 928.224 327

Fax: 928.224 327

Malaga

Danza Invisible, 2, 1°B

29620 Torremolinos (Málaga)

Marbella

→ Hôtel Del Golf, plaza Nuerre

Marbella (Andalucía)

☎ 95 81 10 00

Ténérife

Edificio Duraflor, 301, Urbanización L. Durangon

Puerto de la Cruz

☎ 922 381 291

- **TCHAD**

Consulat

Barcelone

→ Tuset, 5

08006 Barcelona

☎ 932 006 109

- **TUNISIE**

Consulat

Madrid

www.destino-tunez.com/embassy.htm

→ Av. Alfonso XIII, 64-66

28016 - Madrid

☎ 914 473 508

Fax: 915 938 416

- **VIETNAM**

Consulat

Madrid

→ Arturo Soria, 201

28043 Madrid

☎ 915 102 867

Fax: 914 157 067

ONGs ET AUTRES ORGANISMES TRAVAILLANT AVEC LES IMMIGRANTS

- **Agencia de la ONU para los Refugiados (ACNUR)**

Agence de l'ONU pour les Réfugiés

www.acnur.org

→ Cedaceros, 9

28014 Madrid

☎ 91 369 06 70

- **Asociación Norte Joven**

Association Norte Joven

→ Avda. Cardenal Herrera Oria, 78-bis

28034 Madrid

☎ 91 372 15 06

- **Asociación de Solidaridad con los Trabajadores Inmigrantes (ASTI)**
  Association de Solidarité avec les Travailleurs Immigrants

Madrid
www.asti-madrid.com
➔ Cava Alta, 25, 3.º izd.
28015 Madrid
☎ 91 365 65 18

➔ Avda. Complutense, 8
28805 Alcalá de Henares (Madrid)
☎ 91 888 53 26

➔ Hospital San José, 4
28901 Getafe (Madrid)
☎ 91 681 51 11

- **Caritas**
  www.caritas.es

Barcelona
➔ Avda.de la Vera, 5
08002 Barcelona
☎ 93 278 70 10

Cáceres
➔ Avda. de la Vera, 1, 1.º
10600 Plasencia (Cáceres)
☎ 927 41 15 53

Gerona
➔ Pujada dels Alemanys, 4
17004 Gerona
☎ 972 41 04 16

Granada
➔ Rosa Chacel, 1, bajo
18500 Guadix (Granada)
☎ 958 66 21 23

Ibiza
➔ Felipe II, 16, bajo
07800 Ibiza
☎ 971 31 17 62
971 19 23 93

Lérida
➔ Urgell, 1
25300 Tárrega (Lérida)
☎ 973 31 25 01

Madrid
➔ San Bernardo, 99 bis, 7.º
28015 Madrid
☎ 91 444 13 31

➔ Plaza del Beso, 5
28091 Getafe (Madrid)
☎ 91 695 03 48

Murcia
➔ Burrueso s/n-bajo
30001 Murcia
☎ 968 28 73 13
968 28 73 14

Palma de Mallorca
➔ Seminario, 4
07001 Palma de Mallorca
☎ 971 71 62 88

Salamanca
➔ Monroy, 2-4
37002 Salamanca
☎ 923 26 96 98
923 26 98 19

Santa Cruz de Tenerife
➔ 18 julio, 23 entlo., izqda
38004 Santa Cruz de Tenerife
☎ 922 27 72 12

- **Colegio de abogados de Madrid**
  Barreaux de Madrid
  www.icam.es
  → Serrano, 9 y 11
  28001 Madrid
  ☎ 91 435 78 10

- **Colegio de abogados de Zaragoza**
  Barreaux de Zaragoza
  www.reicaz.es
  → Don Jaime I, 18
  50001 Zaragoza
  ☎ 976 204 220

- **Comisión Española de Ayuda al Refugiado (CEAR)**
  Commission Espagnole de l'Aide au Réfugié
  www.cear.es

  Ceuta
  → Carretera del Jaral s/n
  51003 Ceuta
  ☎ 956 52 23 48

  Melilla
  → Ejército Español, 14-1.º dcha.
  29801 Melilla
  ☎ 952 68 11 72

  Madrid
  → Avda. General Perón, 32
  28020 Madrid
  ☎ 91 555 06 98

- **Comité de Defensa de los Refugiados Asilados e Inmigrantes en España (COMRADE)**
  Comité de Defense des Réfugiés Exilés et Immigrants en Espagne
  → Rodríguez San Pedro, 2 - despacho 708
  29015 Madrid
  ☎ 91 446 46 08

  → San Bernardo, 51 - bajo izda.
  28015 Madrid
  ☎ 91 521 24 74

- **Federación de Asociaciones de Mujeres Concepción Arenal**
  Fédération d'Associations des Femmes Concepción Arenal
  → Velázquez, 78
  28001 Madrid
  ☎ 91 435 06 29

  → Martínez Izquierdo, 80 bajo. Local 3
  28028 Madrid
  ☎ 91 355 54 53

- **Federación de Asociaciones Proinmigrantes (RED ACOGE)**
  Fédération d'Associations Proimmigrantes
  www.acoge.org

  Albacete
  → Cruz Norte, 2
  02001 Albacete
  ☎ 967 21 54 10

  Alicante
  → Águila, 35, 3.ª planta
  03006 Alicante
  ☎ 965 11 52 85

  → Travesía de San Joaquín, 2
  03203 Elche (Alicante)
  ☎ 965 42 61 72

→ Plaza de San Francisco, 1
03300 Orihuela (Alicante)
☎ 966 74 57 31

Burgos
→ Avenida Castilla y León, 34-bajo
09006 Burgos
☎ 947 23 23 03

Córdoba
→ Conde de Gondomar, 11, 7.ª planta, 4
14001 Córdoba
☎ 957 47 89 29

→ Los Maristas, 2 bajo
14900 Lucena (Córdoba)
☎ 957 51 66 08

Logroño
→ La Brava, 16 bajo
26001 Logroño
☎ 941 26 31 15

Madrid
→ Isla Saipan, 35, Centro San Rafael
28035 Madrid
☎ 91 316 69 72

→ López de Hoyos, 15, 3.º D
28006 Madrid
☎ 91 563 37 79

Murcia
→ Real, 52, 1.º D
30201 Cartagena (Murcia)
☎ 968 50 53 01

→ Mar Menor, 11-1.º
30360 La Unión (Murcia)
☎ 968 54 03 66

→ Ana Romero, 2
30800 Lorca (Murcia)
☎ 968 47 32 72

→ Arquitecto Emilio Pérez Piñero, 1, 1.º F
30007 Murcia
☎ 968 24 81 21

→ Cartagena, 6
30700 Torre Pacheco (Murcia)
☎ 968 58 53 52

→ Honduras, 2
30850 Totana (Murcia)
☎ 968 42 54 43

Santander
→ Monte Caloca, s/n
39008 Santander
☎ 942 36 44 45

Valencia
→ San Juan Bosco, 10
46019 Valencia
☎ 96 366 01 68

- **Federación de Asociaciones Proinmigrantes Extranjeros en Andalucía (ANDALUCÍA ACOGE) Fédération d'Associations Proimmigrantes Étrangers en Andalucía**

Almería
→ Padre Luque, 11, 2.º
04001 Almería
☎ 950 27 15 75

Cádiz
→ Vicario, 16
11001 Jerez de la Frontera (Cádiz)
☎ 956 32 19 08

Granada
Agua de Cartuja, 51
18012 Granada
958 20 08 36

Jaén
Adarves Bajos, 9-1.º
23001 Jaén
953 24 24 02

Málaga
Bustamante, s/n
29007 Málaga
952 39 32 00

Sevilla
Cristo de la Expiración
41001 Sevilla
954 90 29 60

- **Federación de Mujeres Progresistas**
Fédération de Femmes Progressistes
Ribera de Curtidores, 3
28012 Madrid
91 539 63 13

- **Fundación RAIS**
Fondation RAIS
Jordán, 8
28010 Madrid
91 593 13 70

- **Groupes de Recerca y Actuació amb minories culturals i treballadors estrangers**
Groupes de Recherche et d'action auprès des minorités culturelles et des travailleurs étrangers
Plaza Lluis Companys, 12
17003 Girona
972 21 96 00

- **Madrid Puerta Abierta**
Madrid Porte Ouverte
Cedros, 82 - bajo dcha.
Madrid
91 315 23 45

- **Médicos del mundo**
Médecins du monde
www.medicosdelmundo.org
Juan Montalvo 6.
28040 Madrid
91 315 60 94

- **Paideia**
asocpaideia@ctv.es
Tirso de Molina, 13, 4.º izda.
Madrid
91 429 51 32

- **Sindicato de Trabajadores Comisiones Obreras (CC OO)**
Syndicat de Travailleurs *Comisiones Obreras* (CC OO)
www.ccoo.es

Barcelona
Vía Laietana, 16
08003 Barcelona
93 481 27 00

Cáceres
General Yagüe, 2
10001 Cáceres
927 21 07 37

Las Palmas de Gran Canaria
Avenida de Mayo, 21, 5.º
35002 Las Palmas de Gran Canaria
928 44 75 54

Logroño
Avenida Pío XII, 10
26003 Logroño
941 26 39 12

Madrid
→ Fernández de la Hoz, 12, 5.º
(Área de Migraciones)
28010 Madrid
☎ 91 702 80 50

→ Lope de Vega, 38
28014 Madrid
☎ 91 536 53 97

Murcia
→ Corbalán, 4
30002 Murcia
☎ 968 35 52 11

Palma de Mallorca
→ Francesç de Borja i Moll, 3
07003 Palma de Mallorca
☎ 971 72 60 60

Sevilla
→ Trajano, 1, 3.º
41002 Sevilla
☎ 954 22 29 94

Toledo
→ Carlos V, 12, 3.º
45001 Toledo
☎ 925 25 51 00

Vigo
→ Hernán Cortés, 26, 1
36003 Vigo
☎ 986 43 47 60

Valencia
→ Plaza de Nápoles i Sicilia, 5
46003 Valencia
☎ 963 88 21 00

Zaragoza
→ Paseo de la Constitución, 12 bajo
50700 Zaragoza
☎ 976 23 91 85

- **SOS Racismo**
SOS Racisme
☞ www.nodo50.org/sosracismo.madrid
→ Campomanes, 13, 2.º izda.
Madrid
☎ 91 559 29 06

- **Unión General de Trabajadores (UGT)**
Syndicat *Unión General de Trabajadores* (UGT)
Barcelona
→ Rambla Santa Mónica, 10
08002 Barcelona
☎ 93 304 68 42

Madrid
→ Hortaleza, 87
28004 Madrid
☎ 91 589 77 24

→ Maldonado, 53
28006 Madrid
☎ 91 745 45 30

Málaga
→ Alemania, 19
29001 Málaga
☎ 95 222 10 30

Murcia
→ Santa Teresa, 10
30005 Murcia
☎ 968 28 47 12

Valencia
→ Arquitecto Mora, 7 bajo
46010 Valencia
☎ 963 88 41 52

- **Unión Sindical Obrera Confederación (USOC)**
  Syndicat *Unión Sindical Obrera Confederación* (USOC)

  Madrid
  ➔ Plaza Santa Bárbara, 5, 6.º
  28015 Madrid
  ☎ 91 308 25 86

  Murcia
  ➔ Alameda de Capuchinos, 19
  entresuelo
  Murcia
  ☎ 968 25 01 20

  Sevilla
  ➔ Doña María Coronel, 34
  41003 Sevilla
  ☎ 95 429 30 17

Dictionnaire essentiel

A

abandonner abandonar [abanndonÁr]
abeille abeja [abɛ́ja]
abîmer estropear [estropeÁr]
abonnement abono (transporte) [abóno]
absent/-e ausente [ausɛnnte]
accent acento (entonación) [açɛnnto]
accepter aceptar [aceptÁr]
accident accidente [akçidɛ́nnte]
accompagner acompañar [akommpagnÁr]
acheter comprar [kommprÁr]
acide ácido/-a [Áçido]
admettre admitir [admitír]
adresse dirección [direkçiônn]
affaire negocio [negôçio]
âge edad [edÁd]
âgé/-e mayor [mayôr]
agence agencia [ajɛnnçia]
agréable agradable [agradÁble]
agression atraco [atrÁko]
aide ayuda [ayúda]
aider ayudar [ayudÁr]
aiguille aguja [agúja]
aiguille alfiler [alfilɛr]
aimable amable [amÁble]
aimer amar [amÁr]
aimer gustar / querer [gustÁr] / [kerɛ̀r]
air aire [Áire]
ajouter sumar [sumÁr]
alarme alarma [alÁrma]
alcool alcohol [alkôl]
alentours afueras [afuɛ́ras]
aliment alimento [alimɛ́nnto]
aller ir [ir]
allume-cigare encendedor [ennçenndedôr]
allumer encender [ennçenndɛ́r]
allumette cerilla [çeriya]
alphabet alfabeto [alfabɛto]
amateur aficionado/-a [afiçionÁdo/-a]
ambassade embajada [emmbajÁda]
ambulance ambulancia [ammbulÁnnçia]
améliorer mejorar [mejorÁr]
amende multa [múlta]
amer/-ère amargo/-a [amÁrgo/-a]
ami/-e amigo/-a [amígo/-a]
amortisseur amortiguador [amortiguadôr]
amour amor [amôr]
ampoule bombilla [bommbiya]
amuser; s'amuser divertir; divertirse [divertír]; [divertírse]
amusant/-e divertido/-a [dibertído/-a]
analgésique analgésico [analjɛsiko]
ancien/-enne antiguo/-a [anntíguo/-a]
animal animal [animÁl]
anniversaire cumpleaños [kummpleÁgnos]
antenne antena [anntɛna]
antérieur/-e anterior [annteriôr]
antiquaire anticuario [anntikuÁrio]
antracte entreacto [enntreÁkto]
anxieux/-euse ansioso/-a [annsiôso/-a]
appareil électro-ménager electrodoméstico [elektrodomɛstiko]
appartement apartamento, piso (vivienda) [apartamɛ́nnto], [píso]
appartenir pertenecer [perteneçɛ́r]

Dictionnaire essentiel

appeler; s'appeler llamar; llamarse [llamAr];[llamÁrse]
applaudir aplaudir [aplaudir]
apporter traer [traɛr]
apprendre aprender, enseñar [aprenndɛ́r], [ennsegnAr]
âpre áspero/-a [Áspero/-a]
araignée araña [arÁgna]
arbre árbol [Árbol]
arche arco [Árko]
argent dinero [dinɛro]
armée ejército [ejɛrçito]
armoire armario [armÁrio]
arnaque estafa [estÁfa]
arranger arreglar [arreglÁr]
arrêté/-e detenido/-a [detenido/-a]
arrêter; s'arrêter parar; pararse [parÁr]; [parArse]
arrivée llegada [yegAda]
arriver llegar [yegAr]
arrondissement distrito [distrito]
art arte [Arte]
artificiel/-le artificial [artifiçiÁl]
artiste artista [artIsta]
ascenseur ascensor [asçennçör]
aspirine aspirina [aspirina]
assassiner asesinar [asesinÁr]
asseoir ; s'asseoir sentar; sentarse [sentÁr]; [sentArse]
assez bastante [bastÁnnte]
assiette plato [plÁto]
assister asistir [asistír]
assurer asegurar [asegurAr]
atteindre alcanzar [alkannçÁr]
attendre esperar [esperAr]
atterrir aterrizar [aterriçAr]
aucun/-e ninguno/-a [ninngúno/-a]
au-dessus (de) encima (de) [ennçíma (de)]
aujourd'hui hoy [oy]
autel altar [altÁr]
autobus autobús [autobús]
autocar autocar [autokAr]
autorité autoridad [autoridÁd]
autoroute autopista [autopísta]
autour alrededor [alrededör]
autre otro/-a [ötro/-a]
avancer avanzar [abannçAr]
avant antes [Anntes]
avant-bras antebrazo [anntebrAço]
avec con [konn]
avec moi conmigo [konnmígo]
avenue avenida [abenída]
aveugle ciego/-a [çiɛgo/-a]
avis aviso [abíso]
avocat/-e abogado/-a [abogÁdo/-a]
avoir ; avoir mal haber, tener ; doler [abɛr], [tenɛr]; [dolɛ́r]

B

bague anillo, sortija [aniyo], [sortija]
baie bahía [baía]
baigner, se baigner bañar; bañarse [bagnArse]
baignoire bañera [bagnɛra]
baiser beso [bɛ́so]
bal baile [bAile]
balai escoba [eskóba]
balayer barrer [barrɛ́r]
balcon balcón [balkönn]
ballon pelota [pelóta]
banc (siège) **banco (asiento)** [bÁnnko]
bandage vendaje [benndÁje]
banlieue suburbio [subúrbio]
banque (établissement bancaire) **banco (entidad bancaria)** [bÁnnko]

barbe barba [bᴀrba]
bas ; en bas bajo ; abajo [bᴀjo]; [abᴀjo]
bas/-se bajo/-a (cosas) [bᴀjo/-a]
bassin pelvis [pɛlbis]
bataille batalla [batᴀya]
bâtiment edificio [edifiçio]
bâton palo [pᴀlo]
batterie batería [bateria]
beau/belle guapo/-a [guᴀpo/-a]
beaucoup mucho/-a [mutcho/-a]
beau-frère cuñado/-a [kugnᴀdo/-a]
beau-père/belle-mère suegro/-a [suɛgro/-a]
bénéfice beneficio [benefiçio]
berceau cuna [kuna]
besoin necesidad [neçesidᴀd]
bibliothèque biblioteca [bibliotɛka]
bicyclette bicicleta [biçiklɛta]
bidet bidé [bidɛ]
bien bien [bienn]
bientôt pronto [pronnto]
bière cerveza [çerbɛça]
bijou joya [jóya]
bizarre raro/-a [rᴀro/-a]
blague broma [broma]
blessure herida [erida]
bloc opératoire quirófano [kirófano]
blond/-e rubio/-a [rubio/-a]
boire beber [bebɛr]
bois bosque [bóske]
bois leña [lɛgna]
bois madera [madɛra]
boîte bote [bote]
boîte à lettres buzón [buçonn]
bombe bomba (explosivo) [eksplosibo]
bon marché barato/-a [barᴀto/-a]
bon/bonne bueno/-a [buɛno/-a]
bonbon caramelo [karamaɛlo]

bonnet gorro [górro]
bouche boca [bóka]
boucherie carnicería [karniçeria]
boucle rizo [riço]
boucles d'oreilles pendientes [penndiênntes]
bouger mover [mobɛr]
bougie vela [bɛla]
boulangerie panadería [panaderia]
boussole brújula [brújula]
bouteille botella [botɛya]
bouton botón [botónn]
boutonnière ojal [ojᴀl]
bracelet pulsera [pulsɛra]
bras brazo [brᴀço]
brebis oveja [obɛja]
briquet mechero [metchɛro]
brise-lames rompeolas [rompeólas]
broche broche [brótche]
brosse à cheveux cepillo (pelo) [çepiyo]
brosse à dents cepillo (dientes) [çepiyo]
brouillard niebla [niɛbla]
bruit ruido [ruido]
brûler quemar [kemᴀr]
brûlure quemadura [kemadúra]
brun/-e moreno/-a [morɛno/-a]
bruyant/-e ruidoso/-a [ruidóso/-a]
bureau oficina [ofiçina]
bureau de renseignements oficina de información [ofiçina de innformaçionn]

C

cabine camarote [kamaróte]
cabine (téléphone) cabina (teléfono) [kabina]

Dictionnaire essentiel

câble cable [kÁble]
cadeau obsequio [obsÉkio]
cadeau regalo [regÁlo]
cafard cucaracha [kukarÁtcha]
cafetière cafetera [kafetéra]
cahier cuaderno [kuadÉrno]
caisse caja, cajón [kÁja], [kajónn]
calculatrice calculadora [kalkuladóra]
caleçon calzoncillos [kalçonniyos]
calendrier calendario [kalenndÁrio]
camion camión [kamiónn]
campagne campo [kÁmmpo]
camper acampar [akammpÁr]
canal canal [kanÁl]
capitale capital [kapitÁl]
carrefour cruce [krúçe]
carte mapa [mÁpa]
carte d'identité carnet [karnÉ]
casquette gorra [górra]
cassé/-e roto/-a [róto/-a]
(se) casser romper(se) [rommpÉr(se)]
catalogue catálogo [katÁlogo]
cathédrale catedral [katedrÁl]
catholique católico/-a [katóliko/-a]
cave bodega [bodÉga]
ce, cet este [Éste]
ceinture cinturón [çinnturónn]
célibataire soltero/-a [soltÉro/-a]
cendrier cenicero [çeniçÉro]
cercle círculo [çirkulo]
cerveau cerebro [çerÉbro]
chaise silla [siya]
chaleur calor [kalór]
chambre habitación [abitaçiónn]
chambre à coucher dormitorio [dormitório]
chance suerte [suÉrte]
change, changement cambio [kÁmmbio]
changer cambiar [kammbiÁr]
chanson canción [kannçiónn]
chanter cantar [kanntÁr]
chanteur/-euse cantante [kanntÁnnte]
chapeau sombrero [sommbrÉro]
chapelle capilla [kapiya]
charbon carbón [karbónn]
chargé/-e encargado/-a [ennkargÁdo/-a]
chasse caza [kÁça]
chat gato [gÁto]
châtain castaño/-a [kastÁgno/-a]
château castillo [kastiyo]
chaud/-e caliente [kaliÉnnte]
chauffage calefacción [kalefakçiónn]
chauffer calentar [kalenntÁr]
chaussette calcetín [kalçetínn]
chausson zapatilla [çapatiya]
chaussure zapato [çapÁto]
chef jefe [jÉfe]
chemin camino [kamino]
chemise camisa [kamisa]
chemisette tee-shirt camiseta [kamisÉta]
chemisier blusa [blusa]
cher/chère caro/-a [kÁro/-a]
chercher buscar [buskÁr]
cheval caballo [kabÁyo]
cheveu cabello [kabÉyo]
cheville tobillo [tobiyo]
chewing-gum chicle [tchíkle]
chien perro [pÉrro]
choc choque [tchóke]
choisir elegir, escoger [elejír], [eskojÉr]
chose cosa [kósa]
chrétien/-ne cristiano/-a [kristiÁno/-a]
cicatrice cicatriz [çikatríç]

ciel cielo [çiélo]
cil pestaña [pestÁgna]
cimetière cementerio [çemenntério]
ciseaux tijeras [tijéras]
clé llave [yÁbe]
cloche campana [kammpÁna]
cloison tabique [tabíke]
coeur corazón [koraçónn]
coiffure peinado [peinÁdo]
coin esquina [eskína]
colère ; en colère ira ; enfadado/-a [ennfadÁdo/-a]
collège colegio [kolégio]
collier collar [koyÁr]
colombe paloma [palóma]
combien cuánto [kuÁnnto]
comique cómico/-a [kómiko/-a]
commander mandar [manndÁr]
commencer comenzar [komennçÁr]
commencer empezar [emmpeçÁr]
comment cómo [kómo]
commissariat comisaría [komisaría]
commodité comodidad [komodidÁd]
commun/-e común [komúnn]
compagnie compañía [kommpagnía]
compliqué/-e complicado/-a [kommplikÁdo/-a]
comprendre comprender, enterarse [kommprennder], [ennterÁrse]
compris/-e incluido/-a [innkluído/-a]
compte, addition cuenta [kuénnta]
compter contar [konntÁr]
comptoir mostrador [mostradór]
concert concierto [konnçiérto]
concierge portero/-a [portéro/-a]
condamner condenar [konndenÁr]
condition condición [konndiçiónn]
conduire conducir [konnduçír]
conférence conferencia [konnferénnçia]
confortable, à l'aise cómodo/-a [kómodo/-a]
confus/-e confuso/-a [konnfúso/-a]
congelé/-e congelado/-a [konngelÁdo/-a]
congrès congreso [konngréso]
connaître conocer [konoçér]
conseil consejo [konnséjo]
consigne consigna [konnsígna]
constipation estreñimiento [estregnimiénnto]
consul cónsul [kónnsul]
contagieux/-euse contagioso/-a [konntagióso/-a]
content/-e contento/-a [konnténnto/-a]
continuer continuar [konntinuÁr]
contrôleur revisor [rebisór]
conversation conversación [konnbersaçiónn]
copain/copine novio/-a; amigo/-a [nóbio/-a]; [amígo/-a]
corbeille à papier papelera [papeléra]
corde cuerda [kuérda]
corps cuerpo [kuérpo]
costume traje [trÁje]
coton algodón [algodónn]
cou cuello [kuéyo]
coucher ; se coucher acostar; acostarse [akostÁr]; [akostÁrse]
coucher du soleil atardecer, anochecer [atardeçér], [anotcheçér]

couchette litera [litɛ́ra]
coude codo [kódo]
coudre coser [kosɛ́r]
couette edredón [edredónn]
couleuvre culebra [kulɛ́bra]
couloir pasillo [pasíyo]
coup golpe [gólpe]
coup de feu disparo [dispáro]
couper cortar [kortár]
couple pareja [parɛ́ja]
courageux/-euse valiente [baliɛ́nnte]
courir correr [korrɛ́r]
course recado [rekádo]
cousin/-e primo/-a [prímo/-a]
couteau cuchillo [kutchíyo]
coûter costar [kostár]
couvercle tapa [tápa]
couverture manta [mánnta]
couvre-lit colcha [kóltcha]
crayon lápiz [lápiç]
crème crema [krɛ́ma]
crème à bronzer bronceador [bronnçeadór]
cri grito [gríto]
crier chillar [tchiyár]
croire créer [kreɛ́r]
croix cruz [krúç]
cuillère cuchara [kutchára]
cuisine cocina [koçína]
cuisse muslo [múslo]
cul culo [kúlo]
culotte braga [brága]
culture cultura [kultúra]
curé cura (religioso) [kúra]

D

danger peligro [pelígro]
dans dentro, en [dɛ́nntro], [enn]
danse danza, baile [dánnça], [báile]
danser bailar [bailár]
de sauvetage salvavidas [salbabídas]
de valeur valioso/-a [balióso/-a]
déchet basura [basúra]
décider decidir [deçidír]
décision decisión [deçisiónn]
déclarer declarar [deklarár]
décoller despegar [despegár]
décrire describir [deskribír]
demain mañana (día siguiente) [magnána]
demander pedir [pedír]
démarche trámite [trámite]
démocratie democracia [demokráçia]
dénoncer denunciar [denunnçiár]
dent diente [diɛ́nnte]
dentition dentadura [denntadúra]
dépense costa [kósta]
dépenser gastar [gastár]
déplaire disgustar [disgustár]
dernier/-ère último/-a [último/-a]
derrière atrás, detrás [atrás], [detrás]
désagréable desagradable [desagradáble]
descendre bajar [bajár]
désert desierto [desiɛ́rto]
dessiner dibujar [dibujár]
détail detalle [detáye]
détester odiar [odiár]
dette deuda [dɛ́uda]
deuil luto [lúto]
devant delante [delánnte]
développer revelar (fotografías) [rebelár]
déversoir desagüe [deságue]
devise divisa [dibísa]

devoir deber [debér]
diarrhée diarrea [diarréa]
dictionnaire diccionario [dikçionário]
dieu dios [dios]
différence diferencia [diferénncia]
différent/-e distinto/-a [distínnto/-a]
difficile difícil [difíçil]
dîner cena, cenar [çéna], [çenár]
dire decir [deçír]
directeur/-trice director/a [direktór/-a]
diriger, adresser dirigir [dirijír]
discothèque discoteca [diskotéka]
discuter, bavarder charlar [tcharlár]
disponible disponible [disponíble]
disposé/-e dispuesto/-a [dispuésto/-a]
diversion diversión [dibersiónn]
diviser dividir [dibidír]
divorce divorcio [dibórçio]
docteur/doctoresse doctor/-a, médico/-a, [doktór/-a, médiko/-a]
document documento [dokuménnto]
documentation, papiers documentación [dokumenntaçiónn]
doigt dedo (mano) [dédo]
domicile domicilio [domiçílio]
dommage daño [dágno]
donner dar [dar]
dormir dormir [dormír]
dos espalda [espálda]
double doble [dóble]
douche ducha [dútcha]
douleur dolor [dolór]
douloureux/-se doloroso/-a [doloróso/-a]
doux /-ce suave [suábe]
drap sábana [sábana]
drogue droga [dróga]
droit(s) derecho(s) [derétchos]
droit/-e derecho/-a [derétcho/-a]
dur/-e duro/-a [dúro/-a]
durer durar [durár]

E

eau agua [água]
eau de javel lejía [lejía]
écharpe bufanda [bufánnda]
éclair relámpago [relámmpago]
école escuela [eskuéla]
écouter escuchar [eskutchár]
écrire escribir [eskribír]
éducation educación [edukaçiónn]
effrayer asustar [asustár]
église iglesia [iglésia]
égratignure rasguño [rasgúgno]
élection elección [elekçiónn]
électricité electricidad [elektriçidád]
élève alumno/-a [alúmno]
elle ella [éya]
emballage embalaje [emmbaláje]
emballer envolver [ennbolbér]
embarquer; s'embarquer embarcar; embarcarse [emmbarkár]; [emmbarkárse]
embouteillage (circulation) atasco (tráfico) [atásko]
émotion emoción [emoçiónn]
empirer empeorar [emmpeorár]
emploi empleo [emmpléo]

employé/-e empleado/-a [emmpleÁdo/-a]
en en [enn]
enchanté/-e encantado/-a [ennkanntÁdo/-a]
encre tinta [tinnta]
énergie energía [enerjía]
enlever quitar(se) [kitÁr(se)]
ennemi/-e enemigo/-a [enemígo/-a]
ennuyeux/-euse aburrido/-a [aburrído/-a]
enquêter investigar [inbestigÁr]
enrhumé/-e constipado (enfermedad) [konnstipÁdo/-a]
enseigne letrero [letrÉro]
ensuite luego [luÉgo]
entendre oír [oír]
enterrement entierro [enntiÉrro]
entier/-ière entero/-a [enntÉro/-a]
entrée portal [portÁl]
entretien entrevista [enntrebísta]
envie ganas (deseo) [gÁnas]
envoyer enviar [ennbiÁr]
épaule hombro [ómmbro]
épine espina [espína]
épingle à nourrice imperdible [immperdíble]
équipe, équipement equipo [ekípo]
erreur error [errór]
erroné/-e equivocado/-a [ekibokÁdo/-a]
escalier escalera [eskalÉra]
espace espacio [espÁçio]
espérer esperar [esperÁr]
espoir esperanza [esperÁnnça]
estomac estómago [estómago]
étage planta (piso) [plÁnnta]
éteindre apagar [apagÁr]
étiquette etiqueta [etikÉta]
étoile estrella [estrÉya]
étrange, bizarre extraño/-a [extrÁgno/-a]
étranger/-ère extranjero/-a [ekstrannjÉro/-a]
être ser [ser]
étroit/-e estrecho/-a [estrÉtcho/-a]
étudiant/-e estudiante [estudiÁnnte]
étudier estudiar [estudiÁr]
évanouir (s') desmayarse [desmayÁrse]
évanouissement desmayo [desmÁyo]
éviter evitar [ebitÁr]
exact/-e exacto/-a [eksÁkto]
examen examen [eksÁmenn]
excellent/-e excelente [ekselÉnnte]
excepté, sauf excepto [eksçÉpto]
excursion excursión [eskursiónn]
excuse disculpa [diskúlpa]
excuse excusa [eskúsa]
exemple ejemplo [ejÉmmplo]
exercice ejercicio [ejerçíçio]
expliquer explicar [eksplikÁr]
exposition exposición [eksposiçiónn]

F

face ; en face cara; enfrente [kÁra];[ennfrÉnnte]
fâché/-e enfadado/-a [ennfadÁdo/-a]
facile fácil [fÁçil]
facteur cartero/-a (profesión) [kartÉro/-a]
faible débil [débil]
faim hambre [Ámmbre]
faire hacer [açÉr]

faire mal doler [dolɛ́r]
famille familia [familia]
fatigué/-e cansado/-a [kannsÁdo/-a]
faute culpa [kúlpa]
faux/-sse falso/-a [fÁlso/-a]
femme mujer [mujɛ́r]
fenêtre ventana [benntÁna]
fer hierro [iɛ́rro]
fer à repasser plancha (de ropa) [plÁnntcha]
fermer cerrar(se) [çerrÁr(se)]
ferry transbordador [trannsbordadór]
fesse nalga [nÁlga]
fesse(s) glúteo(s) [gluteo(s)]
fête fiesta [fiɛ́sta]
feu fuego [fuɛgo]
feu semáforo [semÁforo]
feuille hoja (papel) [oja]
fier/fière orgulloso/-a [orguyóso/-a]
fièvre fiebre [fiɛbre]
fil hilo [ilo]
fil de fer alambre [alÁmmbre]
film película [pelikula]
fils/fille hijo/-a [ijo/-a]
fin fin [finn]
finir acabar [akabAr]
flamme llama (fuego) [yAma]
fleur flor [flor]
foie hígado [igado]
fonction función [funnçiónn]
fonctionner funcionar [funnçionÁr]
fond fondo [fónndo]
football fútbol [futbol]
force fuerza [fuɛrça]
forêt selva [sɛlba]
forme forma [forma]
fort/-e fuerte [fuɛrte]
fou/folle loco/-a [loko/-a]
foudre rayo [rAyo]
four horno [orno]
fourchette tenedor [tenedór]
fourmi hormiga [ormiga]
frais gastos [gAstos]
frapper golpear, pegar [golpeAr], [pegÁr]
frein freno [frɛno]
fréquent/-e frecuente [frekuɛnnte]
froid frío [frio]
fromage queso [kɛ́so]
front frente (de la cara) [frɛnnte]
frontière frontera [fronntɛ́ra]
fruit fruta [fruta]
fuite huida [uída]
fumée humo [úmo]
fumer fumar [fumÁr]
futur futuro [futuro]

G

gagner ganar [ganÁr]
gai/-e alegre [alɛ́gre]
galerie galería [galería]
gant guante [guÁnnte]
garanti/-e garantizado/-a [garanntiçAdo/-a]
garçon/fille chico/-a, muchacho/-a [tchiko/-a], [mutchÁtcho/-a]
garde guardia, vigilante [guÁrdia], [bijilÁnnte]
gare estación [estaçiónn]
garer; se garer aparcar [aparkAr]
gauche izquierdo/-a [içkiɛrdo/-a]
gaucher/-ère zurdo/-a [çurdo/-a]
gaz gas [gas]
gêne molestia [molɛstia]
gêner, déranger molestar [molestÁr]
généreux/-euse generoso/-a [jeneroso]

genou rodilla [rodíya]
gens gente [jɛ́nnte]
géographie geografía [jeografía]
glace hielo [iɛ́lo]
glissant/-e resbaladizo/-a [resbaladíço/-a]
glisser resbalar [resbalÁr]
gorge garganta [gargÁnnta]
goût gusto, sabor [gústo], [sapór]
goûter merienda; probar (comida) [meriɛ́nnda]; [probÁr]
goutte gota [góta]
gouvernement gobierno [gobiɛ́rno]
graisser engrasar [enngrasÁr]
grand/-e alto/-a (persona); grande [Álto/-a]; [grÁnnde]
grand-père/grand-mère abuelo,-a [abuɛ́lo/-a]
gratte-ciel rascacielos [raskaçiɛ́los]
grêle granizo [graníço]
grêler granizar [graniçÁr]
grève huelga [uɛ́lga]
grippe gripe [grípe]
gros/-se gordo/-a [górdo/-a]
grossier/-ère grosero/-a [grosɛ́ro/-a]
grossir engordar [enngordÁr]
groupe grupo [grúpo]
guêpe avispa [abíspa]
guerre guerra [gɛ́rra]
gueule de bois resaca (alcohol) [resÁka]
guitare guitarra [gitÁrra]
gymnase gimnasio [jimmnÁsio]

H

habitant/-e habitante [abitÁnnte]
habitude costumbre [kostúmmbre]
habitué/-e acostumbrado/-a [akostummbrÁdo/-a]
hanche cadera [kadɛ́ra]
haut; en haut alto (m); arriba [Álto/-a]; [arríba]
haut/-e alto/-a (cosa) [Álto/-a]
hauteur altura [altúra]
hébergement hospedaje [ospedÁje]
hélicoptère helicóptero [elikóptero]
herbe hierba [iɛ́rba]
héritage herencia [erɛ́nnçia]
héros héroe [ɛ́roe]
heure hora [óra]
heureusement afortunadamente [afortunadamɛ́nnte]
heureux/-euse feliz [felíç]
hier ayer [ayɛ́r]
hier soir anoche [anótche]
histoire historia [istória]
homicide homicida [omiçída]
homme hombre [ómmbre]
honnête honrado/-a [onnrÁdo]
honteux/-euse avergonzado/-a [abergonnçÁdo/-a]
hôpital hospital [ospitÁl]
hospitalité hospitalidad [ospitalidÁd]
houle resaca (mar) [resÁka]
humain/-e humano/-a [umÁno/-a]
humide húmedo [úmedo]

I

ici aquí [akí]
idée idea [idɛ́a]
identification identificación [idenntifikaçiónn]

idiot/-e idiota [idiota]
île isla [isla]
illégal/-e ilegal [ilegAl]
imagination imaginación [imajinaçiónn]
imitation imitación [imitaçionn]
immigration inmigración [innmigraçionn]
imperméable gabardina [gabardina]
Imperméable impermeable [impermeAble]
important/-e importante [immportAnnte]
incendie incendio [innçɛnndio]
incident incidente [innçidɛnnte]
incolore incoloro/-a [innkoloro/-a]
incomplet/-ète incompleto/-a [innkommplɛto/-a]
inconfortable incómodo/-a [innkomodo/-a]
inconnu/-e desconocido/-a [deskonoçido/-a]
indemnisation indemnización [inndemniçaçionn]
indépendance independencia [inndepenndɛnnçia]
indigestion indigestión [inndijestiónn]
indiquer indicar [inndikAr]
individu individuo [inndibiduo]
inégal/-e desigual [desiguAl]
infirmier/-ière enfermero/-a [ennfermɛr/-a]
injuste injusto/-a [innjústo/-a]
innocent/-e inocente [inoçɛ́nnte]
innondation inundación [inundaçiónn]
inquiet/-ète preocupado/-a [preokupAdo/-a]
inscription matrícula [matrikula]
insecte insecto, bicho [innsɛkto], [bitcho]
inspecter inspeccionar [innspekçionAr]
inspecteur/-trice inspector/-a [innspektór/-a]
intellectuel/-elle intelectual [intelektual]
intelligent/-e inteligente [innteljɛnnte]
intense intenso/-a [intɛnnso]
interdit/-e prohibido/-a [proibido/-a]
interprète intérprete [intɛrprete]
interpréter interpretar [innterpretAr]
interrupteur interruptor [interruptor]
inutile inútil [inútil]
invalidité invalidez [innbalidɛç]
inventaire inventario [innbentArio]
iode yodo [yódo]
irriter irritar [irritAr]
ivre borracho/-a [borrAtcho/-a]

J

jamais jamás, nunca [jamAs], [nunnka]
jambe pierna [piɛrna]
jardin jardín [jardínn]
je yo [yo]
jeter, mettre echar [etchAr]
jeton ficha [fitcha]
jeu juego [juɛgo]
jeune joven [jóbenn]
joli/-e precioso/-a [preçióso/-a]
joue mejilla [mejíya]
jouer jugar [jugAr]
jouet juguete [jugɛte]
jour día [día]
journal periódico [periódiko]

Dictionnaire essentiel

juge juez [juɛç]
jugement, procès juicio [juiçio]
juger juzgar [juçgAr]
jument yegua [iɛgua]
jupe falda [fAlda]
jusqu'à hasta [Asta]
juste justo/-a [jústo/-a]
justice justicia [justíçia]
juvénile juvenil [jubenil]

K

kilo kilo [kilo]

L

là ahí, allí [ai], [ayí]
là-bas allá [ayA]
lac lago [lAgo]
lac de barrage pantano [panntAno]
laine lana [lAna]
laisser dejar [dejAr]
lait leche [lɛtche]
lampe lámpara [lAmmpara]
langouste langosta [lanngósta]
langue idioma, lengua [idióma], [lɛnngua]
large ancho/-a [Anntcho/-a]
lavabo lavabo [labAbo]
laver; se laver lavar; lavarse [labAr]; [labAr(se)]
laverie lavandería [labannderia]
laxatif laxante [laksAnnte]
leçon lección [lekçiónn]
légende leyenda [leyɛnnda]
léger/-ère ligero/-a [lijɛro/-a]
lent/-e lento/-a [lɛnnto/-a]
lentement despacio [despAçio]
lentilles de contact lentes de contacto [lɛnntes de konntAkto]
lettre carta [kArta]
lever ; se lever ; se lever tôt levantar; levantarse; madrugar [lebanntAr]; [lebanntArse]; [madrugAr]
lever du soleil amanecer [amaneçɛr]
lever l'ancre zarpar [çarpAr]
lèvre labio [lAbio]
lézard lagarto [lagArto]
liberté libertad [libertAd]
librairie librería [libreria]
libre libre [líbre]
licence licencia [liçɛnnçia]
liège corcho [kórtcho]
lieu lugar [lugAr]
limite límite [límite]
lingerie lencería, ropa interior [lennçería], [ropa innteriór]
liqueur licor [likór]
lire leer [leɛr]
liste lista [lísta]
lit cama [kAma]
livre libro [líbro]
livret libreta [librɛta]
locataire inquilino/-a [innkilíno/-a]
location, loyer alquiler [alkilɛr]
locomotive locomotora [lokomotóra]
logement alojamiento [alojamiɛnnto]
loi ley [ley]
loin lejos [lɛjos]
long/-gue largo/-a [lArgo/-a]
louer alquilar [alkilAr]
lourd/-e pesado/-a [pesAdo/-a]
lui, il él [el]
lumière luz [luç]
lune luna [luna]
lunettes gafas [gAfas]

luxueux/-euse lujoso/-a [lujóso/-a]
lycée instituto [innstitúto]

M

machine à laver lavadora [labadóra]
magasin tienda [tiénnda]
magasin de fruits frutería [fruteria]
magnifique magnífico/-a [maknifiko/-a]
maigre flaco/-a [flAko/-a]
maillot de bain bañador, traje de baño [bagnadór], [trAje de bAgno]
main mano [mAno]
maintenant ahora [aóra]
mais pero [péro]
maison casa [kAsa]
maître/-esse maestro/-a [maéstro/-a]
majorité mayoría [mayoria]
mal mal [mal]
malade enfermo/-a [enfermo/-a]
maladie enfermedad [ennfermedAd]
malette maletín [maletinn]
malheur desgracia [desgrAçia]
manche manga [mAnnga]
manger comer [komér]
manivelle manivela [manibéla]
manquer echar de menos [etchAr de ménos]
manteau abrigo [abrigo]
marbre mármol [mArmol]
marché mercado [merkAdo]
marcher andar [anndAr]
marée marea [maréa]
marié/-e casado/-a [kasAdo/-a]
(se) marier casarse [kasArse]
marque marca [mArka]
marteau martillo [martiyo]
massage masaje [masAje]
matelas colchón [koltchónn]
matériel material [materiAl]
matin mañana (parte del día) [magnAna]
mausolée mausoleo [mausoléo]
mauvais/-e malo/-a [mAlo/-a]
médicament medicina [mediçina]
meilleur/-e mejor [mejór]
mélangé/-e mezclado/-a [meçklAdo]
membre miembro (parte de un grupo) [miémmbro]
menacer amenazar [amenaçAr]
mensonge mentira [menntira]
mentir mentir [menntir]
mer mar [mar]
merci gracias [grAçias]
mère madre [mAdre]
message mensaje [mennsAje]
messe misa [misa]
mesure medida [medida]
métal metal [metAl]
mettre meter; tardar [metér]; [tardAr]
(se) mettre poner(se) [ponér(se)]
meuble mueble [muéble]
mi-bas medias [médias]
mien/-ne,-s,-nes mío/-a,-os,-as [mío/-a,-os,-as]
mieux mejor (adv) [mejór]
mince delgado/-a [delgAdo/-a]
mineur/-e menor [menór]
minute minuto [minúto]
miroir espejo [espéjo]
mode moda [móda]
moins menos [ménos]
moitié mitad [mitAd]
molaire muela [muéla]

moment momento [momɛ́nnto]
monnaie moneda; vuelta (dinero) [monɛda]; [buɛ́lta]
monsieur caballero [kabayɛ́ro]
mont monte [mónnte]
montagne montaña [monntÁgna]
monter subir [subír]
montre reloj [relój]
montrer enseñar [ennsegnÁr]
monture montura (caballo y gafas) [monntúra]
monument monumento [monumɛ́nnto]
morsure mordisco [mordísko]
mort/-e muerto/-a [muɛ́rto/-a]
mosaïque mosaico [mosÁiko]
mosquée mezquita [meçkíta]
mot palabra [palÁbra]
moteur motor [motór]
moto moto [móto]
mou/molle blando/-a [blÁnndo/-a]
mouche mosca [móska]
mouchoir pañuelo [pagnuɛ́lo]
mouillé/-e mojado/-a [mojÁdo/-a]
mourir morir [morír]
moustache bigote [bigóte]
moustique mosquito [moskíto]
mur pared [parɛ́d]
muscle músculo [múskulo]
musicien/-ne músico/-a (profesión) [músiko/-a]
musique música (arte) [músika]

N

nager nadar [nadÁr]
naître nacer [naçɛ́r]
nappe mantel [manntɛ́l]
nation nación [naçiónn]
nationalité nacionalidad [naçionalidÁd]
naviguer navegar [nabegÁr]
nécessaire necesario [neçesÁrio]
neige nieve [niɛ́be]
neiger nevar [nebÁr]
nerf nervio [nɛ́rbio]
nerveux/-euse nervioso/-a [nerbióso/-a]
nettoyer limpiar [limmpiÁr]
nez nariz [naríç]
niveau nivel [nibɛ́l]
noir/-e negro/-a [nɛ́gro/-a]
nom de famille apellido [apeyído]
non no [no]
nord norte [nórte]
normal normal [normÁl]
nôtre/nos nuestro/-a/-os/-as [nuɛ́stro/-a/-os/-as]
nous nosotros/-as [nosótros/-as]
nouveau/-elle nuevo/-a [nuɛ́bo/-a]
nouvelle noticia [notíçia]
(se) noyer ahogar(se) [aogÁr(se)]
nu/-e desnudo/-a (adj.) [desnúdo/-a]
nuage nube [núbe]
nuageux/-euse nublado/-a [nublÁdo/-a]
nudiste nudista [nudísta]
nuit noche [nótche]
numéro número [número]

O

oasis oasis [oÁsis]
objet objeto [objɛ́to]
obligatoire obligatorio/-a [obligatório/-a]
observatoire observatorio [obserbatório]

obtenir obtener [obtenír]
ocasion ocasión [okasiónn]
occupé/-e ocupado/-a [okupAdo]
océan océano [oçεano]
odorat olfato [olfÁto]
oeil ojo [ójo]
oeuvre obra [óbra]
oiseau pájaro [pÁjaro]
ombre sombra [sómmbra]
oncle/tante tío/-a [tío/-a]
ongle uña [úgna]
opéra ópera [ópera]
opposé/-e opuesto/-a [opuεsto/-a]
opticien óptica (tienda) [óptika]
orange naranja [narAnnja]
orchestre orquesta; patio de butacas [orkέsta]; [pAtio de butÁkas]
orchidée orquídea [orkídea]
ordonnance receta [reçεta]
oreille oreja [orεja]
oreiller almohada [almoAda]
organe órgano (parte del cuerpo) [órgano]
organes génitaux genitales [jenitÁles]
orteil dedo (pie) [dέdo]
os hueso [uεso]
où dónde [dónnde]
oublier olvidar [olbidAr]
ouest oeste [oεste]
oui sí [si]
ouïe oído [oído]
ouragan huracán [urakÁnn]
ours oso [oso]
ouvert/-e abierto/-a [abiεrto/-a]
ouvre-boîte abrelatas [abrelÁtas]
ouvrir abrir [abrír]
oxygène oxígeno [oksígeno]

P

page página [pAjina]
pain pan [pann]
paix paz [paç]
palais palacio [palÁçio]
pâle pálido/-a [pÁlido/-a]
palmier palmera [palmεra]
panne avería [abería]
pantalon pantalón [panntalónn]
papeterie papelería [papelería]
papier papel [papέl]
papiers papeles (documentación) [papέles]
papillon mariposa [maripósa]
paquet paquete [pakεte]
paraître parecer [pareçέr]
parapluie paraguas [parÁguas]
parc parque [pÁrke]
pareil/-le igual [iguAl]
parfait/-e perfecto/-a [perfέkto/-a]
parier apostar [apostÁr]
parking aparcamiento [aparkamiέnnto]
parler hablar [ablAr]
partir marcharse [martchArse]
passage pasaje [pasÁje]
passeport pasaporte [pasapórte]
pastille pastilla [pastíya]
patience paciencia [paçiέnnçia]
patient/-e paciente [paçiέnnte]
pâtisserie pastelería [pastelería]
patrouille patrulla [patrúya]
pauvre pobre [póbre]
pavillon pabellón [pabeyónn]
payer pagar [pagÁr]
pays país [país]
paysan/-ne campesino/-a [kammpesíno/-a]
péage peaje [peAje]

Dictionnaire essentiel

pêche pesca [pέska]
pêcher pescar [peskÁr]
peigne peine [pέine]
peindre pintar [pinntÁr]
peinture pintura [pinntúra]
pellicule carrete (fotos) [karrέte]
pendant que mientras [miέnntras]
pendentif colgante [kolgÁnnte]
péninsule península [peninnsula]
penser pensar [pennsÁr]
pension pensión [pennsiónn]
perdre perder [perdέr]
perdu/-e perdido/-a [perdido/-a]
père padre [pÁdre]
permettre permitir [permitír]
permis permiso [permíso]
persienne persiana [persiÁna]
personne nadie; persona [nÁdie]; [persona]
personne âgée anciano/-a [annçiÁno/-a]
petit garçon/petite fille niño/-a [nigno/-a]
petit/-e bajo/-a (personas); pequeño/-a [bÁjo/-a]; [pekέgno/-a]
petit-déjeuner desayuno [desayúno]
petit-fils/petite-fille nieto/-a [niέto/-a]
pétrole petróleo [petróleo]
peu poco (adv.) [póko]
peu de poco/-a [póko/-a]
peur miedo [miέdo]
pharmacie farmacia [farmÁçia]
photographie fotografía [fotografía]
pièce de théâtre obra de teatro [óbra de teátro]
pied pie [pie]
pierre piedra [piέdra]
piéton peatón [peatónn]
pile linterna; pila [linntέrna]; [píla]
pilote piloto [pilóto]
pilule píldora [píldora]
(se) piquer pinchar(se) [pinntchÁr(se)]
piqûre inyección; picadura; pinchazo [innyekçiónn]; [pikadúra]; [pinntchÁzo]
piscine piscina [pisçína]
pistolet pistola [pistóla]
place plaza [plÁça]
plaire gustar [gustÁr]
plafond techo [tέtcho]
plage playa [plÁya]
plaie llaga [yÁga]
plaine llanura [yanúra]
plat plano [plÁno]
pleurer llorar [yorÁr]
pleuvoir llover [yobέr]
plonger sumergir [sumerjír]
pluie lluvia [yúbia]
plus ; en plus más; además [mas]; [ademÁs]
pluvieux/-euse lluvioso/-a [yubióso/-a]
pneu neumático [neumÁtiko]
poche bolsillo [bolsíyo]
poêle sartén [sartέnn]
poil pelo [pέlo]
poison veneno [benέno]
poisson pescado, pez [peskÁdo], [peç]
poissonnerie pescadería [peskadería]
poitrine pecho [pέtcho]
poli/-e educado/-a [edukÁdo/-a]
police policía [poliçía]
pommade pomada [pomÁda]
pompe bomba (mecánica) [bómmba]
pompier bombero [bommbέro]

pont puente *[puεnnte]*
porc cerdo *[çεrdo]*
porte puerta *[puεrta]*
porte-documents cartera (maletín) *[kartεra]*
portefeuille cartera (billetero) *[kartεra]*
porte-manteaux percha *[pεrtcha]*
porter llevar *[yebᴀr]*
portrait retrato *[retrᴀto]*
poumon pulmón *[pulmónn]*
poupée muñeco/-a (juguete) *[mugnεko/-a]*
pour para *[pᴀra]*
poursuivre perseguir *[persegír]*
pousser empujar *[emmpujᴀr]*
poussière polvo (suciedad) *[polbo]*
préférer preferir *[preferír]*
prendre coger *[kojεr]*
prendre le petit-déjeuner desayunar *[desayunᴀr]*
prénom nombre *[nómmbre]*
préoccupation preocupación *[preokupaçiónn]*
près; à peu près cercano/-a; aproximadamente *[çerkᴀno/-a]; [aproksimadamεnnte]*
préservatif condón, preservativo *[konndónn], [preserbatíbo]*
prêtre sacerdote *[saçerdóte]*
prière oración *[oraçiónn]*
prise enchufe *[enntchúfe]*
prison cárcel *[kᴀrçel]*
prix precio; premio *[prεçio]; [prεmio]*
problème problema *[problεma]*
proche próximo/-a *[próksimo/-a]*
produit détachant quitamanchas *[kitamᴀnntchas]*
professeur profesor/-a *[profesór/-a]*
profession profesión *[profesiónn]*
profiter disfrutar *[disfrutᴀr]*
profond/-e hondo/-a, profundo/-a *[ónndo/-a], [profúnndo/-a]*
(se) promener pasear *[paseᴀr]*
prononcer pronunciar *[pronunnçiᴀr]*
propre limpio/-a *[límmpio/-a]*
propriétaire dueño/-a, propietario/-a *[duεgno/-a], [propietᴀrio/-a]*
protection protección *[protekçiónn]*
province / département provincia *[probínnçia]*
pub anuncio *[anúnnçio]*
pull jersey *[jεrsey]*
punir castigar *[kastigᴀr]*
pur/-e puro/-a *[púro/-a]*
pyjama pijama *[pijᴀma]*

Q

quai muelle *[muεye]*
qualité calidad *[kalidᴀd]*
quand cuándo *[kuᴀnndo]*
quantité cantidad *[kanntidᴀd]*
quartier barrio *[bᴀrrio]*
que, quel/-le/-s, quoi qué *[kε]*
quel/quelle cuál *[kuᴀl]*
quelque chose algo *[ᴀlgo]*
quelqu'un alguien *[ᴀlguienn]*
question pregunta *[pregúnnta]*
queue cola (fila) *[kóla]*
quotidien/-ne diario/-a *[diᴀrio/-a]*

R

rabais, remise descuento *[deskuεnnto]*

race raza [rÁça]
radio radio [rÁdio]
rafraîchissement refresco [refrésko]
raide liso/-a; tieso/-a [líso/-a]; [tiéso/-a]
raison razón [raçónn]
ramasser recoger [rekojér]
rambarde barandilla [baranndíya]
ranger guardar [guardÁr]
rapide rápido/-a [rÁpido/-a]
rappeler recordar [rekordÁr]
rare escaso/-a [eskÁso/-a]
(se) raser afeitar(se) [afeitÁr(se)]
rat rata [rÁta]
receveur cobrador [kobradór]
recevoir recibir [reçibír]
réclamer reclamar [reklamÁr]
reçu recibo [reçíbo]
refuge refugio [refújio]
refuser rechazar [retchaçÁr]
regarder mirar [mirÁr]
régime régimen [réjimenn]
règlement reglamento [reglaménnto]
regretter lamentar; echar de menos [lamenntÁr]; [etchÁr de ménos]
rein riñón [rignónn]
reine reina [réina]
religieux/-euse religioso/-a [religióso/-a]
religion religión [religiónn]
remboursement reembolso [reemmbólso]
remercier agradecer [agradeçér]
remettre entregar [enntregÁr]
remplir llenar [yenÁr]
rencontre encuentro [ennkuénntro]
rendez-vous cita [çíta]
renverser volcar [bolkÁr]
renvoyer despedir [despedír]
repas comida [komída]
repasser planchar [planntchÁr]
répéter repetir [repetír]
répondre responder [responndér]
réponse contestación [konntestaçiónn]
réponse respuesta [respuésta]
reporter reportero/-a [reportéro/-a]
reposer ; se reposer volver a poner; descansar [deskannsÁr]
représentant/-e representante [representÁnnte]
réserver reservar [reserbÁr]
réservoir depósito [depósito]
résident/-e residente [residénnte]
résoudre resolver [resolbér]
respiration respiración [respiraçiónn]
respirer respirar [respirÁr]
responsabilité responsabilidad [responnsabilidÁd]
rester permanecer [permaneçér]
résultat resultado [resultÁdo]
retarder aplazar; atrasar [aplaçÁr]; [atrasÁr]
retirer sacar [sakÁr]
retour vuelta [buélta]
retourner volver [bolbér]
réussir conseguir [konnsegír]
réveil despertador [despertadór]
réveil reloj [relój]
réveillé/-e despierto/-a [despiérto/-a]
(se) réveiller despertar(se) [despertÁr(se)]
réveillon de Noël Nochebuena [notchebuéna]

réveillon du Nouvel An Nochevieja [notchebiɛja]
revue revista [rebísta]
rhume catarro, resfriado [katArro], [resfriAdo]
riche rico [riko]
rideau cortina, visillo [kortina], [bisiyo]
rien nada [nÁda]
rigolo/-tte gracioso/-a [graçioso/-a]
rire reír; risa [reír]; [risa]
rivière río [rio]
riz arroz [arróç]
robe vestido [bestido]
robinet grifo [grifo]
roche roca [róka]
roi rey [rey]
roman novela [nobɛla]
roue rueda [ruɛda]
route carretera; ruta [karretɛra]; [rúta]
roux/-sse pelirrojo/-a [pelirrojo/-a]
rue calle [kÁye]
ruine ruina [ruina]
rural/-e rural [rurAl]

S

sable arena [arɛna]
sac bolsa (de plástico o papel) [bolsa]
sac à dos mochila [motchila]
sac à main bolso [bolso]
sac de couchage saco de dormir [sÁko de dormir]
sage sabio/-a [sÁbio/-a]
salaire sueldo [suɛldo]
sale sucio/-a [súçio/-a]
salle à manger comedor [komedor]
salle d'attente sala de espera [sÁla de espɛra]
salle de bains cuarto de baño [kuArto de bÁgnos]
saluer saludar [saludAr]
salutation saludo [salúdo]
sang sangre [sAnngre]
santé salud [salud]
(se) saouler emborrachar(se) [emmborratchÁr(se)]
sauf excepto [eksçɛpto]
sauter saltar [saltAr]
sauvage salvaje [salbÁje]
sauver salvar [salbÁr]
savoir saber [sabɛr]
savon jabón [jabónn]
scène escena [esçɛna]
science ciencia [çiɛnnçia]
SDF (sans domicile fixe) mendigo [menndigo]
séance sesión [sesionn]
sec/sèche seco/-a [sɛko/-a]
sèche-cheveux secador de pelo [sekadór de pɛlo]
(se) sécher secar(se) [sekÁr(se)]
sécurité seguridad [seguridAd]
self-service autoservicio [autoserbiçio]
semaine semana [semAna]
semblable semejante [semejAnnte]
sens sentido (dirección) [sentido]
sentir oler [olɛr]
sentir sentir [sentir]
serpent serpiente [serpiɛnnte]
serrure cerradura [çerradúra]
serveur/-euse camarero/-a [kamarɛro/-a]
service servicio (hotel o restaurante) [serbiçio]
serviette servilleta; toalla; maletín [serbiyɛta]; [toÁya]; [maletinn]

serviette hygiénique compresa [kommprésa]
servir servir [serbír]
sexe sexo [sékso]
shampooing champú [tchammpu]
siècle siglo [síglo]
siège asiento [asiénnto]
signe señal (marca) [segnÁl]
signer firmar [firmÁr]
silence silencio [silénnçio]
simple sencillo [sençiyo]
sincère Sincero/-a [sinnçéro/-a]
slip, caleçon calzoncillos [kalçonnçiyo]
soif sed [sed]
soigner ; se soigner cuidar; curarse [kuidÁr]; [kurÁrse]
sol suelo [suélo]
soldes rebajas [rebÁjas]
soleil sol [sol]
solide Sólido/-a [sólido/-a]
sombre oscuro/-a [oskúro/-a]
sommet cima [çíma]
son sonido [sonído]
sonner sonar [sonÁr]
sortir salir [salír]
souhait deseo [deséo]
souhaiter desear [deseÁr]
soupe sopa [sópa]
source fuente; manantial [fuénnte]; [manannti Ál]
sourcil ceja [çéja]
sourd/-e sordo/-a [sórdo/-a]
sourire sonrisa [sonnrísa]
souris ratón [ratónn]
sous debajo [debÁjo]
souterrain /-e subterráneo [subterrÁneo]
soutien-gorge sostén, sujetador [sosténn], [sujetadór]
souvenir recuerdo [rekuérdo]
spécial/-e especial [espeçiÁl]
spécialité especialidad [espeçialidÁd]
spectacle espectáculo [espektÁkulo]
statue estatua [estÁtua]
stupide estúpido/-a; tonto/-a [estúpido/-a]; [tónnto/-a]
stylo bolígrafo [bolígrafo]
succès éxito [éksito]
sucrerie dulce [dúlçe]
sud sur [sur]
sud-américain/sud-américaine hispanoamericano/-a [ispanoamerikÁno/-a]
suicide suicidio [suiçídio]
suivant/-e siguiente [sigiénnte]
suivre seguir [segír]
supermarché supermercado [supermerkÁdo]
surveillance vigilancia [bijilÁnnçia]
sympathie simpatía [simmpatía]
sympathique simpático/-a [simmpÁtiko/-a]

T

tabac tabaco [tabÁko]
table mesa [mésa]
tableau (peinture) cuadro (pintura) [kuÁdro]
tache mancha [mÁnntcha]
taille cintura [çinntúra]
talon tacón [takónn]
tampon tampón [tammpónn]
tapis alfombra [alfómmbra]
tard /après-midi tarde [tÁrde]
tasse taza [tÁça]
taverne taberna [tabérna]
teindre teñir [tegnír]

télégramme telegrama [telegráma]
téléphoner llamar por teléfono, telefonear [yamár por teléfono], [telefoneár]
tempête tempestad [temmpestád]
temps tiempo [tiémmpo]
tenue de soirée traje de noche [tráje de nôtche]
terminer terminar [terminár]
terrasse terraza [terráça]
terre tierra [tiérra]
tête cabeza [kabéça]
théière tetera [tetéra]
thermomètre termómetro [termómetro]
tien /-ne, -s, nes tuyo/-a,-os,-as [tuyo/-a,-os,-as]
timbre sello [séyo]
timide tímido/-a [tímido/-a]
tire-bouchon sacacorchos [sakacórtchos]
toile tela [téla]
toilettes aseo(s) [aséo(s)]
toilettes servicio [serbíçio]
toit tejado [tejádo]
tombe tumba [túmmba]
tomber caer(se) [kaér(se)]
tôt temprano [temmpráno]
toucher tacto [tákto]
toujours siempre [siémmpre]
tout/-e todo/-a [tódo/-a]
toux tos [tos]
traduire traducir [traduçír]
train tren [trenn]
tramway tranvía [trannbía]
tranquille tranquilo/-a [trannkílo/-a]
transfusion transfusión [trannsfusiónn]
transpiration sudor [sudór]
travail trabajo [trabájo]
travailler trabajar [trabajár]
travailleur/-euse trabajador/-a [trabajadôr/-a]
traverser cruzar [kruçár]
très muy [mui]
tribunal tribunal [tribunál]
triste triste [tríste]
tromper ; se tromper engañar; equivocarse [ennganñár]; [ekibokárse]
tromperie engaño [enngágno]
trop demasiado [demasiádo]
tropical/-e tropical [tropikál]
trottoir acera [açéra]
trou agujero [Agujéro]
trousse à pharmacie botiquín [botikínn]
trousse de toilette neceser [neçesér]
trouver encontrar [ennkonntrár]
tu tú [tu]
tuer matar [matár]
tunnel túnel [túnel]
tuyau tubería [tubería]
type tipo [típo]

U

ulcère úlcera [úlçera]
universitaire universitario/-a [unibersitário/-a]
université universidad [unibersidád]
urbanisation urbanización [urbaniçaçiónn]
urgences urgencias [urjénnçias]
urgent/-e urgente [urjénnte]
usé/-e usado/-a [usádo/-a]
usine fábrica [fábrika]
utile útil [útil]
utiliser usar [usár]

Dictionnaire essentiel

V

vacances vacaciones [bacaçiónes]
vaccin vacuna [bakúna]
vacciner vacunar [bakunár]
vache vaca [báka]
vague ola [óla]
vaisselle vajilla [bajíya]
valise maleta [maléta]
vallée valle [báye]
vapeur vapor [bapór]
véhicule vehículo [beíkulo]
vélo bicicleta [biçikléta]
velours terciopelo [terçiopélo]
vendeur/-euse dependiente [dependiénnte]
vendeur/-euse vendedor/-a [bendedór/-a]
vendre vender [benndér]
vente venta [bénnta]
vente ambulante venta ambulante [bénnta ammbulánnte]
ventilateur ventilador [bentiladór]
ventre tripa [trípa]
vérité verdad [berdád]
verre vaso, copa [báso], [kópa]
vers hacia [áçia]
veste chaqueta [tchakéta]
veste chaquetón [tchaketónn]
vêtements ropa [rópa]
veuf/-ve viudo/-a [biudo/-a]
viande carne [kárne]
vide vacío [baçío]
vieux/vieille viejo/-a [biéjo/-a]
village pueblo [puéblo]
ville ciudad [çiudád]
vin vino [bíno]
virage curva [kúrba]
virement tranferencia [trannsferénnçia]
vis tornillo [torníyo]
visa visado [bisádo]
visage cara [kára]
visite visita [bisíta]
vitesse velocidad [beloçidád]
vitrine escaparate [eskaparáte]
vivre vivir [bibír]
voir ver [ber]
voiture coche [kótche]
voix voz [boç]
vol robo [róbo]
vol vuelo [buélo]
volant volante [bolánnte]
voler volar [bolár]
voleur/-euse ladrón/-a [ladrónn/-a]
voltage voltaje [boltáje]
vomir vomitar [bomitár]
votre/vos vuestro/-a,-os,-as [buéstro/-a,-os,-as]
vouloir querer [kerér]
vous usted, ustedes; vosotros/-as [ustéː], [ustédes]; [bosótros/-as]
vue vista [bísta]

W

water váter [báter]

Y

yacht yate [iáte]

Z

zone zona [çóna]
zoo zoológico [çoolójiko]

A

abajo en bas
abandonar abandonner
abeja abeille
abierto/-a ouvert/-e
abogado/-a avocat/-e
abono abonnement (transport)
abrelatas ouvre-boîte
abrigo manteau
abrir ouvrir
abuelo/-a grand-père/grand-mère
aburrido/-a ennuyeux/-euse
acabar finir
acampar camper
accidente accident
acento accent
aceptar accepter
acera trottoir
ácido/-a acide
acompañar accompagner
acostar(se) (se) coucher
acostumbrado/-a habitué/-e
además en plus
admitir admettre
afeitar(se) (se) raser
aficionado/-a amateur
afortunadamente heureusement
afueras alentours
agencia agence
agradable agréable
agradecer remercier
agua eau
aguja aiguille
agujero trou
ahí là
ahogar(se) (se) noyer
ahora maintenant
aire air
alambre fil de fer
alarma alarme
alcanzar atteindre
alcohol alcool
alegre gai/-e
alfabeto alphabet
alfiler aiguille
alfombra tapis
algo quelque chose
algodón coton
alguien quelqu'un
alimento aliment
allá là-bas
allí là
almohada oreiller
alojamiento logement
alquilar louer
alquiler location, loyer
alrededor autour
altar autel
alto/-a (persona) grand/-e
alto/-a (cosa) haut/-e
altura hauteur
alumno/-a élève
amable aimable
amanecer lever du soleil
amar aimer
amargo/-a amer/-ère
ambulancia ambulance
amenazar menacer
amigo/-a ami/-e, copain/copine
amor amour
amortiguador amortisseur
analgésico analgésique
ancho/-a large
anciano/-a personne âgée
andar marcher
anillo bague
animal animal
anoche hier soir
anochecer coucher du soleil
ansioso/-a anxieux/-euse
antebrazo avant-bras
antena antenne
anterior antérieur/-e
antes avant

Dictionnaire d'urgence

anticuario antiquaire
antiguo/-a ancien/-enne
anuncio pub
apagar éteindre
aparcamiento parking
aparcar se garer
apartamento appartement
apellido nom de famille
aplaudir applaudir
aplazar retarder
apostar parier
aprender apprendre
aproximadamente à peu près
aquí ici
araña araignée
árbol arbre
arco arche
arena sable
armario armoire
arreglar arranger
arriba en haut
arroz riz
arte art
artificial artificiel/-le
artista artiste
ascensor ascenseur
asegurar assurer
aseo(s) toilettes
asesinar assassiner
asiento siège
asistir assister
áspero/-a âpre
aspirina aspirine
asustar effrayer
atardecer coucher du soleil
atasco (tráfico) embouteillage (circulation)
aterrizar atterrir
atraco agression
atrás derrière
atrasar retarder
ausente absent/-e
autobús autobus
autocar autocar
autopista autoroute
autoridad autorité
autoservicio self-service
avanzar avancer
avenida avenue
avergonzado/-a honteux/-euse
avería panne
aviso avis
avispa guêpe
ayer hier
ayuda aide
ayudar aider

B

bahía baie
bailar danser
baile danse, bal
bajar descendre
bajo/-a (cosas) bas/-se
bajo/-a (personas) petit/-e
balcón balcon
banco (entidad bancaria) banque (établissement bancaire)
banco (asiento) banc (siège)
bañador maillot de bain
bañar(se) (se) baigner
bañera baignoire
barandilla rambarde
barato/-a bon marché
barba barbe
barrer balayer
barrio quartier
bastante assez
basura déchet
batalla bataille
batería batterie
beber boire
beneficio bénéfice
beso baiser

biblioteca bibliothèque
bicho insecte
bicicleta vélo, bicyclette
bidé bidet
bien bien
bigote moustache
blando/-a mou/molle
blusa chemisier
boca bouche
bodega cave
bolígrafo stylo
bolsa sac (plastique ou papier)
bolsillo poche
bolso sac à main
bomba pompe (mécanique), bombe (explosif)
bombero pompier
bombilla ampoule
borracho/-a ivre
bosque bois
bote boîte
botella bouteille
botiquín trousse à pharmacie
botón bouton
braga culotte
brazo bras
broche broche
broma blague
bronceador crème à bronzer
brújula boussole
bueno/-a bon/bonne
bufanda écharpe
buscar chercher
buzón boîte à lettres

C

caballero monsieur
caballo cheval
cabello cheveu
cabeza tête
cabina cabine (téléphone)
cable cable
cadera hanche
caer(se) tomber
cafetera cafetière
caja caisse
cajón caisse
calcetín chaussette
calculadora calculatrice
calefacción chauffage
calendario calendrier
calentar chauffer
calidad qualité
caliente chaud/-e
calle rue
calor chaleur
calzoncillo slip, caleçon
cama lit
camarero/-a serveur/-euse
camarote cabine
cambiar changer
cambio change, changement
camino chemin
camión camion
camisa chemise
camiseta chemisette tee-shirt
campana cloche
campesino/-a paysan/-ne
campo campagne
canal canal
canción chanson
cansado/-a fatigué/e
cantante chanteur/-euse
cantar chanter
cantidad quantité
capilla chapelle
capital capitale
cara visage
caramelo bonbon
carbón charbon
cárcel prison
carne viande
carné carte d'identité

carnicería boucherie
caro/-a cher/chère
carrete pellicule
carretera route
carta lettre
cartera portefeuille ; porte-documents, serviette
cartero/-a (profesión) facteur
casa maison
casado/-a marié/-e
casar(se) (se) marier
castaño/-a châtain
castigar punir
castillo château
catálogo catalogue
catarro rhume
catedral cathédrale
católico/-a catholique
caza chasse
ceja sourcil
cementerio cimetière
cena dîner
cenar dîner
cenicero cendrier
cepillo (de dientes) brosse à dents
cepillo (de pelo) brosse à cheveux
cercano/-a près
cerdo porc
cerebro cerveau
cerilla allumette
cerradura serrure
cerrar(se) fermer
cerveza bière
champú shampooing
chaqueta veste
chaquetón veste
charlar discuter, bavarder
chicle chewing-gum
chico/-a garçon/fille
chillar crier
choque choc
cicatriz cicatrice
ciego/-a aveugle
cielo ciel
ciencia science
cima sommet
cintura taille
cinturón ceinture
círculo cercle
cita rendez-vous
ciudad ville
cobrador receveur
coche voiture
cocina cuisine
codo coude
coger prendre
cola (fila) queue
colcha couvre-lit
colchón matelas
colegio collège
colgante pendentif
collar collier
comedor salle à manger
comenzar commencer
comer manger
cómico/-a comique
comida repas
comisaría commissariat
cómo comment
comodidad commodité
cómodo/-a confortable, à l'aise
compañía compagnie
complicado/-a compliqué/-e
comprar acheter
comprender comprendre
compresa serviette hygiénique
común commun/-e
con avec
concierto concert
condenar condamner
condición condition
condón préservatif
conducir conduire
conferencia conférence
confuso/-a confus/-e
congelado/-a congelé/-e

congreso congrès
conmigo avec moi
conocer connaître
conseguir réussir, obtenir
consejo conseil
consigna consigne
constipado (enfermedad) enrhumé/-e
cónsul consul
contagioso/-a contagieux/-euse
contar compter
contento/-a content/-e
contestación réponse
continuar continuer
conversación conversation
copa verre
corazón coeur
corcho liège
correr courir
cortar couper
cortina rideau
cosa chose
coser coudre
costa dépense
costar coûter
costumbre habitude
créer croire
crema crème
cristiano/-a chrétien/-ne
cruce carrefour
cruz croix
cruzar traverser
cuaderno cahier
cuadro (pintura) tableau (peinture)
cuál quel/quelle
cuándo quand
cuánto combien
cuarto de baño salle de bains
cucaracha cafard
cuchara cuillère
cuchillo couteau
cuello cou
cuenta compte, addition
cuerda corde
cuerpo corps
cuidar soigner
culebra couleuvre
culo cul
culpa faute
cultura culture
cumpleaños anniversaire
cuna berceau
cuñado, a beau-frère
cura (religioso) curé
curar soigner
curar(se) (se) soigner, guérir
curva virage

D

danza danse
daño dommage
dar donner
debajo sous
deber devoir
débil faible
decidir décider
decir dire
decisión décision
declarar déclarer
dedo (mano) doigt
dedo (pie) orteil
dejar laisser
delante devant
delgado/-a mince
demasiado trop
democracia démocratie
dentadura dentition
dentro dans
denunciar dénoncer
dependiente vendeur/-euse
depósito réservoir
derecho/-a droit/-e

derecho droit
desagradable désagréable
desagüe déversoir
desayunar prendre le petit-déjeuner
desayuno petit-déjeuner
descansar se reposer
desconocido/-a inconnu/-e
describir décrire
descuento rabais, remise
desear souhaiter
deseo souhait
desgracia malheur
desierto désert
desigual inégal/-e
desmayarse s'évanouir
desmayo évanouissement
desnudo/-a (adj.) nu/-e
despacio lentement
despedir renvoyer
despegar décoller
despertador réveil
despertar(se) (se) réveiller
despierto/-a réveillé/-e
detalle détail
detenerse s'arrêter
detenido/-a arrêté/-e
detrás derrière
deuda dette
día jour
diario/-a quotidien/-ne
diarrea diarrhée
dibujar dessiner
diccionario dictionnaire
diente dent
diferencia différence
difícil difficile
dinero argent
dios dieu
dirección adresse
director/a directeur/-trice
dirigir diriger, adresser
discoteca discothèque
disculpa excuse
disfrutar profiter
disgustar déplaire
disparo coup de feu
disponible disponible
dispuesto/-a disposé/-e
distinto/-a différent/-e
distrito arrondissement
diversión diversion
divertido/-a amusant/-e
divertirse s'amuser
dividir diviser
divisa devise
divorcio divorce
doble double
doctor/-a docteur/doctoresse
documentación documentation, papiers
documento document
doler faire mal, avoir mal
dolor douleur
doloroso/-a douloureux/-se
domicilio domicile
dónde où
dormir dormir
dormitorio chambre à coucher
droga drogue
ducha douche
dueño/-a propriétaire
dulce sucrerie
durar durer
duro/-a dur/-e

E

echar jeter, mettre
echar de menos regretter, manquer
edad âge
edificio bâtiment
edredón couette

educación éducation
educado/-a poli/-e
ejemplo exemple
ejercicio exercice
ejército armée
él lui, il
elección élection
electricidad électricité
electrodoméstico appareil électro-ménager
elegir choisir
ella elle
embajada ambassade
embalaje emballage
embarcarse s'embarquer
emborrachar(se) (se) saouler
emoción émotion
empeorar empirer
empezar commencer
empleado/-a employé/-e
empleo emploi
empujar pousser
en en/dans
encantado/-a enchanté/-e
encargado/-a chargé/-e
encendedor allume-cigare
encender allumer
enchufe prise
encima (de) au-dessus (de)
encontrar trouver
encuentro rencontre
enemigo/-a ennemi/-e
energía énergie
enfadado/-a en colère, fâché/-e
enfermedad maladie
enfermero/-a infirmier/-ière
enfermo/-a malade
enfrente en face
engañar tromper
engaño tromperie
engordar grossir
engrasar graisser
enseñar apprendre, montrer
entender comprendre
enterarse comprendre
entero/-a entier/-ière
entierro enterrement
entreacto antracte
entregar remettre
entrevista entretien
enviar envoyer
envolver emballer
equipo équipe, équipement
equivocado/-a erroné/-e
equivocar(se) (se) tromper
error erreur
escalera escalier
escaparate vitrine
escaso/-a rare
escena scène
escoba balai
escoger choisir
escribir écrire
escuchar écouter
escuela école
espacio espace
espalda dos
especial spécial/-e
especialidad spécialité
espectáculo spectacle
espejo miroir
esperanza espoir
esperar attendre, espérer
espina épine
esquina coin
estación gare
estafa arnaque
estatua statue
este ce, cet
estómago estomac
estrecho/-a étroit/-e
estrella étoile
estreñimiento constipation
estropear abîmer
estudiante étudiant/-e
estudiar étudier

estúpido/-a stupide
etiqueta étiquette
evitar éviter
exacto/-a exact/-e
examen examen
excelente excellent/-e
excepto excepté, sauf
excursión excursion
excusa excuse
éxito succès
explicar expliquer
exposición exposition
extranjero/-a étranger/-ère
extraño/-a étrange, bizarre

F

fábrica usine
fácil facile
falda jupe
falso/-a faux/-sse
familia famille
farmacia pharmacie
feliz heureux/-euse
ficha jeton
fiebre fièvre
fiesta fête
fin fin
firmar signer
flaco/-a maigre
flor fleur
fondo fond
forma forme
fotografía photographie
frecuente fréquent/-e
freno frein
frente (de la cara) front
frío froid
frontera frontière
fruta fruit
frutería magasin de fruits
fuego feu
fuente source
fuerte fort/-e
fuerza force
fumar fumer
función fonction
funcionar fonctionner
fútbol football
futuro futur

G

gabardina imperméable
gafas lunettes
galería galerie
ganar gagner
ganas (deseo) envie
garantizado/-a garanti/-e
garganta gorge
gas gaz
gastar dépenser
gastos frais
gato chat
generoso/-a généreux/-euse
genitales organes génitaux
gente gens
geografía géographie
gimnasio gymnase
glúteo(s) fesse(s)
gobierno gouvernement
golpe coup
golpear frapper
gordo/-a gros/-sse
gorra casquette
gorro bonnet
gota goutte
gracias merci
gracioso/-a rigolo/-tte
grande grand/-e
granizar grêler
granizo grêle

grifo robinet
gripe grippe
grito cri
grosero/-a grossier/-ère
grupo groupe
guante gant
guapo/-a beau/belle
guardar ranger
guardia garde
guerra guerre
guitarra guitare
gustar aimer, plaire
gusto goût

H

haber avoir
habitación chambre
habitante habitant/-e
hablar parler
hacer faire
hacia vers
hambre faim
hasta jusqu'à
helicóptero hélicoptère
herencia héritage
herida blessure
héroe héros
hielo glace
hierba herbe
hierro fer
hígado foie
hijo/-a fils/fille
hilo fil
hispanoamericano/-a sud-américain/sud-américaine
historia histoire
hoja (papel) feuille
hombre homme
hombro épaule
homicida homicide
hondo/-a profond/-e
honrado/-a honnête
hora heure
hormiga fourmi
horno four
hospedaje hébergement
hospital hôpital
hospitalidad hospitalité
hoy aujourd'hui
huelga grève
hueso os
huida fuite
humano/-a humain/-e
húmedo humide
humo fumée
huracán ouragan

I

idea idée
identificación identification
idioma langue
idiota idiot/-e
iglesia église
igual pareil/-le
ilegal illégal/-e
imaginación imagination
imitación imitation
imperdible épingle à nourrice
impermeable imperméable
importante important/-e
incendio incendie
incidente incident
incluido/-a compris/-e
incoloro/-a incolore
incómodo/-a inconfortable
incompleto/-a incomplet/-ète
indemnización indemnisation
independencia indépendance

indicar indiquer
indigestión indigestion
individuo individu
injusto/-a injuste
inmigración immigration
inocente innocent/-e
inquilino/-a locataire
insecto insecte
inspeccionar inspecter
inspector/-a inspecteur/-trice
instituto lycée
intelectual intellectuel/-elle
inteligente intelligent/-e
intenso/-a intense
interpretar interpréter
intérprete interprète
interruptor interrupteur
inundación innondation
inútil inutile
invalidez invalidité
inventario inventaire
investigar enquêter
inyección piqûre
ir aller
irritar irriter
isla île
izquierdo/-a gauche

J

jabón savon
jamás jamais
jardín jardin
jefe chef
jersey pull
joven jeune
joya bijou
juego jeu
juez juge
jugar jouer
juguete jouet
juicio jugement, procès
justicia justice
justo/-a juste
juvenil juvénile
juzgar juger

K

kilo kilo

L

labio lèvre
ladrón/-a voleur/-euse
lagarto lézard
lago lac
lamentar regretter
lámpara lampe
lana laine
langosta langouste
lápiz crayon
largo/-a long/-gue
lavabo lavabo
lavadora machine à laver
lavandería laverie
lavar(se) (se) laver
laxante laxatif
lección leçon
leche lait
leer lire
lejía eau de javel
lejos loin
lencería lingerie
lengua langue
lentes de contacto lentilles de contact
lento/-a lent/-e

leña bois
letrero enseigne
levantar(se) (se) lever
ley loi
leyenda légende
libertad liberté
libre libre
librería librairie
libreta livret
libro livre
licencia licence
licor liqueur
ligero/-a léger/-ère
límite limite
limpiar nettoyer
limpio/-a propre
linterna pile
liso/-a raide
lista liste
litera couchette
llaga plaie
llama (fuego) flamme
llamar por teléfono (telefonear) téléphoner
llamar(se) s'appeler
llanura plaine
llave clé
llegada arrivée
llegar arriver
llenar remplir
llevar porter
llorar pleurer
llover pleuvoir
lluvia pluie
lluvioso/-a pluvieux/-euse
loco/-a fou/folle
locomotora locomotive
luego ensuite
lugar lieu
lujoso/-a luxueux/-euse
luna lune
luto deuil
luz lumière

M

madera bois
madre mère
madrugar se lever tôt
maestro/-a maître/-esse
magnífico/-a magnifique
mal mal
maleta valise
maletín malette
malo/-a mauvais/-e
manantial source
mancha tache
mandar commander
manga manche
manivela manivelle
mano main
manta couverture
mantel nappe
mañana (día siguiente) demain
mañana (parte del día) matin
mapa carte
mar mer
marca marque
marcharse partir
marea marée
mariposa papillon
mármol marbre
martillo marteau
más plus
masaje massage
matar tuer
material matériel
matrícula inscription
mausoleo mausolée
mayor âgé/-e
mayoría majorité
mechero briquet
medias mi-bas
medicina médicament
médico/-a docteur/-oresse
medida mesure

mejilla joue
mejor mieux, meilleur/-e
mejorar améliorer
mendigo SDF (sans domicile fixe)
menor mineur/-e
menos moins
mensaje message
mentir mentir
mentira mensonge
mercado marché
merienda goûter
mesa table
metal métal
meter mettre
mezclado/-a mélangé/-e
mezquita mosquée
miedo peur
miembro (parte de un grupo) membre
mientras pendant que
minuto minute
mío/-a,-os,-as mien/-ne,-s,-nes
mirar regarder
misa messe
mitad moitié
mochila sac à dos
moda mode
mojado/-a mouillé/-e
molestar gêner, déranger
molestia gêne
momento moment
moneda monnaie
montaña montagne
monte mont
montura (caballo y gafas) monture
monumento monument
mordisco morsure
moreno/-a brun/-e
morir mourir
mosaico mosaïque
mosca mouche
mosquito moustique
mostrador comptoir
moto moto
motor moteur
mover bouger
muchacho/-a garçon/fille
mucho/-a beaucoup
mueble meuble
muela molaire
muelle quai
muerto/-a mort/-e
mujer femme
multa amende
muñeco/-a (juguete) poupée
músculo muscle
música (arte) musique
músico/-a (profesión) musicien/-ne
muslo cuisse
muy très

N

nacer naître
nación nation
nacionalidad nationalité
nada rien
nadar nager
nadie personne
nalga fesse
naranja orange
nariz nez
navegar naviguer
necesario nécessaire
neceser trousse de toilette
necesidad besoin
negocio affaire
negro/-a noir/-e
nervio nerf
nervioso/-a nerveux/-euse
neumático pneu
nevar neiger

niebla brouillard
nieto/-a petit-fils/petite-fille
nieve neige
ninguno/-a aucun/-e
niño/-a petit garçon/petite fille
nivel niveau
no non
noche nuit
Nochebuena réveillon de Noël
Nochevieja réveillon du Nouvel An
nombre prénom
normal normal
norte nord
nosotros/-as nous
noticia nouvelle
novela roman
novio/-a copain/copine
nube nuage
nublado/-a nuageux/-euse
nudista nudiste
nuestro/-a/-os/-as nôtre/nos
nuevo/-a nouveau/-elle
número numéro
nunca jamais

O

oasis oasis
objeto objet
obligatorio/-a obligatoire
obra oeuvre
obra de teatro pièce de théâtre
obsequio cadeau
observatorio observatoire
obtener obtenir
ocasión ocasion
océano océan
ocupado/-a occupé/-e
odiar détester
oeste ouest
oficina bureau
oficina de información bureau de renseignements
oído ouïe
oír entendre
ojal boutonnière
ojo oeil
ola vague
oler sentir
olfato odorat
olvidar oublier
ópera opéra
óptica (tienda) opticien
opuesto/-a opposé/-e
oración prière
oreja oreille
órgano (parte del cuerpo) organe
orgulloso/-a fier/fière
orquesta orchestre
orquídea orchidée
oscuro/-a sombre
oso ours
otro/-a autre
oveja brebis
oxígeno oxygène

P

pabellón pavillon
paciencia patience
paciente patient/-e
padre père
pagar payer
página page
país pays
pájaro oiseau
palabra mot
palacio palais
pálido/-a pâle
palmera palmier

palo bâton
paloma colombe
pan pain
panadería boulangerie
pantalón pantalon
pantano lac de barrage
pañuelo mouchoir
papel papier
papelera corbeille à papier
papelería papeterie
papeles (documentación) papiers
paquete paquet
para pour
paraguas parapluie
parar arrêter
parecer paraître
pared mur
pareja couple
parque parc
pasaje passage
pasaporte passeport
pasear se promener
pasillo couloir
pastelería pâtisserie
pastilla pastille
patio de butacas orchestre
patrulla patrouille
paz paix
peaje péage
peatón piéton
pecho poitrine
pedir demander
pegar (golpear) frapper
peinado coiffure
peine peigne
película film
peligro danger
pelirrojo/-a roux/-sse
pelo poil
pelota ballon
pelvis bassin
pendientes boucles d'oreilles
península péninsule
pensar penser
pensión pension
pequeño/-a petit/-e
percha porte-manteaux
perder perdre
perdido/-a perdu/-e
perfecto/-a parfait/-e
periódico journal
permanecer rester
permiso permis
permitir permettre
pero mais
perro chien
perseguir poursuivre
persiana persienne
persona personne
pertenecer appartenir
pesado/-a lourd/-e
pesca pêche
pescadería poissonnerie
pescado poisson
pescar pêcher
pestaña cil
petróleo pétrole
pez poisson
picadura piqûre
pie pied
piedra pierre
pierna jambe
pijama pyjama
pila pile
píldora pilule
piloto pilote
pinchar(se) (se) piquer
pinchazo piqûre
pintar peindre
pintura peinture
piscina piscine
piso (vivienda) appartement
pistola pistolet
plancha (de ropa) fer à repasser

planchar repasser
plano plat
planta (piso) étage
plato assiette
playa plage
plaza place
pobre pauvre
poco (adv.) peu
poco/-a (adj.) peu de
policía police
polvo (suciedad) poussière
pomada pommade
poner(se) (se) mettre
portal entrée
portero/-a concierge
precio prix
precioso/-a joli/-e
preferir préférer
pregunta question
premio prix
preocupación préoccupation
preocupado/-a inquiet/-ète
preservativo préservatif
primo/-a cousin/-e
probar (comida) goûter
problema problème
profesión profession
profesor/-a professeur
profundo/-a profond/-e
prohibido/-a interdit/-e
pronto bientôt
pronunciar prononcer
propietario/-a propriétaire
protección protection
provincia province/département
próximo/-a proche
pueblo village
puente pont
puerta porte
pulmón poumon
pulsera bracelet
puro/-a pur/-e

Q

qué que, quel/-le/-s, quoi
quemadura brûlure
quemar brûler
querer aimer, vouloir
queso fromage
quirófano bloc opératoire
quitamanchas produit détachant
quitar(se) enlever

R

radio radio
rápido/-a rapide
raro/-a bizarre
rascacielos gratte-ciel
rasguño égratignure
rata rat
ratón souris
rayo foudre
raza race
razón raison
rebajas soldes
recado course
receta ordonnance
rechazar refuser
recibir recevoir
recibo reçu
reclamar réclamer
recoger ramasser
recordar rappeler
recuerdo souvenir
reembolso remboursement
refresco rafraîchissement
refugio refuge
regalo cadeau
régimen régime
reglamento règlement
reina reine

reír rire
relámpago éclair
religión religion
religioso/-a religieux/-euse
reloj réveil, montre
repetir répéter
reportero/-a reporter
representante représentant/-e
resaca (alcohol) gueule de bois
resaca (mar) houle
resbaladizo/-a glissant/-e
resbalar glisser
reservar réserver
resfriado (enfermedad) rhume
residente résident/-e
resolver résoudre
respiración respiration
respirar respirer
responder répondre
responsabilidad responsabilité
respuesta réponse
resultado résultat
retrato portrait
revelar (fotografías) développer
revisor contrôleur
revista revue
rey roi
rico riche
riñón rein
río rivière
risa rire
rizo boucle
robo vol
roca roche
rodilla genou
rompeolas brise-lames
romper(se) (se) casser
ropa vêtements
ropa interior lingerie
roto/-a cassé/-e
rubio/-a blond/-e
rueda roue
ruido bruit
ruidoso/-a bruyant/-e
ruina ruine
rural rural/-e
ruta route

S

sábana drap
saber savoir
sabio/-a sage
sabor goût
sacacorchos tire-bouchon
sacar retirer
sacerdote prêtre
saco de dormir sac de couchage
sala de espera salle d'attente
salir sortir
saltar sauter
salud santé
saludar saluer
saludo salutation
salvaje sauvage
salvar sauver
salvavidas de sauvetage
sangre sang
sartén poêle
secador de pelo sèche-cheveux
secar(se) (se) sécher
seco/-a sec/sèche
sed soif
seguir suivre
seguridad sécurité
sello timbre
selva forêt
semáforo feu
semana semaine
semejante semblable
sencillo simple
sentar(se) (s')asseoir
sentido (dirección) sens
sentir sentir

señal [marca] signe
ser être
serpiente serpent
servicio toilettes
servicio [hotel o restaurante] service
servilleta serviette
servir servir
sesión séance
sexo sexe
sí oui
siempre toujours
siglo siècle
siguiente suivant/-e
silencio silence
silla chaise
simpatía sympathie
simpático/-a sympathique
sincero/-a sincère
sol soleil
sólido/-a solide
soltero/-a célibataire
sombra ombre
sombrero chapeau
sonar sonner
sonido son
sonrisa sourire
sopa soupe
sordo/-a sourd/-e
sortija bague
sostén [sujetador] soutien-gorge
suave doux /-ce
subir monter
subterráneo souterrain /-e
suburbio banlieue
sucio/-a sale
sudor transpiration
suegro/-a beau-père/belle-mère
sueldo salaire
suelo sol
suerte chance
suicidio suicide
sujetador [sostén] soutien-gorge
sumar ajouter
sumergir plonger
supermercado supermarché
sur sud

T

tabaco tabac
taberna taverne
tabique cloison
tacón talon
tacto toucher
tampón tampon
tapa couvercle
tardar mettre
tarde tard /après-midi
taza tasse
techo plafond
tejado toit
tela toile
telegrama télégramme
tempestad tempête
temprano tôt
tenedor fourchette
tener avoir
teñir teindre
terciopelo velours
terminar terminer
termómetro thermomètre
terraza terrasse
tetera théière
tiempo temps
tienda magasin
tierra terre
tieso/-a raide
tijeras ciseaux
tímido/-a timide
tinta encre
tío/-a oncle/tante
tipo type

toalla serviette
tobillo cheville
todo/-a tout/-e
tonto/-a stupide
tornillo vis
tos toux
trabajador/-a travailleur/-euse
trabajar travailler
trabajo travail
traducir traduire
traer apporter
traje costume
traje de baño maillot de bain
traje de noche tenue de soirée
trámite démarche
tranferencia virement
tranquilo/-a tranquille
transbordador ferry
transfusión transfusion
tranvía tramway
tren train
tribunal tribunal
tripa ventre
triste triste
tropical tropical/-e
tú tu
tubería tuyau
tumba tombe
túnel tunnel
tuyo/-a, -os, -as tien /-ne, -s, -nes

U

úlcera ulcère
último/-a dernier/-ère
universidad université
universitario/-a universitaire
uña ongle
urbanización urbanisation
urgencias urgences
urgente urgent/-e
usado/-a usé/-e
usar utiliser
usted/-es vous
útil utile

V

vaca vache
vacaciones vacances
vacío vide
vacuna vaccin
vacunar vacciner
vajilla vaisselle
valiente courageux/-euse
valioso/-a de valeur
valle vallée
vapor vapeur
vaso verre
váter water
vehículo véhicule
vela bougie
velocidad vitesse
vendaje bandage
vendedor/-a vendeur/-euse
vender vendre
veneno poison
venta vente
venta ambulante vente ambulante
ventana fenêtre
ventilador ventilateur
ver voir
verdad vérité
vestido robe
viejo/-a vieux/-eille
vigilancia surveillance
vigilante garde
vino vin
visado visa

visillo rideau
visita visite
vista vue
viudo/-a veuf/-ve
vivir vivre
volante volant
volar voler
volcar renverser
voltaje voltage
volver retourner
vomitar vomir
vosotros/-as vous
voz voix
vuelo vol
vuelta retour
vuelta (dinero) monnaie
vuestro/-a,-os,-as votre/vos

Y

yate yacht
yegua jument
yo je
yodo iode

Z

zapatilla chausson
zapato chaussure
zarpar lever l'ancre
zona zone
zoológico zoo
zurdo/-a gaucher/-ère